지역경쟁력 강화와 로컬 거버넌스

최영출 · 김병식 · 김보흠 · 배정환
안성호 · 엄태석 · 이정주 공저

도서출판 대영문화사

머리말

이 책은 한국학술진흥재단의 2003년도 기초학문육성 지원과제로 선정되어 수행한 공동연구(연구과제명: 지역경쟁력 강화를 위한 로컬 거버넌스 모델 형성, KRF-2003-072-BS1022)를 바탕으로 만들어진 것이다. 먼저 지원을 해 준 한국학술진흥재단에 감사를 표한다.

로컬 거버넌스 이론은 그동안 1980년대 후반부터 영국을 중심으로 유럽에서 많이 진행되어 왔고 1990년대 후반부터는 우리 나라에서도 많이 진행되어 왔다. 이 책은 그동안 진행되어 온 로컬 거버넌스에 대한 이론을 정리하고 이를 지역 수준에서 실천적으로 적용해 보기 위한 시론적 연구이다. 다시 말하면, 이론적 수준에서 다양하게 논의되어 온 로컬 거버넌스 이론들과 주요 개념들을 좀더 조작화하여 이를 실천적 수단으로 삼고, 지역의 경쟁력 강화라는 목표를 달성시킬 수 있도록 수단과 목표를 연계시킬 수 있는 응용모델을 구축해 보는 것이라고 하겠다. 지금까지 로컬 거버넌스에 대한 논의는 이론적 수준에서 많이 있어 왔지만 이를 실천적으로 적용하기 위한 노력은 많이 이루어지지 못한 것 같다. 이 연구는 이 같은 문제 인식 하에서 지역문제를 해결하기 위한 처방적 성격의 연구가 필요하다고 생각하여 착수하게 되었으나 당초에 의도했던 소기의 성과를 거두는 데는 이르지 못했다고 생각한다. 아직도 '로컬 거버넌스'를 그 의미에 가장 부합되게 우리말로 정확히 번역하여 사용할 수 있는 수준에 이르지 못함도 그렇다고 할 수 있으며, 여러 명의 연구자로 구성되어 있는 공동 연구가 갖는 어려움과 한계점도 그 요인이 되었다고 생각한다. 부족한 부분은 향후 각 연구자들이 개별적인 연구를 통해서 더욱 보완해 나가기를 기대한다. 이 연구를 수행하는 데 고생을 많이 한 김보흠 박사, 이정주 박사, 배정환 선생의 노력에 감사한다.

2006년 6월 연구진 일동

차 례_ CONTENTS

제 1 장

지역경쟁력과 로컬 거버넌스

새로운 형태의 주민대표 및 공공참여 방식은 이제 모든 나라에서 큰 관심사가 되고 있다. 이러한 관심의 증대는 시민들이 공공정책 결정에 좀더 깊이 참여할 수 있는 길을 넓혀 주고 있으며 동시에 책임도 지게 하고 있다. 주민들은 그들이 속해 있는 정부로부터 더 많은 투명성과 책임성이 제공되기를 요구하고 있으며, 그들의 삶에 영향을 미치는 정책을 결정할 때 더 많은 참여를 원하고 있다. 이를 위해 주민들은 그들이 속한 정부, 특히 지방정부들이 주민들의 견해를 적극적으로 반영하기를 기대하고 있으며, 정책의 전 과정에서 현재의 대의제가 가지는 제도적 문제점을 보완하도록 요구하고 있다. 이러한 주민들이 가지고 있는 지방정부에 대한 요구 사항은 거의 전 세계적으로 일어나는 현상이라고 할 수 있으며(OECD, 2005: 9), 이를 학문적으로 뒷받침하기 위한 노력도 거버넌스 연구라는 분야의 정립을 통해 1990년대 이후부터 많이 이루어지고 있는 실정이다.

거버넌스의 공간적 범위를 낮추어 로컬 거버넌스(local governance)로 제한할 때 제기되는 문제는 무엇을 위한 로컬 거버넌스인가이며, 결국 이는 지역경쟁력 강화라는 목표와 연결될 수밖에 없다. 중앙의 권한이 지방으로 이양되는 현상이 커지며, 국제 간의 관계도 종래의 국가 간 관계에서 지방 간의 관계로 전이되는 현상 속에서 지방은 종래의 중앙정부의 집행기관 역할에서 지역의 발전을 주도적으로 수행해 나가는 역할 변화를 요구받고 있다. 이러한 역할기대 요구는 지방의 경쟁력이 강화되어야 하며, 이러한 경쟁력 강화를 위해서는 새로운 형태의 공공정책에 대한 지배구조, 즉 로컬 거버넌스의 제도화가 필요하게 된다. 그럼에도 불구하고 현재까지의 우리 나라 연구들의 대부분은 로컬 거버넌스에 대한 많은 학문적 노력에도 불구하고 로컬 거버넌스의 중요성만 강조했지, 어떻게 이를 실천적 수준에서 제도화할 수 있는지에 대한 구체적 노력은 거의 없는 실정이다.

제1절 지역경쟁력과 로컬 거버넌스에 대한 논의

1. 로컬 거버넌스에 대한 기존 연구

거버넌스에 관련된 국내외의 연구 동향은 최근에 많이 진행되어 왔으며, 다음과 같이 요약해서 살펴볼 수 있다. 첫째, 정부와 각 사회 주체들 간의 상호 협력과 상호의존을 중시하는 연구이다. 1990년대에 들어서면서 거버넌스의 정책결정 과정에 주민과 NGO의 참여의 필요성과 중요성을 강조하게 되었고, 이는 정부 주도 거버넌스와 시장 주도 거버넌스의 한계를 뛰어넘는 대안적인 통치 체제로 각광받게 되었다. 앞서의 연구에서처럼 국가 주도 추진 체제가 변화하면서 중앙정부, 지방정부, 그리고 각 사회 주체들이 상호 협력하고 그 과정에 적극적인 주민 참여를 유도하여 지역의 문제를 함께 해결해 나가야 한다는 점을 강조하고 있다(Kooiman, 1994; Plein, 1998; DeHoog, Hoogland, Lowery, & Lyons, 1990).

둘째, 네트워크와 파트너십을 강조한 연구이다. 쿠이먼(Jan Kooiman) 등(Kooiman, 1994; John, 2001; Goss, 2001)은 국가 하위지역 단위에 초점을 두어 지역개발 기구와 지역 여건과의 관계, 지역개발기구 또는 주체들 간의 네트워크와 파트너십 그리고 다층적 거버넌스 등에 초점을 두고 있다. 피터스(Peters, 1988)는 "Governance without Government"에서 정부의 기능을 축소하면서 사회의 다양한 행위 주체인 시장, NGO, 국제 체제 등과 상호 연계하여 파트너십을 형성하고 이를 제도화하려고 노력했다. 이와 관련된 이론으로는 레짐이론, 지배연합이론, 그리고 네트워크 관리이론 등이 있다. 또한 국내 연구에서도 시민사회 중심의 관점에서 비정부조직을 중심으로 한 로컬 거버넌스 모형 구축 및 협력 네트워크에 관한 연구 및 정부와 민간 파트너십 촉진 방안 등에 관한 연구가 있다. 이와 같은 맥락에서 지방자치단체 내의 주민협의체 및 비정부조직의 역할과 관계 변화를 다룬 연구들도 있다(박우서, 2002; 서태성, 2002; 서왕진, 2003).

셋째, 중앙과 지방의 관계 및 추진 체제의 변화에 대한 연구이다. 여기서는 세계 정치 질서의 변화와 국가의 역할 축소, 특히 EU 등 국제조직과 개발 국가 및 지역 단위들과의 관계 변화 및 공간적 재편 연구의 필요성을 강조하고 있다(Jessop, 1998; Rhodes, 1997). 거버넌스는 1970년대까지 국민국가 차원에서 정부와 동일한 의미로 이해되었고, 공식적이고 제도적인 체계와 과정들과 관련하여 언급되었다(Stoker, 1998). 그러다가 1970년대 후반에 들어서 거버넌스는 정부 중심의 통치 양식에서 분리되고 적용 영역을 확장하여 공공 서비스 공급 체계로서의 역할을 수행하게 되었다. 클리블랜드(Harlan Cleveland, 1972)는 더 작은 정부, 더 많은 거버넌스를 주장하면서 정부의 기능을 축소하고 국민들에게 대한 원활한 서비스 공급을 거버넌스의 중요한 과제로 제시했다. 우리 나라의 경우 1990년대 중반 본격적인 지방자치제의 도입과 더불어 중앙정부 기능의 지방 이양 및 기능 배분에 관한 연구가 중점적으로 수행되어 왔으며, 주로 기능 및 사무 단위에 초점을 두었다. 그리고 세계화, 분권화 등 기존 질서 체계의 변화가 이루어지면서 행정학, 정치학 분야에서 신공공관리 체제와 시민사회의 등장과 성장에 따른 국정관리 패턴을 설명하는 연구가 이루어지고 있다(김석준, 2000; 김정렬, 2000; 정성훈, 2002).

넷째, 지역혁신 체제 및 지역개발기구의 운영과 관련해 거버넌스 연구가 추진되어 왔다. 이러한 연구에서는 분권화와 세계화 등의 여건 변화에 따른 행정관리 방식의 변화, 지역 단위 추진 체제의 변화와 지역경제 발전을 위한 실행 기제에 대한 논의와 밀접한 관련이 있다(Glendinning, Powell Rummery, 2002; Peter Burns, 2002). 또한 분권화에 따른 지역 발전 추진 체계의 변화와 관련하여 특별지방행정기관과 광역자치단체의 중복적 운영 실태 및 제도 개선 방안, 지방자치단체 간 협력 촉진을 위한 협력계획 제도 도입 방안 연구 등 거버넌스 체계의 도입을 위한 제도 개선 연구가 부분적으로 이루어지고 있다(김용웅, 2002; 박경원, 2003; 차미숙, 2002).

다섯째, 로컬 거버넌스의 역동성에 초점을 두어 연구 범위를 국가와 같은 공공조직뿐만 아니라 개인, 시민단체 등으로 확대하고 그에 따라 연구 주제도 교육, 환경, 공공주택 등으로 확대하여 지역 단위의 발전에 상관 관계를 가지고 있는 모든 요인들에 대한 포괄적인 연구를 하게 되었다(Goodwin & Painter, 1996; Pierre, 2000; Gilly & Wallet, 2001; Leach & Percy-Smith, 2001).

외국의 경우에는 오래 전부터 로컬 거버넌스에 대한 논의가 시작되어 2000년대에 들어서면서 특히 급변하는 국내외 정세에 따른 로컬 거버넌스의 추진 체계 및 방향 등에 대해 심층적인 연구가 이루어지고 있으나, 우리나라의 경우에는 개념적 수준에서 로컬 거버넌스 형성에 있어 NGO의 역할과 지방정부와의 관계에 관한 정책적이고 규범적인 대안들만 제시된 실정이다.

특히 지역경쟁력 강화를 위한 로컬 거버넌스 형성에 있어 현재의 행정체제 및 지역 발전과의 관계에 관한 실증적 분석과 그 분석을 기초로 한 로컬 거버넌스 작동 메커니즘을 제시한 연구는 거의 전무한 실정이다.

다만, 네 번째 분야의 연구 경향이 지역 발전과 관련하여 로컬 거버넌스를 논의하고 있으나 지역계획 수립을 위한 거버넌스 모형 제시 또는 중앙과 지방 간의 권한 배분 관계를 기초로 지역에 권한을 이양시키는 것을 전제로 한 모델 형성 등이며, 이 연구에서 문제 제기한 바와 같은 지역경쟁력 강화와 관계하여 논의한 로컬 거버넌스 연구는 거의 찾아보기 어렵다.

2. 지역경쟁력 개념에 대한 논의

지역경쟁력이란 용어는 학문적 영역 및 정책 과정에서 많이 사용되고 있으나 이에 대한 개념적 정의를 논의한 연구는 많지 않다. 이하에서는 우선 경쟁력(competitiveness)이라는 용어에 대한 개념적 정의를 하고 지역경쟁력에 대한 논의를 해 보고자 한다. 경쟁력 개념은 다의적이며 상당히 모호한 개념일 수 있다. 따라서 경제학 이론에서는 각 이론별로 경쟁력에 대한 개념 및 경쟁력을 유발하는 요인들을 서로 다르게 보고 있다(University of Cambridge, 2005). 가령 고전적 경제이론(classical theory)에서는 노동분업이 국가간 기술 차이를 가져온다고 하고 있으며, 이의 추진체로서는 자본에 대한 투자(가령, 기술 진보)가 노동분업(전문화)을 강화시키고, 이는 결국 생산성을 증대시키는 것으로 보고 있다. 신고전적 경제이론(new-classical theory), 케인스 이론, 발전경제학, 신경제성장이론, 신교역이론(new trade theory) 등에서 경쟁력에 대한 개념, 경쟁력을 유발하는 요인 등을 서로 다른 관점에서 보고 있다. 동시에 이러한 관점들은 경쟁력 개념을 모두 경제적·기술적인 관점에서 보고 있다는 특징이 있다. 이러한 경제적 관점에서 일반적으로 정의되는 경쟁력 개념은 "개방된 시장 체제 속에서, 하나의 국가가 국내의 실질 소득을 유지하고 증대시켜 나가면서 국제 경쟁의 시험대를 충족시킬 수 있는 재화와 서비스를 생산할 수 있는 정도"로 정의된다(University of Cambridge, 2005: 2-2). 이 역시 지극히 경제적인 관점에서의 정의라고 해석할 수 있다.

이러한 경쟁력 개념이 국가 단위로 적용될 때 이는 국가경쟁력이라고 부르는데, 국제적으로 많은 기관들에서 각 국가들의 국가경쟁력을 측정해서 발표해 오고 있다. 가령, IMD의 『세계경쟁력 연감(*The IMD'S World Competitiveness Yearbook*)』, 세계경제포럼의 『세계경쟁력보고서(*The Global Competitiveness Report*)』, OCED의 『신경제보고서(*New Economy Report*)』 및 영국의 생산성 및 경쟁력 지수 등을 들 수 있다. 이러한 자료들은 대부분 경쟁력을 측정하기 위한 지표들을 구성하고 각 지표들별로 국가들의 자료를 수집하여 매년 순위를 매기고 이를 발표해 오고 있다.

지역경쟁력 개념은 정책결정자들이 많이 사용해 오고 있으나 그와 관련하여 지금까지 명확히 학문적으로 정의되어 있지는 않다. 또 지역경쟁력에 대해 일부에서는 그 개념의 무용론을 제기하는 경우도 있다(Adams et al., 2003: 19). 이들은 한 지역이 쇠퇴하면 다른 지역이 상대적으로 강한 경쟁력을 갖는 것이 아니라 다른 지역 역시 쇠퇴하는 지역의 영향을 받게 되어 결국 제로 섬 게임(zero-sum game)이 된다는 것이다. 왜냐하면 지역은 상호 밀접히 경제·사회적으로 연계되어 있기 때문이라고 지적한다. 그럼에도 불구하고 많은 연구 및 보고서들은 지역경쟁력이 중요하다고 강조한다.

여러 기관들에서 지역경쟁력의 지표를 개발하여 활용해 오고 있어서 이를 간접적으로 유추해서 그 의미를 이해해 볼 수 있다. 이의 대표적인 기관들은 European Commission의 Second Report on Economic and Social Cohesion, 바클레이 은행의 Competing with World, 영국 산업통상부(DTI)의 Regional Competitiveness Indicators 등을 들 수 있다. 이 중 EC의 보고서에서는 지역의 고용 수준 및 생산성 수준을 포함한 8개의 지표를 제시하고, 바클레이 은행은 전문화 능력을 포함한 4개의 지표, 그리고 영국 산업통상부에서는 노동시장과 자본 등을 포함한 5개의 지표를 제시하고 있다. 이 밖에도 지역경쟁력을 구성하는 요소들에 대한 다양한 견해들이 있으나 University of Cambridge(2005)의 보고서에서는 여러 견해들을 종합하여 <표 1-1>과 같은 지역경쟁력의 요소를 제시해 주고 있다.

즉, 표에서 보는 바와 지역경쟁력이 갖추어지기 위해서는 인프라 및 접근성, 인적 자원, 그리고 생산환경 등 세 부문이 양호해야 하며 이 들 세 부문은 각각 세부적인 요소들로 구성되어 있음을 알 수 있다. 이러한 지역경쟁력 요소 역시 주로 경제적 측면에 초점을 둔 것임을 알 수 있다. 다만, 거버넌스 수준 등이 포함되어 있는 것이 다소의 특징이라고 할 수 있으나 그럼에도 주로 경제적 측면에 초점이 주어지고 있다는 점을 간과할 수 없다.

그러나 최근에는 지역경쟁력의 요소들을 단순히 경제적인 측면에 국한하지 않고 지역의 비경제적이고 질적인 측면, 특히 사회자본과 제도적 측면을 강조하는 경향이 있다. 이는 상당히 중요하다고 여겨지는 바 전자를

〈표 1-1〉 지역경쟁력의 요소

인프라 및 접근성	인적 자원	생산환경
• 기본적인 인프라 -도로 -철도 -공항 -토지	• 인구적 추세 -숙련 노동자들의 이주 -다양성	• 환경적 문화 -낮은 진입 장벽 -위험을 감수하는 문화
• 기술적 인프라 -ICT -텔레콤 -인터넷	• 첨단기술 노동력 -지식집약적 기술	• 부문별 집중 -균형/의존 -고용집중 -높은 부가가치 활동
• 지식 인프라 -교육시설		• 국제화 -전 지구적 판매 -투자 -기업문화
• 지역의 질 -주택 -자연환경 -문화적 어메니티 -안전성		• 이노베이션 -특허 -연구개발 수준 -대학과 연구소 -기관 간 연계
		• 거버넌스 수준
		• 자본 획득 가능성
		• 전문화
		• 경쟁의 성격

자료: University of Cambridge(2005: 2-32).

협의의 지역경쟁력이라고 한다면, 제도나 사회적 자본을 포함하는 경우 이를 광의의 지역경쟁력 개념으로 볼 수 있을 것이다. 이러한 광의의 지역경쟁력 개념은 1980년대부터 전 세계적으로 진행되고 있는 중앙정부 권한의 지방 이양 및 정책 과정에서 다양한 이해관계자들의 참여에 의한 방식으로의 전환과 밀접한 관계를 가진다. 이는 프리드리히와 펭(Friedrich & Feng, 2002)이 주장하는 바와 같이 공공기관의 역할 강화를 통해 지역경쟁력 강화를 도모하고자 하는 논의와 맥락에서는 같다고 하겠다. 즉, 이들은 지역 내의 경제적 측면뿐만 아니라 공공기관이 정치적으로 주민으로부터 지지를 얻어서 자원 확보를 원활히 할 수 있고 이를 통해 지역경쟁력 강화를 위한 수단으로 삼을 수 있다는 것이다.

가령, 우리 나라의 경우에도 지방정부에 대한 권한 이양은 지방정부의 권한 강화를 가져오고 지역 내 문제를 지역 내에서 해결할 수 있는 범위가 커지고 있다. 즉, 방폐장 설치의 경우 지역 주민 투표로 유치하게 하는 방식도 지역 내 사회자본이 지역경쟁력에서 얼마나 중요한 것인가를 알게 해준다. 기업도시의 유치, 혁신도시의 유치, 외국 기업의 유치 등에서 볼 수 있듯이 다른 지역에 비해 비교 우위를 가지기 위해서는 지역 내 주민들이 일정한 부담을 스스로 져야 하며 그 결과는 지역 내에 대형사업이 유치된다든지, 다른 지역이 가지지 못하는 자원과 기회를 가질 수 있게 된다는 점이다. 다른 지역에 비해 희소자원을 획득하는 데 상대적으로 강한 능력을 갖는 것이 지역경쟁력의 큰 특성이라고 볼 수 있는 바 이러한 의미의 지역경쟁력은 단순히 물리적 인프라나 접근성이 강하다고 강해질 수 있는 것이 아니다. 오히려 지역 내 주민들의 높은 신뢰 수준과 협동심, 스스로 책임을 지는 책임성 등 총체적으로 사회자본 수준이 높아야 가능한 것이다.

이러한 사회자본, 문화 등의 개념까지 지역경쟁력 요소로 포함시키는 이른바 광의의 지역경쟁력 개념은 특히, 최근에 들어와서 강조되고 있는데, 이에는 제도, 기술, 혁신성, 기업가 정신, 국제화, 사회자본, 지식 인프라, 문화, 인구 및 이동, 장소의 질, 환경 등이 포함된다(University of Cambridge, 2005: 2-36). 이러한 광의의 지역경쟁력 개념은 경제적 측면의 특성에 더해서 문화, 사회자본, 제도 등 질적인 측면의 특성들을 포함시키고 있다는 점이 차이라고 할 수 있겠다. 이 연구에서도 광의의 지역경쟁력 개념에 입각하여 지역경쟁력이란, "인프라 및 접근성, 인적 자원 및 생산환경뿐만 아니라 사회자본 수준에서도 다른 지역에 비해 높음으로써 지역 발전을 위한 자원 획득에서 다른 지역에 비해 비교 우위에 있게 하는 힘"으로 정의하고자 한다.

3. 거버넌스 관련 용어의 다양성

거버넌스(governance)라는 용어는 1990년대 중반 이후 우리 나라 사회과학 전반에 걸쳐 풍미하고 있는 용어이다. 이 용어가 갖는 다기성 때문에 아직 우리 나라에서는 통일된 번역 용어가 없다. 다만 일부 학자들은 '국정관리'로 번역하기도 하고, 일본처럼 '협치(協治)'라고 일컫는 경우도 있으며, '거버넌스'를 그대로 번역하지 않고 사용하는 경우도 있다. 국정관리라는 용어는 거버넌스 자체에 국가라는 단위를 상정하고 있다. 그러나 거버넌스가 내포하고 있는 핵심적인 요소 속에 국가라고 하는 단위가 함축되어 있지는 않으며 현실적으로도 로컬(local) 거버넌스, 스쿨(school) 거버넌스, 산업(industrial) 거버넌스 등의 용어가 사용되고 있는 점을 볼 때 국정관리라는 표현은 부적절하다고 생각한다(최영출, 2002).

거버넌스에 대한 개념 정의를 몇 가지 살펴볼 필요가 있다. 드 멜로와 바렌슈타인(de Mello & Barenstein, 2001: 3)은 거버넌스란 권한이 행사되고 공공자원이 관리되는 제도라고 간단히 정의한다. 즉, 우리말로 간단히 줄이자면 공공부문의 지배구조를 의미한다. 굿윈과 페인터(Goodwin & Painter, 1996)는 거버넌스는 국가의 공식적인 조직만이 아니라 제도, 개인, 민간, 자원봉사 등 다양한 공간적 범주 내에서 정책집행에 영향력을 줄 수 있는 행위자 전체를 포함한다고 보고, 지방정부를 로컬 거버넌스의 폭넓은 과정에서 하나의 구성 요소로 보면서 로컬 거버넌스를 국가의 공식적인 주체뿐만 아니라 다양한 주체들을 포함하는 광범위한 제도적 범위에 초점을 두고 언급하고 있다(Goodwin & Painter, 1996: Johnston & Pattie, 1996 재인용). 고스(Goss, 2001)는 거버넌스를 공식적·비공식적인 정치학의 관점에서 이해하고 있으며, 거버넌스는 단순히 동일한 공공기관 사이가 아니라 시민과 공공기관과 같은 각기 다른 주체 간의 발전을 유도할 수 있는 지방 수준에서의 집단적인 의사결정의 새로운 형태라고 설명하고 있다.

스토커(Gerry Stoker)를 비롯한 몇몇 학자들은 거버넌스에서 네트워크와 지속적인 상호작용을 중요한 변수로 보고 있다. 구체적으로 살펴보면 스토커(Stoker, 1998)는 거버넌스란 상호의존성, 자원의 교환, 게임의 규칙과 국가로부터의 상당한 자율성을 특징으로 하는 자기 조직적인 조직간 네트워크로서, 정부조직과 비정부조직 간의 상호 관계를 중요시하고 있다. 로드스(Rhodes, 1997)는 거버넌스는 정부개입의 축소, 민간부문의 관리 개념을 공공부문에 적용, 공공부문에 이윤 개념 내재화, 시장의 경쟁 원리를 구현하는 새로운 공공관리를 통해 공정하고 효율적인 정부 구현, 민주주의를 지향하는 사회적 사이버네틱스 체계, 공공, 민간 및 자원봉사조직 간의 자기조직화 네트워크 등을 포함한다고 주장하고 있다. 로드스(Rhodes, 2000)는 또한 거버넌스 유형을 기업관리 방식으로서의 거버넌스, 신공공관리로서의 거버넌스, 좋은 통치로서의 거버넌스, 국제적 상호의존성으로서의 거버넌스, 사회-사이버네틱 체제로서의 거버넌스, 신정치경제로서의 거버넌스, 그리고 네트워크로서의 거버넌스 등 일곱 가지로 분류하고 있다.

이 밖에도 국내외 수많은 학자들이 거버넌스에 대한 정의를 내리고 있으나 아직까지 우리 나라 용어로 적절하게 번역된 용어는 없는 것 같다.[1] 따라서 이 연구에서도 그대로 거버넌스로 사용하기로 하며 '공공부문에서 공식적 권한이 행사되고 공공자원이 관리되는 데 있어서 정책의 이해관계자 — 시민단체, 기업, 인접 지방정부, 경제단체 등 — 들이 적극적 · 소극적 파트너십을 형성해 관리해 나가는 관리 방식'으로 일단 정의하기로 한다. 이렇게 정의할 때 다시 남는 문제는 '로컬'이라는 개념이다. 로컬은 지방이라는 의미를 내포하나 그 공간적 단위면에서는 '리전(region)'보다는 작은 단위이다. 외국의 경우 리전은 주로 우리 나라의 도 단위 정도를 넘어서는 광역성을 의미하며,[2] 로컬은 기초자치단체 규모의 작은 공간적 단위를 의미한다. 그러나 이를 일정한 면적 규모로 획일적으로 규정할 수 있는 것은 아니기 때문에 우리 나라의 경우 반드시 기초자치단체 규모에 국한한다고도 볼 수는 없다. 다만, 로컬 거버넌스가 포함하는 맥락상 그 범위는 기초자치단

1) 가장 근접한 용어로는 '공공부문의 협치'라는 식으로 정의를 내려보는 것도 의미를 이해하는 데 편리할 것이다

2) 영국의 경우 리전은 5~6개의 도(카운티)를 포함하는 권역을 의미한다. 즉, 영국 전역이 9개 권역(리전)으로 분류된다.

체 규모 또는 그 범위보다 적거나 또는 그 범위를 다소 넘어서는 공간적 범위로 이해하는 것이 무난할 것이다.

제 2 절 지역경쟁력과 로컬 거버넌스 관계

지역경쟁력과 로컬 거버넌스는 어떤 관계에 있을 것인가? 지역경쟁력이 높아지면 로컬 거버넌스가 활성화될 것인가? 아니면 로컬 거버넌스가 활성화되면 지역경쟁력이 강화될 것인가? 아니면 두 개념 사이에 아무런 관계가 없을 것인가? 위에서 언급한 바와 같이 많은 학자들은 지역경쟁력에 미치는 영향 요소들은 다양하며 이 가운데 거버넌스, 사회자본, 제도 등이 지역경쟁력에 영향을 미치는 요소로 보고 있다. 지역경쟁력은 상당히 포괄적인 개념이며 따라서 많은 요소를 내포한다. 거버넌스는 지역경쟁력에 영향을 미치는 많은 요소 중 하나의 요소로 보아야 할 것이며, 그 중요성에 대해서 강조하는 연구들은 많이 있다. 특히, 지역혁신 체제를 연구하는 학자들은 지역경쟁력 강화를 위해서는 지역혁신 거버넌스가 중요하다고 주장한다.

외국 학자들의 예를 보면, 스미츠(Smits, 2002)의 '21세기의 혁신연구(Innovation studies in the 21st century),' 돌로러스와 파토(Doloreus & Parto, 2005)의 '지역혁신 체제: 현재의 담론과 해결되지 않은 이슈들(Regional Innovation System: Current discourse and unresolved issues)', 쿨만(Kuhlmann, 2001)의 '유럽에서의 미래 혁신정책 거버넌스: 세 가지 시나리오(Future governance of innovation policy in Europ: three scenarios)' 및 칼슨 등(Carlsson et. al., 2002)의 '혁신정책: 분석적 및 방법론적 이슈(Innovation systems: analytical and methodological issues)' 등이다. 여기에서 주장되는 내용들은 대부분 지역혁신 체제를 통한 지역경쟁력 강화에서 무엇보다도 중앙정부와 지방정부와의 역할 관계, 지방정부와 다양한 참여조직들-기업, 연구소, 대학 등 주체들-간의 분권적 기능 분담 등 거버넌스가 중요하다는 점을 지적한다.

참고문헌

김석준 외.(2000). 「뉴거버넌스 연구」. 서울: 대영문화사.

김정렬.(2000). 부의 미래와 거버넌스: 신공공관리와 정책네트워크. 「한국행정학보」, 34(1).

김정렬·김시윤.(2003). 거버넌스와 행정국가. 「대한정치학회보」, 10(3): 23-44.

박우서.(2002). 지역 발전과 민간협력형 거버넌스 운영 방안. 「월간국토」, 국토연구원.

배유일.(2003). 지방 거버넌스와 제도주의적 시각: 이론, 유형 및 비교 연구. 「정부학연구」, 9(2): 297-335.

서왕진.(2003). 21세기 새로운 물관리 체제로서의 거버넌스. 「월간국토」, 259호. 국토연구원.

서태성.(2002). 지역 발전과 주민참여형 거버넌스 체제 구축 방안. 「월간국토」, 252호. 국토연구원.

이은구 외.(2003). 「로컬 거버넌스」. 서울: 법문사.

정성훈.(2002). 정부간 거버넌스 체제의 구축: EU 접경지역 발전 프로그램을 중심으로. 「월간국토」, 252호. 국토연구원.

차미숙·박형서·정윤희 외.(2003). 지역발전을 위한 거버넌스 체계 구축 및 운용 방안 연구. 국토연구원.

Adams, J., P. Robinson, & A. Vigor. (2003). *A new regional policy for the UK*. London: IPPR.

Albors, J., E. Sweeney, & A. Hidalgo. (2005). Translational technology transfer networks for SMEs. *Production Planning & Control*. Vol. 16, No. 4. pp. 413-423.

Cook, Brian J.(1998), Politics, Political Leadership and Public Management, *Public Administration Review*, 58(3).

DeHoog, Ruth Hoogland, David Lowery, & William E. Lyons.(1990). Citizen Satisfaction with Local Governance: A Test of Individual, Jurisdictional and City-Specific Explanations. *Journal of Politics*. 52(3). August.

de Mello, L. & M. Barenstein. (2001). Fiscal Decentralisation and Governance. IMF Working Paper(WP/01/71).

Frederickson, H. G.(2000), The Respositional of American Public Administration, Paper presented at the Special Seminar in the Ewha Womans University.

Glendinnning, Caroline, Martin Powel & Kirstein Rummery (ed.) (2002). *Partnerships. New Labour and the Governance of Welfare*. The Policy Press.

Goss, Sue. (2001). *Making Local Governance Work*. N.Y.: Palgrave.

Harding, Alan.(1991). The Rise of Urban Growth Machine, U. K. Style?. *Government and Policy*. 9(3): 295-317.

Jessop, B.(1998). The Rise of Governance and the Risks of Failure: The Case of Economic Development. *International Social Science Journal*. 55: 29-46.

John, Peter.(2001). *Local Governance in Western Europe*. London: Sage Publications.

Kooiman. Jan. (1993). Social-Political Governance: Introduction, in Jan Kooiman, (ed.). *Modern Governance: New Government-Society Interactions*, London: Sage Publications: 1-6.

———(ed.)(1994). *Modern Governance, New Government-Society Interactions* London: Sage Publications.

Leach, Robert & Janie Percy-Smith.(2001). *Local Governance in Britain*, N. Y.: Palgrave.

OECD. (2005). *Citizens as Partners: Information, Consultation and Participation in Policy Making*. Paris: OECD.

One Northeast. (2005). *Social Capital and Economic Development in the North East of England*. Newcastle upon Tyne: One Northeast.

Osborne, David & Ted Gaebler(1992). *Reinventing Government: How the Entrepreneurial Spirit in Transforming the Public Sector*. New York: Addison-Wesley. 삼성경제연구소(역)(1994). 정부혁신의 길. 서울: 삼성경제연구소.

Peters, Guy B. & Jon Pierre.(1998). Governance without Government? Rethinking Public Administration. *Journal of Public Administration Research and Theory* 8(2): 223-243.

———.(2000). Governance and Comparative Politics. In Jon Pierre(ed.). *Debating Governance*. Oxford: Oxford University Press. pp. 36-53.

Pierre, Jon.(1999). Models of Urban Governance: The Institutional Dimension of Urban Politics. *Urban Affairs Review*. 34(3): 372-396.

———.(2000). Conclusion: Governance beyond State Strength in Jon Pierre (ed.). *Dabating Governance*. pp. 241-246.

Plein, L. Christoper, Kenneth E. Green, & David G. Williams. (1998). Organic Planning: A New Approach to Public Participation in Local Governance. *Social Science Journal*. 35(4).

Rhodes, R. A. W.(1996). "The New Governance Governing without Government," *Political Studies*. 44(4): 652-667.

———.(1997). Understanding Governance: *Policy Networks, Governance and Accountability*. Buckingham: Open University Press.

———.(2000). Governance and Public Administration in Jon Pierre(ed.). *Dabating Governance*. Oxford: Oxford University Press. pp. 54-90.

Stoker, Gerry(1998). *Public-Private Partnership and Urban Governance* in J. Pierre (ed.). *Partners in Governance: European and American Experience*. London: Macmillan.

———.(2000). Urban Political Science and the Challenge of Urban Governance. In Jon Pierre(ed.). *Debating Governance*. Oxford: Oxford University Press. pp. 91-109.

Stone, Clarence N.(1989). *Regime Politics: Governing Atlanta, 1946-1988*. Lawrence: University of Kansas Press.

University of Cambridge. (2005). A Study on the Factors of Regional Competitiveness. A draft final report for The EC Directorate-General Regional Policy.

제2장 로컬 거버넌스의 본질

제1절 로컬 거버넌스의 등장 배경

세계는 점점 국경이 없는 상태가 진행되면서 무한경쟁 시대를 맞고 있는 가운데 국제화 · 정보화 등으로 급변하고 있으며, 이러한 환경 변화는 지방정부로 하여금 지역경쟁력 강화, 지역 주민의 삶의 질 개선 등에 대한 책임을 증가시키고 있다. 또한 환경문제, 인권문제, 인구문제 등 세계적 규모의 문제 해결에서도 지방정부의 역할과 기능이 커져 가고 있다. 이와같이 지방정부의 역할이 증가하면서 국가 차원의 일괄적인 정책 시달로는 다양한 지역 특성을 갖는 지방정부와 지역 주민들을 만족시키지 못하게 되었다.

이러한 사회 변화에 따라 행정도 다양하게 변화를 시도해 가면서 시장원리가 도입되어 후기관료주의 국가의 등장에 따른 공공 서비스의 민간위탁, 권한위임, 정책과 집행 기능의 분리, 다양한 기관들 간의 성과 경쟁 등을 중시하게 되면서 전통적인 정부에서 거버넌스로 변해 가게 되었다.

현대 정부는 신제도주의 경제학에서 말하는 관리주의적 대안에서와 같이 지역 주민들에게 무언가를 제공하는 것(providing)보다는 가능하도록 한다(enabling)는 의미에서 점차 직접 모든 것을 집행(rowing)하기보다 방향을 잡아가는(steering) 안내자로서의 역할이 커져 가고 있다. 정부는 지역사회의 모든 문제를 명령, 통제 등을 통해 직접 해결하려고 해서는 안 된다. 즉 지시하고 통제하기보다는 지역사회의 다양한 기관과 시민단체들과 네트워크를 구축하고 파트너십을 형성하여, 획일적인 문제 해결보다는 다양성을 추구하면서 서로 돕고 협력해서 지역이 발전해 나갈 수 있도록 해야 한다(Leach & Percy-Smith: 2001)(<표 2-1>참조).

〈표 2-1〉 거버넌스의 대두

정 부		거버넌스
• 국가 • 공공부문 • 제도 • 조직 구조 • 집행, 제공 • 명령, 통제, 지휘 • 계층, 권한 • 동질성, 획일	▶	• 국가와 시민사회 • 공공부문, 민간부문, 볼런티어 부문 • 과정 • 정책, 산출물, 결과 • 방향잡기, 가능하도록 함 • 통솔, 촉진, 협력, 협상 • 네트워크, 파트너십 • 다양성, 분절

자료: Leach & Percy-Smith(2001: 5-7).

또한 지방정부와 로컬 거버넌스를 다음 <표 2-2>와 같이 비교하면서 로컬 거버넌스의 등장 배경을 살펴보면 다음과 같다.

첫째, 정치적 민주화가 진행되고, 행정적 분권화가 진전됨으로써 중앙정부 차원의 일방적인 통치와 관리를 통한 획일적인 합의 도출이 한계에 직면하게 되어 지방 차원에서 지방정부와 지역 주민들이 그 지역적 특성을 고려하여 정책을 형성하고 문제를 해결해 나갈 수 있는 새로운 체제의 형성이 필요하게 되었다.

둘째, 국제화의 진전으로 국가의 비중이 줄어들고 지방정부가 국가 발전에 기여하는 주체로서의 역할이 증대되고 있어 지역경쟁력 강화를 위한 좀 더 적극적인 대책의 수립이 필요하게 되었다. 그러므로 급변하는 사회적 환경에 대응하기 위해서는 기존의 국가나 중앙정부의 일괄적인 정책 시달로는 개별적인 지방정부의 요구와 수준을 만족시키기가 어렵게 되고 국제 경쟁력의 제고도 기대하기가 어렵게 되므로 각 지역의 특성에 부합할 수 있도록 자율성과 권한을 부여함으로써 지역 발전은 그 지역이 중심이 되어 추진해야 한다. 특히 지역의 다양한 행위 주체인 지방정부, 기업, NGO, 공공기관 등이 상호 협력하고 네트워크를 형성해 환경 변화에 적극적으로 대처하고 지역 발전을 모색해야 할 것이다.

셋째, 조직에 대한 민주적 통제의 요구가 확대되고, 통합적인 행정조직이 분산, 분절화되면서 지방분권화가 가속화되고 있다. 이러한 지방분권화를 통해 지방정부의 창의성을 제고하고 조직을 개방함으로써 다양한 행위 주체들의 능동적이고 자발적인 참여와 협조를 유도할 수 있고, 지역의 특성에 맞는 로컬 거버넌스의 형성을 도모할 수 있다.

〈표 2-2〉 지방정부와 로컬 거버넌스의 비교

구 분	지방정부	로컬 거버넌스
1. 제도	적다	많다
2. 관료조직	계층적/통합	분산/분절
3. 수평 네트워크	폐쇄적	광범위
4. 국제적 네트워크	최소한	광범위
5. 민주적 연계	전형적	전형적+새로운 실험
6. 정책	경직됨	혁신적, 학습적
7. 중앙정부	직접통제	분권화+최소한의 간섭
8. 리더십	집단적	시장

자료: John(2001: 17).

즉 시대적 흐름에 따른 정치·사회적 여건 변화와 함께 중앙정부의 전통적인 의사결정 체제로는 지역 주민들의 다양한 욕구를 충족시키지 못하게 되어 시민단체와 지역 주민의 참여가 요구되었고, 지방 분권화에 따른 중앙과 지방정부 간 역할 분담 등 새로운 과제들이 제기되었다.

그러므로 이러한 정치사회적 변화를 수용하고 지역사회에서 발생하는 새로운 과제들을 해결해 나가기 위해서는 로컬 거버넌스에 대한 새로운 합의가 이루어져야 한다.

제 2 절 로컬 거버넌스의 개념

1. 거버넌스의 개념

거버넌스와 관련한 개념은 개별 학문 분야의 특성과 관심 영역에 따라 다양하게 정의되고, 이론적으로도 다양하게 해석되고 있다. 또한 우리말로 번역하는 데도 합의된 용어를 찾기 어려운 현실이다. 연구자의 학문적 배경과 관점에 따라서도 강조되는 부분이 다르게 나타나고 있다.

따라서 학자별 거버넌스에 관한 개념을 정리해 보면 우선 쿠이먼(Kooiman, 1994)은 신거버넌스는 정부와 사회의 일방적이고 독단적인 관계에서 정부와 사회가 하나로 되어 상호작용하는 관계로 변해 가는 것이며, 역동성, 복합성 그리고 다양성을 중요한 개념으로 보고, 거버넌스 중 특히 시스템적 관점에서 사회·정치적 거버넌스에 대해 관심을 가지고 공동 경영, 공동 방향 설정, 공동지침처럼 거버넌스를 좀더 구체화시키기 위한 조건, 특성, 기회 등으로 표현하고 있다.

굿윈(M. Goodwin)과 페인터(J. Painter), 그리고 고스(Sue Goss)는 거버넌스에서 다양한 참여자 즉 주체들 간의 파트너십의 중요성을 강조하고 있다. 구체적으로 살펴보면, 굿윈과 페인터(Goodwin & Painter, 1996)는 거버넌스는 국가의 공식적인 조직만이 아니라 제도, 개인, 민간, 자원봉사 등 다양한 공간적 범주 내에서 정책 집행에 영향력을 줄 수 있는 행위자 전체를 포함한다고 보고, 지방정부를 로컬 거버넌스의 폭넓은 과정에서 하나의 구성 요소로 보면서 로컬 거버넌스를 국가의 공식적인 주체뿐만 아니라 다양한 주체들을 포함하는 광범위한 제도적 범위에 초점을 두고 언급하고 있다(Goodwin & Painter, 1996: Johnston & Pattie, 1996 재인용). 고스(Goss, 2001)는 거버넌스를 공식적·비공식적인 정치학의 관점에서 이해하고 있으며, 거버넌스는 단순히 동일한 공공기관 사이가 아니라 시민과 공공기관과 같은 각기 다른 주체 간의 발전을 유도할 수 있는 지방 수준에서의 집단적인 의사결정의 새로운 형태라고 설명하고 있다.

스토커를 비롯한 몇몇 학자들은 거버넌스에서 네트워크와 지속적인 상호작용을 중요한 변수로 보고 있다. 구체적으로 살펴보면 스토커(Stoker, 1998)는 거버넌스란 상호의존성, 자원의 교환, 게임의 규칙과 국가로부터의 상당한 자율성을 특징으로 하는 자기 조직적인 조직간 네트워크로서, 정부조직과 비정부조직 간의 상호 관계를 중요시하고 있다.

로드스(Rhodes, 1997)는 거버넌스는 정부 개입의 축소, 민간부문의 관리개념을 공공부문에 적용, 공공부문에 이윤 개념 내재화, 시장의 경쟁 원리를 구현하는 새로운 공공관리를 통해 공정하고 효율적인 정부 구현, 민주주의를 지향하는 사회적 사이버네틱스 체계, 공공, 민간 및 자원봉사조직 간의 자기조직화 네트워크 등을 포함한다고 주장하고 있다. 로드스(Rhodes, 2000)는 또한 거버넌스 유형을 기업관리 방식으로서의 거버넌스, 신공공관리로서의 거버넌스, 좋은 통치로서의 거버넌스, 국제적 상호의존성으로서의 거버넌스, 사회-사이버네틱 체제로서의 거버넌스, 신정치경제로서의 거버넌스, 그리고 네트워크로서의 거버넌스 등 일곱 가지로 분류하고 있다.

존(John, 2001) 또한 거버넌스는 개인들의 네트워크에 기초를 둔 공공의사 결정의 유동적인 패턴이며, 공공의사 결정은 계층적으로 조직화된 관료들에 의해 이루어지는 것이 아니라 다양한 지역 차원의 다양한 조직에 속해 있는 중요한 개체들 간의 장기적인 관계에 의해 이루진다고 보고 있어 거버넌스에서 네트워크와 지속적인 상호작용의 중요성을 강조하고 있다.

그러나 피에르(Pierre, 2000)는 거버넌스는 정치적으로 네트워크화된 형태만을 의미하는 것이 아니라, 정책들을 조정하고 다양한 맥락에서 공공의 문제를 해결할 수 있는 통치 시스템으로 보고 있어 스토커 등의 주장보다는 좀더 포괄적인 관점에서 거버넌스를 보고 있다.

이상에서 본 바와 같이 거버넌스는 국가의 기능과 역할을 최소화하면서 시장과 시민사회 등 사회의 다양한 주체들 간의 네트워크를 통한 파트너십을 형성해 지역 발전을 모색해 나가는 체제로서 다차원성, 복합성, 그리고

〈표 2-3〉 학자별 거버넌스의 개념 정의

학 자	개 념 정 의
Kooiman(1994)	신거버넌스는 정부와 사회의 일방적이고 독단적인 관계에서 정부와 사회가 하나가 되어 상호작용하는 관계로 변해가는 것이며, 여기서는 역동성, 복합성 그리고 다양성이 중요한 개념이 된다.
Goodwin & Painter (1996)	거버넌스는 국가의 공식적인 조직만이 아니라 제도, 개인, 민간, 자원봉사 등 다양한 공간적 범주 내에서 정책집행에 영향력을 줄 수 있는 행위자 전체를 포함한다.
Stoker(1998)	거버넌스란 상호의존성, 자원의 교환, 게임의 규칙과 국가로부터의 상당한 자율성을 특징으로 하는 자기조직적인 조직간 네트워크이다.
Rhodes(1997)	거버넌스는 정부개입의 축소, 민간부문의 관리 개념을 공공부문에 적용, 공공부문에 이윤 개념 내재화, 시장의 경쟁 원리를 구현하는 새로운 공공관리를 통해 공정하고 효율적인 정부 구현, 민주주의를 지향하는 사회적 사이버네틱스 체계, 공공, 민간 및 자원봉사조직 간의 자기조직화 네트워크 등을 포함한다.
Pierre(2000)	거버넌스는 정치적으로 네트워크화된 형태만을 의미하는 것이 아니라, 정책들을 조정하고 다양한 맥락에서 공공의 문제를 해결할 수 있는 통치 시스템이다.
John(2001)	거버넌스는 개인들의 네트워크에 기초를 둔 공공 의사결정의 유동적인 패턴이며, 공공 의사결정은 계층적으로 조직화된 관료들에 의해 이루어지는 것이 아니라 다양한 지역 차원의 다양한 조직에 속해있는 중요한 개체들 간의 장기적인 관계에 의해 이루어진다.
Goss(2001)	거버넌스는 단순히 공공기관 간뿐만 아니라 시민과 공공기관 간의 발전을 가져오는 지역 차원의 집단적 의사결정의 새로운 형태이다.
Leach & Percy-Smith(2001)	로컬 거버넌스는 건강, 교육, 사회, 환경, 지방도로 및 공공 수송 정책, 공공주택, 계획 및 토지이용규제, 공원 및 레저, 치안 등을 포함한다.

다양성을 특징으로 하면서 자율성, 상호의존성, 지속적인 상호작용, 네트워크, 파트너십 등을 기본 요소로 하고 있다.

거버넌스와 관련한 개념은 개별 학문 분야의 특성과 관심 영역에 따라 다양하게 정의되고 있다. 학자별 거버넌스에 관한 개념을 정리해 보면 앞의 <표 2-3>과 같다.

2. 로컬 거버넌스의 개념

국정 운영의 새로운 패러다임으로서 로컬 거버넌스는 기존의 정부 중심의 통치 방식에서 탈피하여 기업, 지역 주민, 시민단체, 그리고 정부가 함께 지역 발전의 주체로서 교류하고 협력해 나가며, 특히 시민단체의 역할이 점차 커져 가고 있다.

사회 기능이 다원화되고 지역의 현안이 다양화되어 가고 있는 추세에서 지방정부가 단독으로 의사결정을 하고 정책을 추진해 나가는 데는 한계가 있다. 그러므로 로컬 거버넌스는 정부, 기업, 지역 주민, 시민단체, 직능단체 등 지역의 다양한 이해관계자들의 참여와 합의 형성 과정을 통해 지역 발전을 도모해야 할 것이다. 힉스(Hix, 1998: 39)도 정부가 정책결정 과정을 지배해서는 안 되며, 비계층적이고 상호의존적인 관계를 지닌 다양한 주체의 참여와 협력이 필수적이라고 강조하고 있다.

그러므로 지역의 자원을 최대한 활용해서 지역사회의 다양한 주체들과 이해관계를 잘 조정하여 민주적이고 협력적인 관계를 구축해 나가는 것이 로컬 거버넌스의 큰 과제 중 하나이다.

로컬 거버넌스의 개념은 학문적인 배경에 따라서 그 강조점이 다르게 나타나고 있고, 신공공관리와 레짐이론 등에서 기반이론으로 다루어지고 있다. 또한 로컬 거버넌스에서는 지역적 협력 관계, 정부와 NGO와의 네트워크, 지역사회 권력 등이 중요하게 다루어지고 있다.

이러한 로컬 거버넌스라는 용어는 영국 지방정부의 목적과 역할이 변화되기 시작하는 초기의 개념을 설명하기 위해 스토커가 사용하면서 쓰여지기 시작했다. 스토커는 지방정부의 복지 서비스와 관련해서 설명하면서 지방정부의 문제점은 민주성 부족으로 인한 정당성의 위기에 있으므로 로컬 거버넌스의 개념은 서비스 전달보다는 지방정부의 정치적 역할에 초점을 두어야 한다고 강조한다(Stoker, 1997a: 10-11).

로컬 거버넌스는 지역 수준에서 발생하는 빈곤, 범죄, 경제 개발, 환경문제 등 다양한 문제를 해결하고, 사회경제적 목적을 달성하기 위해 정부와 다양한 사회적 주체들 간에 공통된 목적과 가치를 바탕으로 교류·협력을 추진하는 체계이며, 또한 이들 간의 지속적인 상호작용과 네트워크가 핵심 개념이라고 할 수 있다.

이 책에는 거버넌스에 대한 다양한 정의 중에서 특히 신공공관리 체제와 다양한 주체들 간의 네트워크를 통한 파트너십을 통해 로컬 거버넌스 형성의 방향을 제시하고 있는 로드스의 거버넌스 개념을 중심으로 2000년대의 변화하는 사회적 시스템을 이해하면서 연구를 전개해 나가고자 한다.

제 3 절 거버넌스 개념의 다양성

1. 거버넌스 개념의 시대적 변화

거버넌스는 1970년대까지 정부와 동일한 의미로 이해되었으나, 70년대 말부터 국가 중심 관리 체계와 역할의 한계성에 대한 논의가 활발해짐에 따라 거버넌스 개념은 정부 중심의 통치 양식에서 벗어나 그 적용 영역을 확장했다. 주로 국가실패를 극복할 수 있는 국가적인 수준에서의 관리 능력에 대한 관심이 증가하고, 경제적·사회적 발전의 동력으로서 공공 서비스 공급 체계로서의 거버넌스에 대한 새로운 패러다임의 필요성이 제기되었다(김석준, 2000: 52).

1980년대부터 정부 중심의 위계구조 또는 조정 양식의 문제점과 한계가 노출되면서 새로운 형태의 통치 양식을 필요로 하게 되었다. 이 때부터 거버넌스에 대한 국제사회의 관심이 증대하고, 선진국을 중심으로 국가 차원의 사회통합과 발전을 관리하는 능력에 초점을 두게 되었다. 또한 지역경제의 활성화를 위한 민간과 정부 간의 파트너십을 강조하면서 새로운 민관관계의 모형으로 자리잡게 되었다.

그리하여 1990년대에 들어와 거버넌스는 최소국가론의 논리를 반영하여 정부개입을 축소하고, 민간부문을 공공부문에 도입하여 효율적인 정부를 구현하고자 노력했다(Rhodes, 1997). 이를 위해 국가의 공식적인 주체인 정부만이 아니라 정책 결정에 영향을 미치는 다양한 주체들을 포함시키고(Goodwin & Painter, 1996), 상호의존하고 상호작용하는 형태로 발전시켜(Kooiman, 1994) 이들 주체 간의 네트워크를 강조(Stoker, 1997; Rhodes, 1997)했다. 그러므로 거버넌스의 개념은 시민사회의 영역으로 그 적용 범위가 확대되고, 정부 주도와 시장 주도의 틀을 뛰어넘는 대안적인 통치 및 관리 체계로서 부각되었다. 여기에는 각 국가의 활발한 NGO의 역할과 시민사회의 비중 증대가 큰 몫을 했다.

이러한 흐름은 2000년대에 들어서서는 거버넌스를 다양한 주체들 간의 단순한 네트워크뿐만 아니라 그 주체들 간에 정책을 조정하여 공공문제를 해결하는 통치 시스템(Pierre, 2000; Goss, 2001)으로 지역 발전을 가져오게 하는 공공 의사결정의 유동적인 패턴으로 이해하고(John, 2001), 건강·교육·사회·환경 등 사회의 다양한 범주를 포괄하게 되었다. 그리하여 세계화와 정보화가 급속하게 전개되면서 국가 운영의 틀을 전면적으로 재구축하기 위한 작업에 중요한 이론적인 자원으로 활용되고 있다.

그러므로 이 책에서는 거버넌스의 다양한 정의 중에서 특히 신공공관리체제와 다양한 주체들 간의 네트워크를 통한 파트너십을 통해 로컬 거버넌스 형성의 방향을 제시하고 있는 1990년대의 로드스의 거버넌스 개념을 중심으로 2000년대의 변화하는 사회적 시스템을 이해하고자 한다.

2. 거버넌스 개념의 다양성

거버넌스의 개념은 학문적 배경과 추구하는 가치, 체제 운영 방식, 주체

그리고 어떠한 관점과 기준에서 보는가에 따라 다르게 정의할 수 있고, 그 강조되는 부분 또한 다양하게 나타난다. 거버넌스 주체에 따른 기준에서 보면 국가 중심의 체제에서는 국가와 정부 중심의 거버넌스가, 그 후 정부 실패와 새로운 패러다임의 등장에 따른 새로운 대안으로서의 시민사회, 기업 등이 중요한 거버넌스의 주체로 떠오르면서 NGO 거버넌스, 시장 중심 NGO 등이 등장했고, 정보통신의 발달로 지리적 영역을 초월하여 공통된 가치를 지향하고 정책적 이슈의 해결 방안을 모색하는 사이버 거버넌스의 중요성이 부각되고 있다.

또한 거버넌스는 학문 분야의 특성과 관심 영역에 따라서도 다양하게 해석되고 있다. 행정학 분야에서는 기존의 경직된 국정 운영 시스템에 고객 만족의 행정관리와 성과 중심의 경쟁 원리와 같은 민간부문의 관리 방식을 공공부문에 도입하는 등 새로운 국가통치 방식을 의미하는 국정관리로, 정치학 분야에서는 통치와 권력의 관점에서 다양한 주체들 간의 협력적 통치 체제 등으로 해석되고 있다. 사회학에서는 국가와 시장, 그리고 시민사회의 새로운 파트너십 형성을 통해 좋은 거버넌스 구현을 목표로 하는 시민사회의 자발적이고, 자율적이며, 자기 조직적인 네트워크 등으로 정의하고 있다. 그리고 제도주의 경제학에서는 시장 중심의 공동체적 자율관리 체계로서의 거버넌스의 역할을 논의한다.

피에르와 피터스는 거버넌스를 구조로서의 거버넌스와 과정으로서의 거버넌스로 대별하여 설명하고 있다. 구조로서의 거버넌스는 계층제으로서의 거버넌스, 시장으로서의 거버넌스, 네트워크로서의 거버넌스, 공동체로서의 거버넌스로 구분되며, 과정으로서의 거버넌스는 방향잡기와 조정으로서의 거버넌스와 체제로서의 거버넌스로 구분할 수 있다(Pierre & Peters, 2000: 14-288).

계층제로서의 거버넌스는 공공관료제에서는 수직적으로 통합된 국가구조를 통해 운영되는 거버넌스가 가장 이상적이라고 주장한다. 여기서는 공공부문과 민간부문을 엄격히 분리하고 있어 전혀 연결망이 형성되지 않는 것으로 본다. 이것은 기존의 국정 운영의 기본적인 모델로 정부 산하의 각 기관들은 내부조직과 업무 처리를 할 때 명령과 통제의 계층제적 시스템하에서 운영되고 있다. 그러나 이러한 계층제는 많은 비판을 받고 있는데 그 이유는 첫째, 계층제적 거버넌스는 고전적인 행정관리 시스템하에서 적절한 제도였으나 현대 사회와 같이 다양성을 중시하고, 정부부문과 민간부문(시민사회, 기업 등) 간의 상호의존성과 유기적인 협력 관계를 중시하는 환경하에서는 부적합하다고 본다. 둘째, 세계화가 진전되면서 국경의 개념이 희미해지고 국가보다는 각 지역이 주체로 세계무대에 활동하는 경향이 커져 가고, 지방분권화가 진전되면서 지역이 스스로의 책임과 권한하에 업무를 추진하는 부분이 증가해 가고 있는 상황에서 국가의 일괄적인 정책 시달로는 지방 경영에 한계가 있다고 보는 입장이다.

시장으로서의 거버넌스는 자원의 효율적인 분배에 초점을 두고, 서비스 공급을 정부가 일방적으로 정하는 것이 아니라 그 수혜자인 지역 주민들이 선택할 수 있는 기회를 제공함으로써 시장과 유사한 환경을 제공하는 데 목적이 있다.

네트워크로서의 거버넌스는 현재 거버넌스의 개념 중에서 가장 기본적이고 일반적으로 인식되는 개념이다. 네트워크로서의 거버넌스는 지역사회의 다양한 참여 주체인 정부, 공공기관, NGO, 기업들이 유기적인 관계를 형성하여 정책형성에서부터 집행에 이르는 모든 과정에 상호 협력하고 함께 참여함으로써 정책 집행의 효율성을 극대화하고 거버넌스의 민주성을 함양할 수 있다고 보는 거버넌스의 한 유형이다.

공동체로서의 거버넌스는 국가의 역할과 간섭을 최소화하고 공동체 내의 문제는 공동체 스스로 해결할 수 있도록 해야 한다는 것이다. 국가나 지방정부는 규모가 방대하고 관료적이기 때문에 주민들의 욕구를 충족시켜 주고 지역의 문제를 해결하는 데는 한계가 있다. 그러나 공동체로서의 거버넌스는 공동체의 세밀한 부분까지 모두 파악하고 있어 주민들의 적극적인 참여를 유도하고, 합의를 이끌어 낼 수 있다.

위에서 살펴본 네 가지 거버넌스는 거버넌스의 구조와 제도적인 측면을 중요시하고 있다. 반면에 동태적인 관점에서는 거버넌스가 시대적 환경에 대응해서 변하고 발전해 가기 위해서는 구조적인 변화가 우선되어야 한다고 본다. 제도적인 부분은 거버넌스의 업무 수행에 중요한 골격을 형성하고 있기 때문에 여전히 그 중요성이 인정되고 있지만, 현대에 들어서는 이러한 구조와 제도보다는 과정과 성과 산출을 중요시하는 과정으로서의 거버넌스의 중요성이 부각되고 있다. 거버넌스는 고정되어 있는 것이 아니라 그 강조하는 부분이 무엇인지, 참여 주체가 누구인지, 어떠한 정책을 수립하여 집행하는지에 따라 변화하고 또 그 변화가 사회의 다른 부문에도 영향을 미치기 때문이다. 그러므로 방향잡기와 조정으로서의 거버넌스와 체제로서의 거버넌스는 다원화되어 가고 있는 현재의 세계 정세 속에서 능동적으로 대처하고, 그에 따라 변화해 가는 지역 주민들의 요구에도 즉각적으로 대응할 수 있어 지역 발전의 견인차 역할을 할 수 있을 것으로 본다.

제 4 절 로컬 거버넌스의 유형

1. 거버넌스의 유형

1) 수준별 거버넌스의 유형

로컬 거버넌스는 다음과 같이 지역의 수준에 따라 글로벌 거버넌스, 리저널 거버넌스, 내셔널 거버넌스, 로컬 거버넌스, 사이버 거버넌스 등으로 유형화할 수 있다.

① 글로벌 거버넌스(global governance)

세계화의 진전과 더불어 국제적인 환경문제, 인권문제, 금융문제 등과 같이 개별 국가 차원에서 해결할 수 없는 전세계 수준의 문제의 확산으로 글로벌 거버넌스에 대한 관심이 증대하게 되었다. 초국가 수준에서 국가간 협력과 문제 해결을 지향하는 글로벌 거버넌스는 국가간 협력뿐만 아니라 국제경제기구, 다국적기업, 국제적 NGO 등과 같은 다양한 세력들이 구축한 자발적 상호협조 체제로서, 그 사례로는 국가간 상호협력 체제인 국제연합과 유럽연합을 들 수 있고, 국제경제기구나 다국적기업에서 세계무역기구

(WTO)나 세계은행, 세계경제포럼(WEF) 등이 있고, 국제적 NGO가 있다.

② 리저널 거버넌스(regional governance)

리저널 거버넌스는 지리적으로 인접해 위치한 국가들 간 또는 공통된 과제에 대해 이해관계를 같이하는 몇몇 국가들 간의 거버넌스 활동을 의미하는 것으로, 국가 간 공통된 문제의 해결을 위해 상호의존 관계를 형성한다라는 부분에서는 글로벌 거버넌스와 큰 차이가 없다. 리저널 거버넌스도 정치, 경제, 사회, 문화, 환경 등 다양한 분야에서 급변하는 세계 정세에 대응하기 위해 국가뿐 아니라 기업, NGO 등 다양한 주체들이 참여하고 네트워크를 형성해 활동을 수행한다.

③ 내셔널 거버넌스(national governance)

내셔널 거버넌스는 중앙정부, 지방자치단체, 그리고 국내 NGO 등이 상호 연대하여 지역 및 국가 발전을 위해 정책을 형성해 가는 시스템이다. 그러므로 내셔널 거버넌스는 정부 없이 이루어지는 것(governance without government)이 아니라 정부와 지역 주민, 기업 그리고 NGO 등 다양한 사회 주체가 함께 만들어 가는 것(governance with government)이다.

④ 로컬 거버넌스(local governance)

로컬 거버넌스는 기존의 정부 중심의 통치 방식에서 탈피하여 기업, 지역 주민, 시민단체, 그리고 정부가 함께 지역 발전의 주체로서 교류하고 협력해 나가며, 합의 형성 과정을 통해 지역 발전을 이루어가는 체제이다. 또한 이들 간의 지속적인 상호작용과 네트워크가 로컬 거버넌스의 핵심 개념이라고 할 수 있다.

⑤ 사이버 거버넌스(cyber governance)

정보통신의 발달로 세계는 지리적 영역을 초월한 사이버 공간을 통해 공통된 관심사를 가진 사람들이 지속적인 상호작용을 하여 다양한 분야의 이슈를 제기하고 문제를 해결해 가면서 공동체의식을 형성해 가는데 이것이 사이버 거버넌스이다. 특히 세계가 다원화되어 가면서 정부의 일괄적인 정책으로는 모든 지역 주민들의 요구를 수용할 수 없게 되면서 지역 주민들이 사이버 거버넌스를 통해 의견을 교환하고 스스로 문제 해결 방안을 모색하고, 더 나아가 현실의 거버넌스와 연계하여 부족한 정부의 기능을 보완하면서 민주주의의 발전에 기여할 수 있다.

2) 로스노의 과정과 구조로서의 거버넌스 유형

로스노(Resenau, 2001)는 거버넌스를 정책 추진을 위한 조정 메커니즘으로 이해했다. 그리고 구조(structure)와 과정(process)적 측면에서 각기 공식적·비공식적 구조와 수직적·수평적 구조의 조합을 통해 Top-down governance, Bottom-up governance, Market governance, Network governance, Side-by-side governance, Mobius-web governance 등 여섯 개의 거버넌스 유형을 제시했다(차미숙 외, 2003: 24).

〈표 2-4〉 로스노의 거버넌스 유형

구분		과정	
		한방향 (수직적 또는 수평적)	다방향 (수직적+수평적)
구조	공식적	Top-down governance (정부, 초국가적 기업, 정부간 기구)	Network governance (정부, 정부간 기구, 비정부조직, 비정부간 기구-기업 제휴 등)
	비공식적	Bottom-up governance (대중, 비정부조직, 비정부간 기구)	Side-by-side governance (비정부조직 & 비정부간 기구, 정부)
	공식적+ 비공식적	Market governance (정부, 정부간 기구, 엘리트, 시장, 대중, 초국가적 기업)	Mobius-web governance (정부, 엘리트, 대중, 초국가적 기업, 정부간 기구, 비정부조직, 비정부간 기구)

3) 영국의 수준별 거버넌스 유형

영국의 경우 공사간 파트너십의 다양한 형태가 주로 지방정부에서 나타나고 있으나 전통적으로 중앙집권적인 국가적 성격과 초국가적 기구인 유럽연합과의 관계를 배제한 상황에서 현재의 로컬 거버넌스에 대한 논의는 어렵다. 그러므로 특히 영국에서의 로컬 거버넌스에 대한 연구는 초국가적 수준, 국가적 수준, 지방적 수준 등에서 살펴보아야 한다.

〈표 2-5〉 수준별 거버넌스 유형(영국의 사례)

level of governance	Institutions
International	United Nations Organisation, World Trade Organisation, World Bank, International Monetary Fund, multinational corporations, international interest groups
European	European Union, EU institutions, European interest groups
State	United Kindom, UK institutions, national interest groups(CBI, TUC etc.)
Devolved state	Scottish Parliament and Executive, Welsh Assembly and Executive, Northern Ireland Assembly and Executive. Scottish, Welsh and Irish interests
Regional	Government Offices for the Regions, Regional Development Agencies, Regional Assemblies, Regional Chambers, regional quangos, regional interests
Local(county)	County councils in English two-tier systems, relevant private and voluntary organisations
Local(district)	District councils, health authorities, primary care groups, other local public bodies, relevant private and voluntary organisations
Local (community)	Parish or town councils, community councils, neighborhood councils
Institutional	NHS trusts, universities, colleges, schools, relevant consumer groups

자료: Leach & Percy-Smith(2001: 211).

2. 로컬 거버넌스의 모형

1) 피에르의 정치경제적 유형에 따른 로컬 거버넌스 모형

피에르(Pierre, 1999: 377)는 각기 다른 형태의 거버넌스 과정은 각기 다른 형태의 정책 참여와 영향력을 가져오므로, 로컬 거버넌스 연구에서는 그 과정에 함축된 정치경제적·이념적인 분석이 선행되어야 한다고 주장하고 있다. 이러한 가치 체계가 로컬 거버넌스의 제도적 틀을 구성한다. 피에르는 각 국가의 제도적 맥락과 정치경제적 모형에 따라 각기 달리 적용될 수 있는 로컬 거버넌스 모형을 제시했는데, 관리적 거버넌스(managerial governance), 조합주의적 거버넌스(corporatist governance), 성장 지향적 거버넌스(progrowth governance), 그리고 복지 거버넌스(welfare governance)가 그것이다.

〈표 2-6〉 피에르의 로컬 거버넌스 모형

거버넌스 모형	형태	정책목표 및 특징	대표적 사례
관리적 거버넌스	시장경제 원리에 입각하여 공사간 구분이 없어지며, 선거직 정치인의 역할이 미약한 거버넌스 형태	공공 서비스의 효율성을 높이는 것이 주된 목표	신공공관리운동
조합주의적 거버넌스	도시정치 과정에서 많은 사회단체와 조직적 이익집단의 참여가 이루어지는 거버넌스 형태	거버넌스 참여집단들을 위한 서비스 분배 정책 형성에 초점이 있음	서부 유럽 선진국들의 조합주의
성장지향적 거버넌스	지방경제를 부흥시키기 위한 시정부와 지방기업 간의 구조화된 협력 체제로서의 거버넌스 형태	토지 이용 및 소규모 지식기반기업을 통한 지역경제 부흥	성장기구 및 도시레짐
복지 거버넌스	민간 영역의 영향을 최소화하고 국가로부터 오는 재정적 지원을 통해 복지 향상을 꾀하는 형태의 레짐	단기적으로는 국가의 재정적 지원을 통한 지역경제 및 복지의 향상	영국의 리버풀 등 역사가 오래되고 성장 가능성이 미약한 산업도시들

Pierre(1999: 377-389); 배유일(2003: 321-322).

이들 모형은 로컬 거버넌스의 제도적 요인들, 즉 정책목표와 문화적 가치, 정치 행태 등 다양한 제도적 요인들을 포괄하고 있으며, 실제로는 국가가 처한 제도적 요인으로 인해 복합적 양상을 보인다.

2) 규범주의모형으로서의 로컬 거버넌스 모형

로컬 거버넌스의 모형으로 밀러, 딕슨과 스토커(Miller, Dickson, & Stoker, 2000: 28-32)는 지역주의모형(localist model), 개별주의모형(individualist model), 동원화모형(mobilization model), 그리고 집권화모형(centralist model)을 제시했다(이은구, 2003: 10-13). 지역주의모형에서 지방정부는 지역의 욕구를 해결하기 위해서 우선적으로 지역에 책임감을 가져야 하며, 중앙정부나 상급정부의 욕구보다는 지역 주민의 욕구에 부응하여 의사결정할 수 있는 자율성을 충분히 갖추고 있어야 한다는 것이다. 따라서 이 모형은 지방정부의 전통적 모형과 흡사하며, 정치이론적으로는 진보적 다원주의자의 견해를 취하고 있다.

개별주의모형에 의하면 로컬 거버넌스란 지역공동체의 집합적 선택보다는 개별 소비자들이 자신들의 욕구를 스스로 해결할 수 있는 체계를 구축하는 것으로 이해한다. 즉 개별 소비자들이 자신들이 원하는 서비스를 선택할 수 있고, 그에 따라 지불할 수 있는 권리를 부여하는 체계이다. 이를 위해서는 지방정부의 규모를 축소하는 것이 필요한데, 그 이유는 규모가 줄어들수록 개별 소비자들의 욕구에 좀더 충실할 수 있기 때문이다. 그러나 아무리 규모가 축소된다고 하더라도 개인의 권리가 보장되지 못하고 개별 소비자들의 욕구가 충족되지 못하는 지방정부는 의미가 없다. 따라서 이 모형은 소비자 개인이 자신들의 권리와 이익을 정당하게 표출할 수 있는 제도를 마련해 주는 것이 핵심이므로 정치적 과정을 최소화하고 개인의 선택권을 최대화하는 데 역점을 둔다.

동원화모형은 소외계층을 조직화하고 그들을 정치적 세력으로 연대시킬 수 있는 곳은 중앙 수준이 아니라 오히려 지방 수준에서 가능하다고 본다. 로컬 거버넌스란 바로 효과적인 대항 정치 세력을 육성하는 것으로 주민참여의 다양한 기회가 보장되는 지역정치를 어느 정도 자율적으로 구현할 수 있는가에 초점을 맞추는 것이다. 또한 이 모형은 서비스 전달 체계와 관련하여 분권화된 구조를 선호하며, 근린집단을 강조한다. 관료제 중심의 집권화된 구조를 지양하고 근린집단에 더 많은 권한을 배분함으로써 지역사회의 소외계층에 대한 관심을 제고할 수 있으며, 그들의 이익에 부합하는 서비스를 전달할 수 있다는 것이다.

집권화모형은 이 모형은 강력한 지방자치를 선호하지 않으며, 국가 수준에서의 민주주의를 우선시한다. 즉 모든 시민은 균등한 서비스 혜택을 받을 권리가 있으므로 국가 수준의 정책 결정이 필요하다는 것이다. 따라서 지방의 자율성은 부정되며, 지역의 참여는 가치 있는 일이 아니다.

또한 서비스 전달 체계와 관련하여 이 모형은 국가적 수준의 목표를 달성하기 위해서는 지방이 중앙의 통제를 받아야 한다는 것이다. 국민의 욕구가 구현되기 위해서는 우선적으로 법을 제정하고 집행하는 국회나 중앙정부의 역할에 관심을 기울여야 한다는 것이다. 지방도 중요한 역할을 수행할 수 있지만, 지방의 주된 역할은 국가적 목표 달성에 기여하는 것이어야 한다.

〈표 2-7〉 로컬 거버넌스의 규범적 모형

모형	주요 목적	지역 자율성	참여	서비스 전달 체계	정치 제도
지역주의 모형	지역공동체의 욕구 충족	강력한 선호	인정하지만 대의기구 우선	다기능적 지방정부	지역선거를 통한 대의정치
개별주의 모형	개인 선택권 보장	선호하지만 개인선택권 보호를 위한 상급 수준의 개입 필요성 인정	소비자 자문 선호하지만 대규모적 시민 참여 부정	공급자 간 경쟁	소비자로서의 개인 원리
동원화 모형	소외계층에 대한 대응성	변화 과정으로 강력 선호	강력한 선호	근린집단 분권화 구조	발전적 참여 정치
집권화 모형	국가 목표 달성	강력한 반대	제한된 가치	중앙통제를 받는 기관	중앙정부 입법부의 지침·통제

주: Miller, Dickson, & Stoker(2000: 29); 이은구(2003: 10).

제5절 로컬 거버넌스와 지방정부의 역할

로컬 거버넌스와 지방정부는 정치경제적 상황의 변화에 따라 그 역할도 조금씩 변화해 왔다. 또한 거버닝(governing)이 강조하는 부문이 무엇인가에 따라서 그리고 학문적 배경에 따라서도 지방정부의 역할의 중요성에 대한 해석에는 차이가 있었고, 사회의 행위 주체가 다양해지면서 그들 간의 상호 네트워크가 어떻게 형성되는가에 따라서도 지방정부는 그들 간의 이해관계를 조정하고 지역 발전을 위한 방향을 잡아가는 역할을 하게 되었다. 그러면 지방정부의 역할이 어떻게 변화해 왔고, 로컬 거버넌스에서 지방정부의 역할은 어떠한지 살펴보도록 한다.

1. 지방정부의 역할 변천

지방정부의 역할은 크게 세 가지 형태로 변화되어 왔다고 볼 수 있다(Leach, Stewart & Walsh, 1994: 236-251 참고).

첫 번째 형태는 전통 관료주의적 지방정부의 역할로 주로 통제자와 규제자로서의 역할이다. 즉 국가 중심의 통치 체제는 공공 질서 확립과 국가 발전이라는 목표 달성을 위해 능률성을 기본 가치로 삼아 정치와 행정을 분리하고 계층제적 위계질서와 권위적인 체제를 통해 운영과 관리를 해왔다. 따라서 지방정부는 지역 내에서 유일한 통치자로서 지역사회 다른 행위 주체들과의 관계는 계층제적 상하 관계로 이들과의 연계 또한 매우 폐쇄적이다. 또한 공식적이고 법률적인 기준에 근거해 그 역할을 수행하기 때문에 중앙정부의 하부조직으로서 중앙정부의 명령을 그대로 행하는 경직된 체제 운영으로 지역 내 다른 행위 주체와 주변 환경과의 상호작용 또한 능동적으로 이루어지지 못하며, 지역 주민들의 요구 또한 시의적절하게 수렴해서 행정 운영에 반영하지 못하는 실정이다.

두 번째 형태는 지방정부의 역할을 서비스 공급자로 한정하는 것이다.

이는 국가 중심의 국정 운영의 실패로 최소 국가를 지향하고 지방정부의 역할을 시장경제 원리와 접목시켜 민간경영 기법을 도입하여 기업가적 정부를 추구하고 효율성을 극대화하려는 것이다. 또한 관료제의 경직된 체제하에서는 외부 환경 변화에 능동적으로 대처하지 못했으나 시장 메커니즘하에 경쟁 원리를 도입함으로써 지방정부 경영의 합리화를 도모하고, 지역주민들의 요구 수준에 부응하여 서비스를 공급할 수 있다. 그러나 시장 지향적 정부에서는 서비스 공급 측면만 강조함으로써 주민들이 개인적인 선호도에 맞게 선택할 수 있는 기회는 제공하지 못했다.

세 번째 형태는 지역의 정책을 입안하고 결정하여 집행하는 과정에서 지방정부가 독점적인 위치에서 행하는 일방적인 통치 체제가 사라지고 사회의 다양한 행위 주체 간의 적극적인 참여와 상호 협력하에 조정자로서의 역할이다.

지방분권화가 진행되고 정보화가 진전됨으로써 현대에 들어오면서 정부의 역할이 점차 축소되고 있으며, 사회문제 해결 과정에서 NGO의 역할이 증대되고 있다. 즉 점차 복잡 다양화되어 가는 사회에서 정부가 모든 사회문제를 해결할 수 있는 능력에 한계가 있고, 또한 NGO를 비롯한 비정부부문의 문제 해결 과정에서의 능력과 역할이 확대되어 가고 있다.

이러한 환경하에서 지방정부는 지역 주민들에게 단순히 서비스를 공급하는 것이 아니라 주민들의 요구를 파악해서 주민들이 원하는 부문의 서비스를 주민들이 선택한 방식을 통해 공급한다. 따라서 지방정부는 지역사회의 교육기관으로서, 자원의 공급지로서, 소외계층의 지원자로서의 역할을 하게 된다.

그러므로 지방정부는 다양한 사회문제의 해결을 위해 사회의 모든 행위주체들과 네트워크를 형성해 지속적으로 유기적인 관계를 가지면서 문제해결 방향을 제시하고 지역 발전 방향을 함께 모색해 나가야 한다.

2. 로컬 거버넌스에서 지방정부의 역할

지방정부의 역할이 위에서 살펴본 것처럼 국제 정세의 흐름에 따라서,

정치경제적인 체제의 변화에 따라서, 학문적 배경과 그 발전 과정에 따라서, 그리고 사회 참여 주체와 그들 간의 상호연결망의 특성에 따라서 다양하게 변화해 오고 있다. 특히 로컬 거버넌스의 개념을 어떻게 정의할 것인가와 어디에 초점을 맞추어서 볼 것인가에 따라서 그리고 로컬 거버넌스의 시대적인 변화에 따라 지방정부의 역할 또한 그 강조 부분이 달라질 수 있다. 또한 로컬 거버넌스가 어떠한 능력을 가지고 있는지, 그리고 통치 방식이 어떠한지, 그리고 지방정부를 운영해 나갈 통치 능력이 있는지 또는 지역사회의 경제와 다른 부분들을 어떻게 조정해서 방향을 잡아가고 구조화해 나갈 것인가에 따라 로컬 거버넌스에서의 지방정부의 역할을 연속선상에서 이해할 필요가 있다.

지방정부의 역할에 대한 새로운 인식이 필요하다. 이에 대해서는 크게 세 가지 입장(Gyford, 1991: 1-3)으로 정리해 볼 수 있는데, 첫째는 공공부문 이외의 조직에 더 많은 관심을 기울임으로써 지방정부의 역할을 축소하자는 입장, 둘째는 지방정부의 권한을 다른 조직과 연계함으로써 집행 방식(주체)의 변화를 도모하는 데 대해서는 동의하나 지역사회에 서비스를 공급하는 모든 조직을 파악하여 이들에 대한 영향력을 증대시킴으로써 지방정부의 역할을 강화해야 한다는 입장, 그리고 세 번째는 지방정부의 역할을 지역 주민들이 지역문제에 적극적인 역할을 할 수 있는 권능을 부여하여 지역사회 내의 문제들을 주민이나 NGO들이 서로 협동하여 서비스를 공급하도록 유도하는 입장 등이다. 특히 세 번째 입장은 시민의 선택권 확보와 권력을 공유하는 데 목적이 있으며, 더 나아가서는 적극적인 시민을 육성하고 이를 통해 민주주의를 실현하고자 하는 것이다(Lansley, Gross, & Wolmar, 1989: 58; 이은구, 2003: 22-23).

특히 과거에 비해 크게 변화한 것으로는 거버넌스에서 비정부 부문의 영향력이 증가하고 그들의 활동 비중 또한 커져 가고 있다는 것이다. 국정 운영의 새로운 패러다임이 도입되면서 거버넌스의 역할이 변해 가고 거기에 기업의 경영 논리가 거버넌스에 응용되면서 기업주의적 거버넌스의 정책집행이 이루어지고 있다. 또한 세계화가 진전되면서 국제경제 또한 국가의 개념을 초월한 공간에서 이전에 비해 자본이 훨씬 자유롭게 이동하고 있어

정부 차원의 통제력이나 영향력이 감소하고 있는 추세이긴 하나 여전히 정부의 역할은 중요하다.

또한 세계가 다원화되어 가면서 환경, 인권, 경제, 사회 등 사회 전반적인 분야에 걸쳐 문제점들이 발생하고 지역 주민의 요구 또한 다양화되면서 정부 차원에서 모든 문제를 해결할 수 없게 되었다. 그러면서 주민들이 비정부 부문의 NGO를 통해 자신들의 의견을 제시하고 적극적으로 다양한 문제들을 해결해 나감으로써 거버넌스의 중요한 주체로 등장하게 되었다. 그러나 다양한 분야의 전문성을 겸비한 NGO들이 지역의 발전을 위해 지방정부와 상호 연계함으로써 훨씬 더 효율적인 거버넌스 운영을 할 수 있지만 법적 책임성이 없는 NGO 단독으로 정책 결정을 할 수는 없는 것이다. 그러므로 지방정부, 공공기관, NGO, 기업 등 지역의 다양한 주체들이 공동 연대를 통해 상호 협력해 나갈 때 진정한 지역의 발전을 가져올 수 있다. 따라서 거버넌스는 공공정책의 수립과 집행시에 유용한 방법론을 제시할 뿐 아니라 중요한 분석적 시각과 기준을 제시해 줄 수 있다.

이상과 같이 지방정부의 역할에 대해서는 시대적 변화에 따라 관점에 따라 다소 상이하지만, 현실적으로 지방정부는 공공부문을 대표하고 거버닝을 이끌어 가는 유일한 주체가 아니고 계층제를 통해 기업이나 시민사회를 그 하부기관으로 위치시켜 상의하달하는 권위주의적이고 계급주의적인 차원에서 탈피하여 지역사회 내의 다양한 행위자(주체)들에 대한 자율성을 인정하고 이들과의 상호 협력을 통해 지역공동체의 발전을 추구해야 한다는 것이다. 여기에서 지방정부는 지역사회 내의 활동을 다양한 방식으로 지원하고 조정할 수 있는 연결고리의 역할을 수행해야 한다. 이에 따라 지방정부의 조직과 운영에서도 그 책임과 권한을 분산시키고 의사결정 과정이 다양한 주체들의 협의에 의해 이루어질 수 있도록 상향식 의사결정이 이루어져야 하며, 지역 주민들의 요구를 정확하게 파악하여 이들이 필요로 하는 서비스를 다양한 방식에 의해 제공함으로써 주민들이 자신들의 기호에 맞는 것을 선택할 수 있는 기회를 제공한다. 이 때 지방정부는 규제자, 감시자, 통제자로서의 역할이 아니라 다양한 주체들 간의 요구를 종합적으로 수렴하여 조화시킬 수 있는 조정자, 지원자로서의 역할을 수행하여 지역 발전에 기여해야 한다.

그러므로 로컬 거버넌스 개념하에서 현대 지방정부가 갖추어야 할 원리로는 첫째, 세계가 다양화·다원화되어 가는 현실 속에서 지방정부는 새로운 정보를 신속하게 습득하여 정책 결정에 반영할 수 있어야 한다. 정책 결정시 지방정부가 단독으로 처리해서는 안 되며 지역 주민과 NGO, 그리고 기업 등 다양한 사회 주체들의 의견을 충분히 수렴해야 한다.

둘째, 지방분권화의 진전에 따라 중앙정부보다는 지방정부 수준에서 결정해야 할 일들이 증가하고 있으므로 지역 주민들의 참여를 합법적으로 보장할 수 있는 제도적 장치가 확립되어야 한다.

셋째, 또한 이러한 새로운 제도를 구상하고 추진하는 데 지방정부의 책임성을 보장할 수 있어야 한다.

넷째, 조정과 상호연결망으로의 능력을 갖추어야 한다. 사회의 다양한 주체들이 민주적인 과정을 거쳐 서로 의견 교환을 하고 정책대안을 제시하여 바람직한 결과를 도출할 수 있도록 하기 위해 지방정부는 모든 부문의 의견을 조율·조정하여 방향을 제시하고 상호 협력 관계를 형성할 수 있도록 연결망으로서의 능력을 갖추어야 한다(Stewart, 1999: 4-5).

제6절 로컬 거버넌스하의 NGO의 역할

시장실패와 정부실패로 인해 공공 서비스의 생산과 제공 시스템에 변화가 오고, 후기산업사회의 다양한 사회문제 해결에 정부부문만으로는 한계에 봉착하게 되고, 또한 정치적으로는 대의민주주의의 한계를 극복하기 위한 참여민주주의로의 전환 등 급변하는 정치경제적 상황 속에서 정부의 역할 또한 변해 가고 정부부문만으로는 모든 정책적 이슈에 대처할 수 없게 되면서 제3섹터에서 새로운 대안을 모색하게 되었다.

따라서 국정 운영의 새로운 패러다임으로서 로컬 거버넌스는 기존의 정부 중심의 통치 방식에서 탈피해 각 지역의 특성에 부합할 수 있는 자율성과 권한을 부여받아 지역 발전을 추진하게 되고, 지역행정에 주민들의 참여가 두드러지면서 NGO의 활동도 활발하게 이루어지고 있다. NGO는 이슈를 제기하는 차원에서 더 나아가 정책대안 제시자로서 활동하며, 환경, 보건, 교육, 인권 등 로컬 거버넌스의 모든 정책 결정 과정과 평가에 중요한 파트너로서 역할을 하고 있다.

그러므로 지방정부와 NGO가 상호 협력하고 유기적인 관계를 형성하여 환경 변화에 적극적으로 대처하고 지역 발전 방향을 모색해야 할 것이다.

일반적으로 거버넌스하에서 NGO의 역할은 정치·행정에의 참여 조정, 투명성과 정보 유용성의 제고, 정부 성과의 향상에 대한 기여 등으로 제시되고 있다(Manor, 1999; 주성수, 2000: 183-185).

1. 상호 협력 기능

정부와 NGO는 상호 협력 관계를 통해 서로의 부족한 점을 채워 주고 있다. NGO는 정부의 지원을 통해 활동에 필요한 자원의 획득과 이를 통한 활동 영역 확대가 가능하게 된다. 반면 정부는 NGO를 활용하여 복지, 환경, 여성 등 다양한 분야의 공공 서비스와 정보를 얻을 수 있어 정부의 서비스 비용을 줄일 수 있다. 또한 정책결정시 NGO와 사전 의견 수렴 과정을 거침으로써 정부 중심의 정책이 아니라 현장에서 바로 활용할 수 있는 실용성을 제고할 수 있는 정책 집행이 가능하게 된다. 즉, 정부가 NGO와 상호 협력할 때 정부는 정책대상 집단과의 상호작용을 통해 공공 서비스를 더욱 효과적으로 전달할 수 있게 된다.

2. 시민들의 관심과 참여를 유도하는 기능

전통적인 이익집단들은 자금력과·조직력으로 정책 결정에서 막강한 영향력을 행사하지만 일반 시민들은 정책 결정에서 배제된 집단으로 남아 왔다. NGO들은 시민들을 정책형성 과정 또는 정치 과정에 끌어들여 무력감을 극복하게 하고, 사회의 운영에서 주체적·참여적 행위자로 전환시켜 준다. NGO들이 국가와 시장의 횡포를 견제하고 시민의 참여를 확대시켜 이들의 이해와 관심사를 공공정책에 반영시키는 역할을 하며, 또 NGO의 사회적 신뢰를 기반으로 이익집단 간 갈등을 조정하기도 한다.

3. 투명성과 정보유용성의 제고

NGO들은 정책 결정과 집행에 관한 투명성과 정보의 유용성을 높여 주며, 이는 정책의 효율성을 높여 주고 결과적으로 훌륭한 거버넌스(good governance)에 기여한다. NGO들은 입법, 프로그램과 정책의 집행 등에 필요한 정보의 발굴, 출판 및 보급의 활동을 하며, 정부정책의 추진에 대한 압력을 행사하고 투명성을 요구함으로써 소외층의 권익 옹호 역할을 맡는다.

4. 훌륭한 거버넌스 지향

공공 서비스 정책형성 과정부터 참여해서 재정과 집행에 이르는 모든 과정에 정부기관과의 파트너로 활동하면서 정부의 성과를 높여 주면서 동시에 일반 시민의 욕구 충족에 기여한다.

그러나 NGO는 정부의 후퇴에 따른 역할을 대신한다고 하지만 모든 영역에서 정부의 역할을 대신 할 수는 없다. 또 거버넌스 일반에서 NGO는 정부기관들에 대해 조직화된 이해당사자로 참여하고 영향력을 행사한다. 그렇게 함으로써 국가의 위상을 약화시키는 결과를 낳기도 하지만 궁극적으로 국가의 정통성을 강화시키고 공직자들과 일반 시민들 간의 신뢰 관계를 구축하는 데 기여한다(Manor, 1999).

참고문헌

경기개발연구원. (2001). 지역경쟁력 강화를 위한 동아시아 대도시권계획 연구. 경기개발연구원.

김박수. (1999). 국가경쟁력 평가에 관한 연구. 대외경제정책연구원.

김석준. (2000). 한국 국가재창조와 뉴거버넌스: 새로운 패러다임 모색. 「한국행정학보」. 34권 2호.

———. (2002). 「거버넌스의 이해」. 서울: 대영문화사.

김용웅. (2002). 지역발전과 거버넌스 체제의 구축. 「월간국토」. 252호. 국토연구원.

김정렬. (2000). 부의 미래와 거버넌스: 신공공관리와 정책네트워크. 「한국행정학보」. 제34권 제1호.

류재현. (2002). 지방정부의 거버넌스형 시장리더십 모색. 「한국지방자치학회보」. 14(3). 한국지방자치학회.

박경원. (2003). 지역 발전을 위한 거버넌스 구축: 협력적 계획모형을 중심으로. 「월간국토」. 265호. 국토연구원.

박우서. (2002). 지역 발전과 민간협력형 거버넌스 운영 방안. 「월간국토」. 국토연구원.

배유일. (2003). 지방 거버넌스와 제도주의적 시각. 「정부학연구」. 제9권 제2호.

서왕진. (2003). 21세기 새로운 물관리 체제로서의 거버넌스. 「월간국토」. 259호. 국토연구원.

서태성. (2002). 지역 발전과 주민참여형 거버넌스 체제 구축 방안. 「월간국토」. 252호. 국토연구원.

정성훈. (2002). 정부간 거버넌스 체제의 구축: EU 접경지역 발전 프로그램을 중심으로. 「월간국토」. 252호. 국토연구원.

주성수. (2001). 「글로벌 거버넌스와 NGO」. 서울: 아르케.

주재현 · 김태진. (2001). 정부-기업간 파트너십과 환경정책. 「한국행정연구」. 10(4).

차미숙 · 박형서 · 정윤희 외. (2003). 「지역 발전을 위한 거버넌스 체계 구축 및 운용 방안 연구」. 국토연구원.

최영출. (2002). 거버넌스 이론과 지역발전전략. 「월간국토」. 252호. 국토연구원.

Burns, Peter. (2002). The Intergovernmental Regime and Public Policy in

Hartford, Connecticut. *Journal of Urban Affairs*. 24(1): 55-73.

Caroline Glendinnning, Martin Powel & Kirstein Rummery (ed.) (2002). *Partnerships, New Labour and the Governance of Welfare*, The Policy Press.

Cloke, Paul, Paul Milbourne, & Rebekah Widdowfield. (2000). Partnership and Policy Networks in Rural Local Governanc. *Public Administration*. 78(1).

DeHoog, Ruth Hoogland, David Lowery, & William E. Lyons. (1990). Citizen Satisfaction with Local Governance: A Test of Individual, Jurisdictional, and City-Specific Explanations. *Journal of Politics*. 52(3). August.

Donnelly, M.(1999). Making the difference: quality strategy in the public sector. *Managing Service Quality*. 9(1).

Giddens, Anthony. (1998). *The Third Way: The Renewal of Social Democracy*. Cambridge: Polity Press.

Goodwin, M. & J. Painter. (1996). *Local Governance: the Crises of Fordism and the Changing Geographies of Regulation*. Transactions of the Institute British Geographers. 21: 635-48.

Goss, Sue. (2001). *Making Local Governance Work*. N.Y.: Palgrave.

Gyford, John. (1991). The Enabling Council, A Third Model. *Local Government Studies*. 17(1): 1-15.

Hix, S.(1998). The Study of European Union II: The New Governance Agenda and Its Rival. *Journal of European Public Policy*. Vol.5, No.1.

Jessop, B.(1998). The Rise of Governance and the Risks of Failure: The Case of Economic Development. *International Social Science Journal*. 55: 29-46.

John, Peter. (2001). *Local Governance in Western Europe*. London: Sage Publications.

Jonston, R. J. & C. J. Pattie. (1996). *Local Government in Local Governance: the 1994-95 Restructuring of Local Government in England*, Blackwell Publishers. 671-696.

Kickert, W.(1997). Public Governance in the Netherlands: An Alternative to Anglo-American 'Managerialism. *Public Administration*. 75: 731-752.

Kingdon, J. W.(1984). *Agendas, Alternatives and Public Policies*. Boston: Little Brown.

Kooiman, Jan.(1993a). Social-Political Governance: Introduction, in Jan Kooiman, (ed.). *Modern Governance: New Government-Society Interactions*, London: Sage Publications: 1-6.

———.(1993b). Governance and Governability: Using Complexity, Dynamics and Diversity, in Jan Kooiman, (ed.). *Modern Governance: New Government-Society Interactions*, London: Sage Publications: 35-48.

———.(ed).(1994). *Modern Governance: New Government-Society Interactions*. London: Sage.

Lansley, S., S. Gross & C. Wolmar(1989). Councils in Conflict. *The Rise and Fall of the Municipal Left*. London: Macmillan.

Lasker, R. D., E. S., Weiss & R. Miller(2001). Partnership Synergy: A Practical framework for studying and strengthening the collaborative advantage. *The Milbank Quarterly*. 79(2).

Leach, Robert & Janie Percy-Smith(2001). *Local Governance in Britain*, Palgrave.

Leach, S., J. Stewart & Kieron Walsh.(1994). *The Changing Organization and Management of Local Government*. London: Macmillan.

Peters, B. G. & J. Pierre.(2000). *Governance, Politics and the State*. NY: St. Martin's Press.

Plein, L. Green, Christoper. E. Kenneth., & David. G. Williams.(1998). Organic Planning: A New Approach to Public Participation in Local Governance. *Social Science Journal*. 35(4).

Rhodes, R. A. W.(1997). *Understanding Governance: Policy Networks, Governance and Accountability*. Buckingham: Open University Press.

———.(2000). Governance and Public Administration, in John Pierre(ed.). *Debating Governance*. Oxford: Oxford University Press.

Rosenau, James.(2001). Strong Demand, Huge Supply: Governance in an Emergent Epoch. In Paper of Conference entitled *Multi-Level Governance: Interdisiplinary Perspectives*. The University of Sheffield.

Stewart, John.(1999). Modernising Government Considered. *Local Governance*. 25(1): 3-12.

Stoker, Gerry.(1997a). Local Government in Britain After Thatcher. in Jan Erik Lane(ed.). *Public Sector Reform*, London: Sage.

———.(1998). *Public-Private Partnership and Urban Governance* in J. Pierre (ed.). *Partners in Governance: European and American Experience*. London: Macmillan.

Teisman, Geert R. & Eric-Hans Klijn.(2002). Partnership Arrangements: Governmental Rhetoric or Governance Scheme?. *Public Administration Review*. 62(2): 197-205.

World Bank.(2000). *World Development Report 1999/2000: Entering the 21st Century*. New York: Oxford Univ. Press.

제3장

로컬 거버넌스의 이론

제1절 로컬 거버넌스 관련 연구 동향

거버넌스에 관련된 국내외의 연구 동향은 다음과 같이 요약해서 살펴볼 수 있다.

첫째, 정부와 각 사회 주체들 간의 상호 협력과 상호 의존을 중시하는 연구이다. 1990년대에 들어서면서 거버넌스의 정책 결정 과정에 주민과 NGO의 참여의 필요성과 중요성을 강조하게 되었고, 이는 정부 주도 거버넌스와 시장 주도 거버넌스의 한계를 뛰어넘는 대안적인 통치 체제로 각광을 받게 되었다. 앞서의 연구에서처럼 국가 주도 추진 체제가 변화하면서 중앙정부, 지방정부, 그리고 각 사회 주체들이 상호 협력하고 그 과정에 적극적인 주민 참여를 유도하여 지역의 문제를 함께 해결해 나가야 한다는 점을 강조하고 있다(Kooiman, 1994; Plen, 1998; DeHoog, Hoogland, Lowery, & E. Lyons, 1990).

둘째, 네트워크와 파트너십을 강조한 연구이다. 쿠이먼(Jan Kooiman) 등(Kooiman, 1994; John, 2001; Goss, 2001)은 국가 하위지역 단위에 초점을 두어 지역개발기구와 지역 여건과의 관계, 지역개발기구 또는 주체들 간의 네트워크와 파트너십, 그리고 다층적 거버넌스 등에 초점을 두고 있다. 피터스(Peters, 1988)는 governance without government에서 정부의 기능을 축소하면서 사회의 다양한 행위 주체인 시장, NGO, 국제 체제 등과 상호 연계하여 파트너십을 형성하고 이를 제도화하려는 노력을 기울였다. 이와 관련된 이론으로는 레짐이론, 지배연합이론, 그리고 네트워크 관리이론 등이 있다. 또한 국내 연구에서도 시민사회 중심의 관점에서 비정부조직을 중심으로 한 로컬 거버넌스 모형 구축 및 협력 네트워크에 관한 연구 및 정부와 민간 파트너십 촉진 방안 등에 관한 연구가 있다. 또한 지방자치단체 내의 주민협의체 및 비정부조직의 역할과 관계 변화를 다룬 연구들이 있다 (박우서, 2002; 서태성, 2002; 서왕진, 2003).

셋째, 중앙과 지방의 관계 및 추진 체제의 변화에 대한 연구이다. 여기서는 세계 정치질서의 변화와 국가의 역할 축소, 특히 EU 등 국제조직과 개발 국가 및 지역 단위들과의 관계 변화 및 공간적 재편 연구의 필요성을 강조하고 있다 (Jessop, 1998; Rhodes, 1997). 거버넌스는 1970년대까지 국민국가 차원에서 정부와 동일한 의미로 이해되었고, 공식적이고 제도적인 체계와 과정들과 관련하여 언급되었다 (Stoker, 1998). 그러다가 70년대 후반에 들어서 거버넌스는 정부 중심의 통치 양식에서 분리되고 적용 영역을 확장하여 공공 서비스 공급 체계로서의 역할을 수행하게 되었다. 클리블랜드(Cleveland, 1972)는 더 작은 정부, 더 많은 거버넌스를 주장하면서 정부의 기능을 축소하고 국민들에게 대한 원활한 서비스 공급을 거버넌스의 중요한 과제로 제시했다. 우리 나라의 경우 1990년대 중반 본격적인 지방자치제의 도입과 더불어 중앙정부 기능의 지방 이양 및 기능 배분에 관한 연구가 중점적으로 수행되어 왔으며, 주로 기능 및 사무 단위에 초점을 두었다. 그리고 세계화, 분권화 등 기존 질서 체계의 변화가 이루어지면서 행정학, 정치학 분야에서 신공공관리 체제와 시민사회의 등장과 성장에 따른 국정관리 패턴을 설명하는 연구가 이루어지고 있다 (김석준, 2000; 김정렬, 2000; 정성훈, 2002).

넷째, 지역혁신 체제 및 지역개발기구의 운영과 관련해 거버넌스 연구가 추진되어 왔다. 이러한 연구에서는 분권화와 세계화 등의 여건 변화에 따른 행정관리 방식의 변화, 지역 단위 추진 체제의 변화와 지역경제 발전을 위한 실행 기제에 대한 논의와 밀접한 관련이 있다(Glendinning, Powell, & Rummery, 2002; Burns, 2002). 또한 분권화에 따른 지역 발전 추진 체계의 변화와 관련하여 특별지방행정기관과 광역자치단체의 중복적 운영 실태 및 제도 개선 방안, 지방자치단체 간 협력 촉진을 위한 협력계획제도 도입 방안 연구 등 거버넌스 체계의 도입을 위한 제도 개선 연구가 부분적으로 이루어지고 있다(김용웅, 2002; 박경원, 2003; 차미숙, 2002).

다섯째, 로컬 거버넌스의 역동성에 초점을 두어 연구 범위를 국가와 같은 공공조직뿐만 아니라 개인, 시민단체 등으로 확대하고 그에 따라 연구 주제도 교육, 환경, 공공주택 등으로 확대하여 지역 단위의 발전에 상관 관계를 가지고 있는 모든 요인들에 대한 포괄적인 연구를 하게 되었다(Goodwin & Painter, 1996; Pierre, 2000; Gilly & Wallet, 2001; Leach & Smith, 2001).

외국의 경우에는 오래 전부터 로컬 거버넌스에 대한 논의가 시작되어 2000년대에 들어서면서 특히 급변하는 국내외 정세에 따른 로컬 거버넌스의 추진 체계 및 방향 등에 대해 심층적인 연구가 이루어지고 있으나, 우리나라의 경우에는 개념적 수준에서 로컬 거버넌스 형성에 있어 NGO의 역할과 지방정부와의 관계에 관한 정책적이고 규범적인 대안들만 제시된 실정이다. 특히 지역경쟁력 강화를 위한 로컬 거버넌스 형성에 있어 현재의 행정 체제 및 지역 발전과의 관계에 관한 실증적 분석과 그 분석을 기초로 한 로컬 거버넌스 작동 메커니즘을 제시한 연구는 거의 전무한 실정이다.

그러므로 이러한 정치사회적 변화를 수용하고 지역사회에서 발생하는 새로운 과제들을 해결해 나가기 위해서는 로컬 거버넌스에 대한 새로운 합의가 이루어져야 한다.

따라서 이 책에서는 앞서 살펴본 학자들 중 특히 로드스(R. A. W. Rhodes)의 이론을 중심으로 로컬 거버넌스를 "지방정부와 관련된 제반 문제를 해결하고 정책을 결정 및 집행하는 과정에서 중앙정부, 지방정부, 그리고 지역 주민 및 시민단체, 기업 등과 같은 다양한 차원의 지역 내 이해

당사자들이 참여하고 상호 협력하여 지역 발전을 추진해 가는 역동적인 네트워크 체제"로 정의하고자 한다.

제2절 신공공관리론

1. 신공공관리론의 의의

1970년대 후반에 접어들면서 관료주의 중심의 통치 체제는 계속되는 경기 침체와 재정적자로 인해 정부실패를 경험하게 되었고, 능률성을 제고할 수 있는 작은 정부를 지향하게 되었다. 이러한 시대적 분위기에서 미국의 기업가적 정부모형(entrepreneurial governmental model)과 영연방국가의 시장적 개인주의(market individualism)에서 볼 수 있는 시장 지향적 경쟁 원리(market oriented solution)가 강조된다. 자유시장 체제에 근거를 두면서 정부의 능률성과 생산성을 제고하고, 권한 위임과 규제 완화, 그리고 고객 중심의 서비스 제공을 강조하는 하는데 이것이 신공공관리론(NPM)의 핵심이다.

신공공관리론은 신자유주의적 이념에 기초하여 민간부문의 경영 기법과 가치를 공공기관에 적용하여 좀더 효과적이고 능률적이면서 합리적인 행정 운영을 달성하고자 하고, 개인의 합리적 선택을 전제로 하면서 그에 대한 영향력이 있는 변수로서의 제도를 중시한다는 점에서 합리제도주의와 공통점이 있다.

이러한 신공공관리론은 OECD나 세계은행과 같은 국제기구들의 활동에 의해 전 세계적으로 확산되고 있다. 우리 나라에서도 본격적인 지방자치가 실시된 1990년대 중반부터 신공공관리론에 대한 논의가 활발하게 진행되기 시작했고, 김대중 정부가 출범하면서 행정의 주요 운영 원리로 신공공관리모형을 채택한다고 선언했다.

2. 신공공관리론의 본질

앞서 살펴본 것처럼 신공공관리론은 미국을 중심으로 한 기업가적 정부모형과 영연방국가의 시장적 개인주의모형 두 가지로 나누어 볼 수 있다.

우선 미국의 기업가적 정부모형은 그 강조하는 부분에 따라 최소국가이론을 가지고 접근하는 모형과 탈규제 정부모형, 그리고 정부재창조모형 등으로 분류된다. 최소국가이론 지향적 모형에서는 정부는 계층제적 시스템하의 전권적인 통치 주체가 아니라 지역 주민들에 대한 공공 서비스 공급에 그 역할을 한정해야 한다. 그러기 위해서는 거버넌스를 시장 지향적 거버넌스로 전환해야 하고, 능률성과 효율성을 극대화할 수 있도록 경쟁 시스템을 구축하여 거버넌스를 운영하고 서비스를 공급받는 소비자로서 주민을 인식해야 한다고 주장하고 있다. 탈규제 정부모형에서 정부는 공공문제해결을 가장 큰 정책적 이슈로 하고, 지역의 다양한 사회 주체들에 대한 규제를 지양하고 정책결정 과정과 공공문제 해결에 그들의 적극적인 참여를 유도하며, 의견 조율시 중재자와 조정자로서의 역할을 수행할 수 있도록 해야 한다고 주장한다. 정부재창조모형은 오스본과 게블러(Osborne & Gaebler, 1993)가 주장한 것으로 공공부문에 민간부문의 가치관과 조직 체계를 도입하여 거버넌스 운영의 효율성을 제고해야 한다고 강조한다.

영연방 국가의 시장적 개인주의는 기업모형이나 가치관을 공공부문에 적용하려고 하는 것으로 민영화, 인력 감소, 규제 완화, 권한의 위임, 성과급 제도 도입, 재정개혁의 필요성과 중요성 등을 강조하고 있다.

그러나 신공공관리론은 개별 국가의 정치행정적 실정에 맞게 적절하게 혼합되어 활용되고 있기 때문에 이러한 구별은 별 의미가 없으며, 크게 경쟁 지향, 성과 지향, 그리고 고객 지향으로 나아가고 있다.

이처럼 신공공관리론은 전 세계적으로 확산되어 거버넌스 운용에 활용되고 있고, 우리 나라도 1990년대에 들어서 관심을 가지고 도입한 바 있다. 그러나 신공공관리론은 현대에 들어서 국가와 지방정부의 발전에 긍정적인 영향을 미치기도 하지만 논란이 되는 부분도 있다.

우선 신공공관리의 논의 속에 내포되어 있는 신자유주의에 관한 부분이다. 신자유주의적 이론에 기초한 신공공관리론적 정부개혁은 정부 기능의 최소화와 공동체 의식 강화 등 긍정적인 부분이 있지만 민간부문의 경영기법과 가치들을 공공부문에 적용할 때 반드시 정부조직의 성과를 향상시키고 능률성을 제고할 수 있느냐 하는 것이다. 정부와 기업은 조직구조가 다르고 그 운영 목표 또한 상이한 상태에서 성과를 정확하게 평가하고 이에 기초하여 인센티브를 제공하는 데는 한계가 있다는 것이다. 그래서 신공공관리론의 성과 지향적인 가치관을 다양한 사회 주체들 간의 네트워크와 상호 협력을 중요시하는 로컬 거버넌스에 그대로 적용했을 때 로컬 거버넌스의 이념과 정신이 손상될 수도 있을 것이다.

이와 함께 또한 신자유주의적 개혁의 전제는 시장에서의 기업경쟁력 강화가 궁극적으로는 주민들의 복지 수준을 향상시킨다는 것인데, 민간부문의 시스템을 정부부문에 적용했을 때 과연 지역의 문제 해결에 얼마나 큰 효과가 있을 것인지, 그리고 기업의 경쟁 지향성이 정부부문에서 생산성을 향상시킬 수 있을 것인가에 대한 의문이 든다. 정치적 임명직의 범위 확대와 성과평가, 해고절차의 완화, 경쟁의 가속화를 통한 통제를 추구하는 인사정책은 공무원들을 국민과 행정수반으로부터 소외시킬 뿐만 아니라 공무원의 자질과 사기, 통합을 훼손한다는 데 그 문제의 심각성이 있다(Balfour, 1997).

미국의 경우 재정의 분권화는 경쟁적 연방주의를 조장함으로써 상대적으로 빈곤한 지역들이 자활연방주의(Nathan & Adams, 1989)에 효과적으로 적응하지 못하면서 지역간 격차를 심화시켰다. 이처럼 미국 등지에서는 어떻게 하면 경쟁에 따른 부작용들을 완화하면서 행·재정적 능률성을 유지할 것인가 하는 정책과제가 신공공관리론의 로컬 거버넌스 차원에서의 실현과 관련된 중요 이슈가 되고 있다(문병기, 1999).

또한, 새로운 국정 운영의 패러다임으로서의 로컬 거버넌스와 신공공관리론의 가치관의 양립성에 관한 논의이다. 로컬 거버넌스는 사회의 다양한 주체인 주민, 공공기관, 기업 등과 유기적인 관계를 형성하여 상호 협력해 지역 발전을 모색해 나가는 게 그 중요한 목적이 있다면 생산성과 능률성의 제고를 강조하는 신공공관리론적 시각이 부합될 수 있는가 하는 점이다. 신공공관리론은 그 속에서 공익을 위해 헌신할 것이 요구되는 관료들의 충성심과 책임성이 약화되는 것을 막을 수 없으며, 극단적으로는 가속되는 국가의 탈정치화로 인해 정치적 통합마저 흔들릴 수 있다(Cook, 1998; Kettl, 1994). 즉 로컬 거버넌스에서 지역 주민은 로컬 거버넌스를 형성하고 지역정책을 결정하는 중요한 행위 주체의 하나이지만, 행정 서비스를 제공하는 공급자로서 정부를 이해하는 신공공관리론은 지역 주민을 다양한 서비스를 선택할 권리가 있는 소비자가 아니라 일방적인 서비스 수혜자로 인식하고 있다. 그러므로 신공공관리가 지나치게 기업적 가치관을 강조할 경우 로컬 거버넌스의 기본 정신과 상충할 수 있을 것이다.

신공공관리론이 추구하는 성과 지향, 경쟁 지향, 고객 지향 등의 가치관은 정부조직에 그대로 적용하기에는 한계가 있다. 이것은 민간경영 기법의 도입이 공공행정을 개혁할 수 있을 것이라는 막연한 기대 속에 공공행정의 특수성을 제대로 이해하지 못하고 검증되지 않은 민간경영의 기법을 그대로 적용함으로써 많은 문제점을 내포하고 있다.

그러나 신공공관리론이 추구하는 이러한 가치관은 정부실패로 인한 새로운 정부모형을 모색하는 과정에서 등장하여 경제적 합리성과 능률성의 중요성을 강조하면서 그 실천 방안을 모색하고, 기존의 행정 체계를 시장과 같은 경쟁적 체계로 전환해야 할 필요성을 주장하면서 행정개혁의 중요한 이론적 근거와 방향을 제시했다는 점에서 그 의의를 찾을 수 있다. 로컬 거버넌스는 지역의 제반 문제점들을 해결하는 데 지역의 다양한 행위 주체인 정부, 공공기관, NGO, 기업 등이 적극 참여하고 상호 협력하여 네트워크를 형성해 가는데 초점을 두기 때문에 신공공관리론은 정부와 지역 주민을 단순한 서비스 공급자와 수요자의 관계로 인식할 것이 아니라 서로 대등한 관계에서 지역 발전을 위해 함께 협력해 나가야 한다는 점을 명심해야 할 것이다.

제 3 절 네트워킹이론

1. 네트워킹이론의 의의

1970년대 후반부터 시작된 세계경제의 장기 침체는 복지국가의 위기와 함께 과대 성장한 공공부문의 축소와 개편을 요구하면서 작은 정부를 지향하게 되었고, 그러면서 기존의 정부가 담당했던 기능을 대신할 사회 주체들을 찾게 되었다. 이와 함께 국가와 국경의 개념이 희미해지면서 사회 각 부문에서의 세계화의 진전, 급변하는 경제환경, 유동적이고 이질적인 사회현상 발생 등 예측할 수 없는 복잡한 환경의 변화가 일어나면서 새로운 체제의 도입이 불가피해졌다.

이러한 복잡하고 급변하는 환경 속에서 서구 유럽의 대다수 국가들은 작은 계층제적 구조가 안정적이고 단순하고 일상적인 환경에 적합한데 비해, 네트워크 체제는 급변하는 환경에 더 적합하다고 보고 신공공관리모형을 전면적으로 수용하기 보다는 정부와 조직화된 이익집단 간의 협력 관계를 기초로 하는 새로운 해결 방안, 즉 네트워크의 구축을 동시에 채택하게 되었던 것이다(Rhodes, 1996).

새로운 패러다임으로서의 거버넌스에는 공공, 민간 그리고 비정부조직 간의 자기조직적 네트워크의 개념이 포함되고, 이러한 거버넌스의 개념 속에는 경쟁과 협력이라는 두 가지 궁극적인 지향점이 있다. 그 전자인 경쟁 또는 시장의 논리가 신공공관리론으로 나타난다고 한다면, 협력은 정책 영역에서의 네트워크라는 기제를 통해 발현된다고 할 수 있다. 공공부문에서의 네트워크는 상호의존성의 구조라고 이해될 수 있다. 이러한 네트워크에는 교환 및 상호 관계, 공통의 이해, 공유된 신념과 전문적 시각을 통한 유대와 같은 공식적·비공식적인 모든 연계를 포함한다(Frederickson, 2000). 그러므로 성공적인 거버넌스를 위해서는 경쟁과 협력이 잘 조화를 이루는 즉 신공공관리론과 네트워킹이론의 절묘한 조화가 이루어져야 할 것이다.

이처럼 현대 사회의 가장 큰 특징 중의 하나는 네트워크 관계라고 할 수 있다(Castells, 1996). 네트워크 사회에서는 전통적으로 구분해 온 시장과 계층제 또는 공공부문과 민간부문 간의 구분은 더 이상 설득력이 없다. 현대 사회에서 공공과 민간부문의 행위 주체 간의 상호의존성은 더욱 확대되고 있으며, 이에 따라 공공과 민간부문으로 명명되어 온 전통적인 조직 체계가 변모하고 있다.

급변하는 세계 환경 속에서 민간부문에서 상호의존성이 증가하는 추세와 마찬가지로 공공부문에서도 정부가 단독으로 업무를 처리하는 데 한계에 이르러자 정부는 사회의 다양한 주체들과 네트워크 체제를 구축하여 의견 수렴 과정에서부터 정책 결정과 집행하는 데 이르기까지 다양한 사회 주체들을 참여시켜 정책의 실효성을 높이게 됨으로써 행정의 효율성과 능률성을 제고할 수 있게 되어 사회 주체들과의 네트워크 형성의 필요성을 더욱 절실히 느끼게 되고 이들과의 상호 협력에 더욱 의존하게 되었다. 정부 행위 주체들도 상호의존적 행위 주체들의 네트워크 내에서 기능을 수행한다(Kickert, Klijn, & Koppenjan, 1997). 이러한 네트워크 체계에서 정책 목표를 달성하는 일은 여러 행위자 간의 협력이 요구되는 복잡한 과정이다. 그래서 이러한 새로운 상황에서는 전통적인 계층제적 거버넌스 메커니즘으로는 더 이상 거버넌스의 운용이 불가능하게 된 것이다.

기업과 정부 모두 자신의 목표를 달성하기 위해 상호의존적이 되며 조직의 효율성과 효과성을 위해 네트워크 방식의 협력 체계를 필요로 하고 있다. 이에 따라 공공과 민간의 이분법적 경계 구분은 더욱 모호해져 가고 각 부문의 생존을 위해서 상호의존성을 절대적으로 요구하고 있다.

그래서 네트워크가 등장하게 된 배경으로 존스, 헤스털리와 보가티(Jones, Hesterly, & Borgatti, 1997: 918-924)는 환경적 불확실성, 자산 구체성, 과업 불확실성, 네트워크를 구성하는 다양한 주체들 간의 빈번한 교환 등을 제시하고 있다.

2. 네트워킹이론의 본질

공공정책 네트워크 체제의 이론적 배경에 대해서는 미국의 하위정부모형(sub-government model)과 유럽의 조직 간 이론에서 그 근간을 찾는 움직임이 더 보편적이다. 전통적으로 자유주의와 다원주의가 지배적 사조를 형성해 온 미국은 1950년대를 전후하여 지배 체제의 민주성에 심각한 의문을 제기하기 시작했다. 마침내 이러한 의문은 아이젠하워 대통령의 군산복합체(military industrial complex)나 로위(Theodore Lowi)의 철의 삼각(iron triangle)으로 대표되는 현실적 다원주의를 표현하는 하위정부모형으로 요약되었다. 미국의 환경보호청(EPA: Environmental Protection Agency)의 경우 환경정책의 효과적 달성을 위해 주정부, 지방정부, 원주민, 지역 주민, 민간기업과의 네트워크 체제를 구축하기 위해 노력하고 있다. 이는 환경오염이 어느 특정 지역이나 특정 집단에 의해 발발하는 것이 아니라 사회 전체의 공동책임이라는 인식하에 지역사회를 구성하고 있는 모든 주체들이 함께 노력하여 해결해야 할 과제라는 것을 강조하면서, 환경문제에 적극적으로 대처하기 위해서는 사회 주체들 간의 유기적인 네트워크 체제의 구축 필요성을 제시하고 있다. 그래서 이들간의 네트워크 체제를 중심으로 환경문제의 해결에 각 주체별로 업무를 분담하여 조직적으로 활동함으로써 일의 효율성을 높일 수 있고 지역의 문제는 지역이 스스로 해결해야 한다는 책임감과 사명감을 가지게 됨으로써 공동체 의식도 함양할 수 있게 되는 것이다.

한편, 영국의 조직간이론은 문제의 해결 과정에 참여하는 정책행위자들 간의 전략적 상호의존성을 기본 전제로 하고 있다. 영국의 환경식품농무성(DEFRA: Department for Environment, Food & Rural Affairs)의 경우에는 국민에게 양질의 서비스를 제공하고 서비스의 우수성을 알리기 위해 산하기관, 공공기관, 지방정부, 지방기관, 기업, 지역 주민 등과 네트워크를 형성하고 있다. 관련 기관과 긴밀한 관계를 유지하면서 협동적으로 업무를 처리하기도 하고, 각 지역의 농업인이나 관련 기업들과 연계하여 현장에서의 목소리에 귀를 기울여 정책 결정 과정에 반영하기도 한다. 이처럼 영국의 DEFRA는 관련되는 각계각층의 다양한 주체들을 업무 활동에 참여시켜 정책 결정 과정에 반영하려고 최대한 노력하고 있다.

존스, 헤스털리와 보가티(Jones, Hesterly, & Borgatti, 1997)는 정치학과 행정학의 영역에서는 불확실하고 복잡한 환경 속에서 대두하고 있는 사회문제를 해결하기 위해 네트워크의 개념을 사용한다고 한다. 이러한 네트워크의 개념은 학자들에 따라 다양한 용어로 사용되고 있다. 앨스터와 헤이그(Alter & Hage, 1993)에 의하면, 조직간 네트워크로 법적으로 분리된 단위들의 비계층적 집합인 제한된 또는 제한되지 않은 조직군집을 의미하고, 두비니와 올드리히(Dubini & Aldrich, 1991)는 네트워크란 개인들, 집단들 그리고 조직들 사이의 정형화된 관계라고 정의하고 있으며, 파월(Powell, 1990)은 조직의 네트워크 형태는 교환, 상호의존적인 자원 흐름, 그리고 상호의사 소통 연결의 잠재적 또는 수평적 패턴라고 보고, 네트워크 조직의 특성으로 계층제나 시장에 대비하여 다양한 행위자들, 상호 이익, 관계적, 상호의존적, 상호보완적 관점, 상호성의 규범, 높은 상호작용 등을 들고 있다.

이상의 학자들의 정의를 살펴볼 때, 네트워크란 불확실하고 급변하는 환경에 적응하기 위해 다양한 주체들이 상호 이익을 위해 상호 의존하여 상호작용하는 패턴으로 이러한 네트워크가 지속되기 위해서는 상호 신뢰할 수 있는 여건이 조성되고 유동적인 환경에 적응할 수 있는 지속적인 노력이 필요하다고 할 수 있다.

이러한 이론적 기초 위에서 로드스(Rhodes, 1986)는 공공정책 네트워크를 고도로 통합된 형태로서의 정책공동체에서부터 가장 느슨한 연계 체제인 이슈 네트워크에 이르는 연속적인 다섯 개의 유형으로 분류하고 있다.

공공정책 네트워크와 관련하여 현재까지 논의되고 있는 쟁점은 중앙 대 지방정부 또는 지방정부 상호간의 관계, 정부와 기업 간의 관계, 그리고 정부와 시민사회 간의 관계의 세 개 영역에서 어떻게 네트워크를 형성하고 이를 활성화할 것인가 하는 문제로 요약할 수 있다(김정렬, 2000). 먼저 중앙과 지방정부 간의 관계에서 공공정책 네트워크를 생각한다면, 제도화된 포괄적 지방정부연합이나 특정 분야별 정책공동체를 형성하는 것이다. 정부와 기업 간의 제도화된 산업별 네트워크를 형성하는 데는 시장의 활성화를 지향하는 정부의 지원과 노력이 중요하다. 정부와 시민사회 간의 네트워크에서는 시민사회를 시민의 대표로 인식하여 정책을 수립하기 전 이들을 통해 복지, 환경, 아동, 여성 등 사회의 모든 분야의 의견을 수렴하고 정책결정 과정에 이들을 참여시킴으로써 정책집행의 효율성을 높이고, 정부의 역할을 대신해 줌으로써 정부의 시간적, 행정적 자원을 절약할 수 있게 해 준다.

이와 같은 다양한 형태의 네트워크 사회의 특성을 살펴보면 다음과 같다.

첫째, 상호의존성이다. 네트워크 사회에서는 공사 영역 간의 경계가 불분명할 뿐만 아니라 여러 조직 간에 상호 의존성이 증가한다. 이것은 어느 행위 주체가 자신의 목표를 달성하는 데 필요로 하는 자원과 기술이 다른 행위 주체에 있기 때문이며, 동일한 네트워크 체제 내에서는 서로가 서로에게 도움을 주고, 또한 도움을 받으면서 하나의 공동체를 형성하게 되는 것이다. 이러한 네트워크 체제가 지속되게 되면 참여자들 간에 신뢰 관계가 형성된다. 네트워크 사회에서의 신뢰는 대부분 비공식적인 규칙에 근거해서 이루어지는 경우가 많아 또한 쉽게 위반할 수도 있기 때문에 네트워크를 유지하기 위해서는 모든 참여 주체들의 노력이 필요하다.

둘째, 복잡성이다. 복잡성은 공동의 목표를 달성하기 위해 필수불가결한 자원을 가지고 있는 여러 행위 주체 간의 상호작용과 협상 과정의 결과이다. 이러한 행위 주체들이 각자 자신의 인식과 전략을 가지고 있고, 이들이 상호 충돌될 때 복잡성은 더욱 커진다. 강한 민관 협력은 파트너십 당사자들이 복잡한 문제를 다룰 수 있을 경우에만 성립된다. 만약 복잡성 문제가 해결될 수 없고 자신의 조직에 위협이 될 때는 파트너십이 전통적인 계약 방식으로 전환되어 버리기 쉽다.

셋째, 거래비용의 감소이다. 업무를 수행하기 위해서는 계약을 통해 일을 처리하게 되는데 모든 건마다 계약을 체결해서 하게 되면 비용이 발생하게 된다. 그러나 네트워크 체제에서는 참여자들이 구체적이며 장기적인 신뢰를 기반으로 하기 때문에 거래비용이 줄게 되는 것이다(문인수·이종열).

거버넌스 개념 속의 네트워크는 공공정책 부문의 주요 행위 주체들 간의 상호의존성에 대한 인식이 만들어 낸 결과라고 할 수 있다. 이러한 상호의존성에 대한 인식은 상호 신뢰 관계가 구축되고 서로의 부족한 부분을 채워주는 상호보완 관계가 형성될 때 국정 운영의 능률성과 민주성을 제고하기 위한 필요성에서 비롯되었다. 거버넌스의 참여자 간 네트워크 체제는 공공정책의 형성과 집행에 긍정적 결과를 가져올 수도 있지만 어떨 때는 부정적 결과를 초래할 수도 있다. 우리 나라의 경우에는 다양한 공공정책에 정부와 기업, 그리고 시민사회가 네트워크 체제를 구축해 활동하는 경우도 있으나 아직은 조직화나 실제 활동 측면에서는 실험 단계에 있다.

그러므로 로컬 거버넌스 차원에서의 네트워크의 형성과 운영에는 참여 주체들 간의 상호 신뢰 구축이 가장 중요하고, 이들 바탕으로 한 지속적인 상호작용을 통해 협력 체제를 형성하는 것이 필요하다. 또한 정부, 기업, 시민단체, 그리고 주민들과의 네트워크가 지속적으로 유지되고 발전해 가기 위해서는 규칙을 정해 그에 근거해서 활동을 하고 명확한 목표를 설정하여 자원을 낭비하지 않고 효율적으로 목표를 달성할 수 있도록 해야 한다.

제 4 절 레짐이론

1. 레짐이론의 의의

1980년대 중반 이후 미국은 도시 빈곤, 재정적자, 교육문제 등 다양한 문제에 직면하게 되고 이와 더불어 미국을 둘러싸고 있는 모든 환경이 급변하게 되면서 도시의 정치경제 환경과 도시정부 운영 방식에 변화가 오고, 정부 유일의 통치 체제가 한계에 이르게 됨으로써 정치경제 행정의 상호작용이 증대하고 지역 주민들의 행정 참여가 증대하면서 NGO 등 사회의 다양한 주체들과의 상호 협력의 필요성이 제기되었다(Bole & McFarland,

1993). 이러한 환경하에서 미국의 정부가 사회문제를 해결하기 위한 방안으로 도시정책 결정구조 분석을 위한 사례연구를 시작하면서 다양한 이론적 논의가 시도되었다. 여기서 지역사회 권력론과 구조결정론, 조절이론 등 다양한 논의가 있어 왔으나, 그 중에서 로건과 몰로츠(Logan & Molotch, 1987)의 성장기구론과 스톤(Stone, 1989)의 레짐이론은 지방정부의 능력부재로 인해 공사부문의 통치연합 형성을 통한 문제 해결을 도모하는 현상을 설명하고 있고, 지방정부 운영을 정부부문에만 의존하는 것이 아니라 NGO와 기업 등 비정부부문의 존재를 인정하여 정책 결정 과정에 적극적으로 참여시킨다는 점에서 로컬 거버넌스와 연계된 이론이라 할 수 있다(Stoker, 2000).

한편 도시레짐이론은 국제레짐이론, 정치경제이론, 도시권력 구조이론과 접목함으로써 발생했는데, 특히 국제레짐이론의 지대한 영향하에 발전함으로써 국제레짐이론의 내부에 핵심적 위치를 점하고 있는 합리적 선택이론에 크게 의존한다.

로건과 몰로츠(Logan & Molotch, 1987)와 같은 도시사회학자들은 도시개발 과정에서 지역사회의 경제 개발과 성장을 추구하는 집단이 있음을 밝혀내고, 거기에는 토지 소유주를 비롯하여 개발업자, 금융가, 건설업자, 전문기술자 등과 같이 개발 과정에 직접 참여하여 경제적 이득을 취하는 이익집단과 개발 과정에서 간접적으로 이득을 차지하는 지방 언론, 공기업, 대학, 문화기관, 노조, 자영업자, 소매업자 등 지역 토착 세력으로 구성되어 있는데, 이들이 연합적 권력 형성을 통해 개발정책과 정부의 정책 결정을 주도해 나간다고 주장하고 있으며, 이런 의미에서 성장연합이론이라고 하기도 한다. 또한 하딩(Harding, 1991)은 성장기구론을 영국에 적용할 수 있을지의 여부에 대해 여러 도시를 대상으로 연구를 실시했다.

이러한 성장기구론은 신마르크스주의(neo Marxism)에 근거해 이론을 전개하고 있는데, 이런 성장기구는 지방정부의 정책 결정 과정에 중요한 영향권을 행사하고, 전체 도시의 개발과 성장이 종국적으로 지역민 모두에게 경제적인 이익을 준다고 단정하고 도시계획과 개발을 주도해 나간다. 이 과정에서 성장기구는 지방정부에 영향력을 행사하여 자신들 개인 재산의 교환가치(exchange value)를 극대화하려고 노력하고, 이에 반해 소작인이나 전세입자 같은 피지배층은 개발업자의 횡포나 권리 행사에 무조적으로 당하면서 그들의 사용가치(use value)만을 가지게 된다.

성장기구론과 레짐이론은 지방정부의 역할이 축소되면서 민간 영역에서 통치연합이 형성되었다고 주장하고 있으며, 성장기구들이 지역의 정책 결정 과정에 큰 영향력을 행사하고 있고, 미국의 로컬 거버넌스를 잘 설명하고 있다는 점에서 공통점이 있다.

그러나 성장기구론은 토지 소유주를 비롯한 성장기구를 중심으로 한 성장 지향적인 통치 체제이긴 하지만 정치 · 사회 · 경제의 모든 부문별 환경의 변화에 따른 다양한 레짐이 존재한다는 것을 인정하지 않고, 정부와 다양한 사회 주체들 간의 상호 협력 관계를 중요하게 생각하지 않는다는 점에서 레짐이론과 차이점이 있다.

이런 점에서 레짐이론은 정부와 기업, NGO, 정당 등과 같은 서로 다른 사회 영역이 어떤 이유로, 그리고 어떠한 과정을 통해 도시 개발을 위한 정책 결정에서 합의와 협력을 이루어 내는가에 대한 이론적 기초를 제공한다. 또한 레짐이론은 도시권력 구조에 대한 정치체제이론으로서 정부와 비정부적 요소 간의 상호의존성을 인식하여 정치 · 경제적, 그리고 사회적 환경 변화에 대응하여 양자 간의 협력과 조정에 초점을 두고 있다.

2. 레짐이론의 본질

레짐이론은 도시정치의 이론 구축에 큰 공헌을 한 이론으로서 지방정부가 처한 경제적 위기와 정책 결정에 대한 체계적 설명을 제공하고 있다. 레짐이론의 대표적인 학자인 스톤(Stone, 1989)은 레짐을 이슈 네트워크의 하나로 보고, 지역사회의 각 부문별 개발과 문제 해결은 그 사회를 형성하고 있는 다양한 주체들 간의 네트워크 중심의 통치 체제에 의해서 이루어진다고 주장했다. 특히 애틀란타의 도시정치 과정을 레짐으로 보고 레짐을 회사형 · 과도기형 · 행동가형 도시레짐 등으로 유형화하여 설명하고, 정부와 기업, 주민, 그리고 시민단체 등 다양한 지역사회 주체들 간의 안정적이면서 비공식적인 결합으로 정의되는 레짐이 지속적으로 경제 개발이나 성장과 같은 지방정부의 의제들을 주도하고 있다고 주장하면서 거버넌스의 하나의 유형으로 들어 설명하고 있다.

그 밖에도 스완스트롬(Swanstrom, 1985)은 클리블랜드에 진보적 레짐을 적용하여 지방정부의 활동과 기업과의 관계에 대해 설명하고 있고, 웰런(Whelan, 1987)은 지방정부의 발전과 시대적 변화에 따라 레짐을 사적 레짐, 다원주의적 레짐, 연방주의적 레짐, 후기연방주의적 레짐 등으로 세분화하여 도시의 통치 시스템에 적용했다. 또한 디개타노와 클레만스키(DiGaetano & Klemanski, 1993)는 영국의 버밍엄과 미국의 디트로이트를 대상으로 레짐을 성장 지향 레짐, 성장관리 레짐, 사회개혁 레짐, 그리고 과도기형 레짐으로 유형화하여 지도력과 통치 시스템 등에 대해 도시 간 비교분석을 실시했다.

레짐이론은 도시정치경제이론에서 강조하는 정부기구 활동의 경제적 종속성을 어느 정도 수용하면서도 정치의 독자성과 상대적 지배성을 강조한다. 피터슨(Peterson)의 도시한계론이나 신마르크스주의자들의 구조주의적 경제결정론과 달리 레짐이론은 의사결정자들의 상대적 자율성을 인정한다. 즉 도시의 체제 권력이 경제·사회적 제약 조건하에서도 독자적 결정력을 보유할 수 있으며, 체제 내 권력 자원의 불균형적 배분 상태에 기반할 때 도시정치가 특정 이익을 중심으로 편향될 수 있음도 포착한다. 또한 레짐이론은 달(Robert Dahl)이나 린드블롬(Charles Lindblom)과 같은 신다원주의자들과 같이 기업의 특권적 지위, 민주정치의 불완전성과 효과성의 한계 그리고 정부정책 결정의 단편성과 복잡성을 수용하지만, 거꾸로 이러한 사회경제적 복잡성과 다양성이 통치 역량으로 이어진다고 주장한다.

한편 레짐이론은 특정 집단이 사회에서 포괄적인 통제력을 행사할 수 없다는 점에서 엘리트이론과 차별화되지만, 모든 이해집단들이 동등한 기여를 한다고 생각하지 않으며 다수의 레짐 참여자들 간의 불균등한 자원 분포가 결국 레짐 형성에 불균등한 기여를 한다는 사실을 인정할 뿐이다. 결국 레짐이론은 도시라는 특정한 정치환경 속에서 이루어지는 정책 선택을 설명하고자 하는 모형이며, 정책 레짐이라는 것은 지역사회 내 통치연합의 구성과 통치연합 구성원과의 관계의 성격, 그리고 구성원이 보유하고 있는 자원이라는 세 가지 요소에 의해 창출되는 일종의 긴밀한 연대 체제인 것이다(이종원, 1999).

이처럼 레짐이론은 정치는 통치 능력을 형성하고 유지하는 데 그 목적이 있다고 본다. 지방정부가 도시의 통치 과정에 대한 공식적인 책임을 지고 있음에도 불구하고, 지방정부가 처한 재정적 혹은 경제적 제약으로 인해 중요한 민간부문과의 협력 없이는 지방의 정책의제들을 해결할 수 없는 통치 능력의 부재 상태에 빠진다고 보고 있다.

또한 레짐이론을 통해 정부와 정당, 그리고 비정부부문, 즉 기업, NGO가 현재의 사회경제적 환경하에서 네트워크를 형성하여 공공정책을 결정해 나가는 로컬 거버넌스 체제에서 참여집단 간의 힘의 역학 관계와 협력 관계의 특성을 좀더 명확하게 파악할 수 있는 것이다.

나아가 이러한 분석틀의 활용을 통해 우리는 국지적이고 사례연구 중심적인 기존의 레짐 연구 경향에서 탈피하여 객관적 비교 연구를 통한 로컬 거버넌스 체제 간의 유형화 또는 일반이론화가 가능할 수도 있을 것이다.

이처럼 성장기구론과 레짐이론은 지방정부가 지니고 있는 한계와 더불어 도시문제 해결에서 정부부문의 역할이 축소되고 민간부문의 중요성이 강조되고 있는 현실을 잘 반영하고 있어 로컬 거버넌스의 한 모형으로 볼 수 있다.

레짐이론은 특정한 도시의 권력구조를 설명하는 것이 아니라 도시의 형태에 따라 어떠한 주체들이 중심 세력을 형성하여 그 도시를 이끌어 가고 있는지를 분석하고, 다양한 주체들 간의 네트워크에 관심을 가지면서 그에 따른 다양한 도시 레짐을 제시하고 있다. 그러므로 레짐이론은 성장기구론이나 신다원주의론, 그리고 엘리트이론 등이 가지고 있는 이론적 결함들을 보완할 수 있는 종합이론으로서의 성격을 지니고 있으며, 도시권력 배분 문제와 도시의 다양한 주체들 간의 네트워크의 형성과 도시의 변화에 따른 권력구조의 변화를 분석하는 데 유용한 틀을 제공하고 있다.

참고문헌

김번웅. (1997). 한국 행정개혁의 새로운 비전: 개방과 경쟁의 패러다임. 김번웅 외. 「한국행정개혁론」. 서울: 법문사.

김석준 외. (2000). 「뉴거버넌스 연구」. 서울: 대영문화사.

김정렬. (2000). 부의 미래와 거버넌스: 신공공관리와 정책네트워크. 「한국행정학보」. 제34권 제1호.

김정렬·김시윤. (2003). 거버넌스와 행정국가. 「대한정치학회보」. 10(3): 23-44.

김태룡. (1999). 한국과 미국의 행정개혁에 대한 비교: 체제론적 관점에서 기획예산위원회와 NPR의 개혁활동을 중심으로. 「한국행정학보」. 33(1).

문병기. (1999). 지방정부간 경쟁과 협조의 조화: 미국 재정분권화정책의 교훈, 「한국지방자치학회보」. 11(4): 125-143.

문인수·이종열. (2002). 거버넌스 패러다임으로서 파트너십 전략의 활용 방안. 「한국정책과학학회보」. 6(3): 53-76.

박경원. (2003). 지역 발전을 위한 거버넌스 구축-협력적 계획모형을 중심으로. 「월간국토」. 265호. 국토연구원.

박우서. (2002). 지역 발전과 민간협력형 거버넌스 운영 방안. 「월간국토」. 국토연구원.

배유일. (2003). 지방 거버넌스와 제도주의적 시각: 이론, 유형 및 비교연구. 「정부학연구」. 9(2): 297-335.

서왕진. (2003). 21세기 새로운 물관리 체제로서의 거버넌스. 「월간국토」. 259호. 국토연구원.

서태성. (2002). 지역 발전과 주민참여형 거버넌스 체제 구축 방안. 「월간국토」. 252호. 국토연구원.

이은구 외. (2003). 「로컬 거버넌스」. 서울: 법문사.

이종원. (1999). 레짐이론의 발전과 과제. 「정부학연구」. 5(2): 137-156.

정성훈. (2002). 정부간 거버넌스 체제의 구축: EU 접경지역 발전 프로그램을 중심으로. 「월간국토」. 252호. 국토연구원.

차미숙·박형서·정윤희 외. (2003). 「지역 발전을 위한 거버넌스 체계 구축 및 운용 방안 연구」. 국토연구원.

Alter, C. & J. Hage.(1993). *Organizations Working Together*. Newbury Park: Sage.

Balfour, D. L.(1997). Reforming the Public Service: The Search for a New Tradition, *Public Administration Review*, 57(5).

Bole, S. P. & A. S. McFarland.(1993), The Concept of Regime: Urban Politics, International Relations, and Policy Studies, Paper presented at the *1993 Annual Meeting of the ASPA*, Washington D.C.(Sept. 2-5).

Castells, M.(1996). *The Rise of the Network Society: Economy, Society and Culture*. Cambridge: Blackwell Publishers.

Caroline Glendinnning, Martin Powel & Kirstein Rummery (ed.) (2002). *Partnerships. New Labour and the Governance of Welfare*. The Policy Press.

Cook, Brian J.(1998), Politics, Political Leadership and Public Management, *Public Administration Review*, 58(3).

DeHoog, Ruth Hoogland, David Lowery & William E. Lyons.(1990). Citizen Satisfaction with Local Governance: A Test of Individual, Jurisdictional and City-Specific Explanations. *Journal of Politics*. 52(3). August.

DiGaetano, Alan & J. S. Klemanski.(1993). Urban Regime Capacity: A Comparison of Birmingham, England and Detroit. Michigan: *Journal of Urban Affairs*. 15(4): 367-384.

Frederickson, H. G.(2000), The Respositional of American Public Administration, Paper presented at the Special Seminar in the Ewha Womans University.

Goss, Sue. (2001). *Making Local Governance Work*. N.Y.: Palgrave.

Harding, Alan.(1991). The Rise of Urban Growth Machine, U. K. Style?. *Government and Policy*. 9(3): 295-317.

Jessop, B.(1998). The Rise of Governance and the Risks of Failure: The Case of Economic Development. *International Social Science Journal*. 55: 29-46.

John, Peter.(2001). *Local Governance in Western Europe*. London: Sage Publications.

Jones. C., W. S. Hesterly, & S. P. Borgatti.(1997). A General Theory of Network Governance: Exchange Conditions and Social Mechanism. *Academy of Management Review*. 22(2): 911-945.

Kettl, D. F.(1994), Deregulating at the Boundaries of Government: Would It Help, In DiIulio, John. Jr.(ed.), *Deregulating the Public Service: Can Government Be Improved?,* Washington D. C.: The Brookings

Institution.

Kickert, W.J.M., E. H. Klijn & J. F. M. Koppenjan.(1997). *Managing Complex Networks: Strategies for the Public Sector*. London: Sage.

Kooiman, Jan.(1993). Social-Political Governance: Introduction, in Jan Kooiman, (ed.). *Modern Governance: New Government-Society Interactions*, London: Sage Publications: 1-6.

Leach, Robert & Janie Percy-Smith.(2001). *Local Governance in Britain*, Palgrave.

Logan, J. R & H. Molotch.(1987). *Urban Fortunes: The Political Economy of Place*. Berkeley , CA: University of California Press.

Osborne, David & Ted Gaebler.(1992). *Reinventing Government: How the Entrepreneurial Spirit in Transforming the Public Sector*. New York: Addison-Wesley. 삼성경제연구소(역)(1994). 정부혁신의 길. 서울: 삼성경제연구소.

Peters, Guy B. & Jon Pierre.(1998). Governance without Government? Rethinking Public Administration. *Journal of Public Administration Research and Theory* 8(2): 223-243.

———.(2000). Governance and Comparative Politics. In Jon Pierre(ed.). *Debating Governance*. Oxford: Oxford University Press.

Pierre, Jon.(1999). Models of Urban Governance: The Institutional Dimension of Urban Politics. *Urban Affairs Review*. 34(3): 372-396.

———.(2000). Conclusion: Governance beyond State Strength in Jon Pierre(ed.). *Dabating Governance*. pp. 241-246.

Plein, L. Christoper, Kenneth E. Green, & David G. Williams.(1998). Organic Planning: A New Approach to Public Participation in Local Governance. *Social Science Journal*. 35(4).

Powel, W. W.(1990). Neither Market or Hierarchy: Network Forms of Organization. In G. Thomson, J. Frances, R. Levacic & J. Mitchell(ed.)(1991). *Markets, Hierarchies and Networks, The Coordination of Social Life*. London: Sage Publications.

Rhodes, R. A. W.(1996). The New Governance Governing Without Government. *Political Studies*. 44(4): 652-667

———.(1997). *Understanding Governance: Policy Networks, Governance and Accountability*. Buckingham: Open University Press.

———.(2000). Governance and Public Administration in Jon Pierre(ed.).

Dabating Governance. Oxford: Oxford University Press. pp. 54-90.

Rosenau, James N.(2000). Change, Complexity and Governance in a Globalization Space. In Jon Pierre(ed.). *Debating Governance*. Oxford: Oxford University Press. pp. 167-200.

Stoker, Gerry(1998). *Public-Private Partnership and Urban Governance* in J. Pierre (ed.). *Partners in Governance: European and American Experience*. London: Macmillan.

———.(2000). Urban Political Science and the Challenge of Urban Governance. In Jon Pierre(ed.). *Debating Governance*. Oxford: Oxford University Press. pp. 91-109.

Stone, Clarence N.(1989). *Regime Politics: Governing Atlanta, 1946-1988*. Lawrence: University of Kansas Press.

Swanstrom, Todd.(1985). *The Crisis of Growth Politics: Cleveland, Kucinich, and the Challenge of Urban Populism,* Philadelphia. PA: Temple University Press.

Whelan, Robert K.(1987). New Orleans: Mayoral Politics and Economic Development Politics in the Postwar Years, 1945-1986. in C.N. Stone & H. T. Sanders(eds.). *The Politics of Urban Development*. Lawrence: Universiy Press of Kansas: 216-229.

제 4 장

로컬 거버넌스의 성공 조건

거버넌스(governance)라는 용어는 1990년대 중반 이후 우리 나라 사회과학 전반에 걸쳐 풍미되고 있는 용어이다. 이 용어가 갖는 다기성 때문에 아직 우리 나라에서는 통일된 번역 용어가 없다. 다만 일부 학자들은 '국정관리'로 번역하기도 하고, 일본처럼 '협치(協治)'라고 일컫는 경우도 있으며, '거버넌스'를 그대로 번역하지 않고 사용하는 경우도 있다. 국정관리라는 용어는 거버넌스 자체에 국가라는 단위를 상정하고 있다. 그러나 거버넌스가 내포하고 있는 핵심적인 요소 속에 국가라고 하는 단위가 함축되어 있지는 않으며 현실적으로도 로컬(local) 거버넌스, 스쿨(school) 거버넌스, 산업(industrial) 거버넌스 등의 용어가 사용되고 있는 점을 볼 때 국정관리라는 표현은 부적절하다고 생각한다(최영출, 2002).

따라서 여기에서는 로컬 거버넌스를 "지방자치단체와 관련된 행정 시책을 집행 및 결정하는 과정에서 중앙정부, 지방정부, 그리고 지역 주민 및 시민단체, 기업 등과 같은 다양한 지역 내 이해 당사자들이 참여하고 협력하여 지역 발전을 추진해 가는 네트워크 체제"로 정의했다.

제1절 로컬 거버넌스의 요소

거버넌스를 "지방자치단체와 관련된 행정 시책을 집행 및 결정하는 과정에서 중앙정부, 지방정부, 그리고 지역 주민 및 시민단체, 기업 등과 같은 다양한 지역내 이해당사자들이 참여하고 협력하여 지역 발전을 추진해 가는 네트워크 체제"라고 정의할 때 거버넌스는 다음과 같은 특징을 갖고 있다.

거버넌스의 개념 속에는 정부뿐 아니라 비정부 부문의 다양한 행위자들을 포함하고, 자원을 교환하고 공유할 필요에 의해 발생하는 네트워크, 구성원 간의 지속적인 상호작용에 초점을 맞추고 있으며, 행위자 간의 네트워크는 국가로부터의 독립성을 바탕으로 한다는 특징을 내포하고 있다(Rhodes, 1997: 54). 결국 거버넌스는 기존의 정부 역할과 활동 범위에 대한 재고를 통해 국가와 사회 체제 내의 주요 행위 주체들이 자율성을 갖는 대등한 단위로서 관계를 형성하는 가운데 자율적 네트워크 형성을 통해 스스로 조종, 조절해 나가는 국정 운영을 의미한다고 할 수 있다(이종원, 2001).

테이스만 등(Teisman, et al., 2002)에 의하면 거버넌스에 의한 파트너십의 운영은 몇 가지 특성을 지닌다.

첫째, 목표 달성을 위한 각 행위자의 상호의존성이다. 복잡한 문제 해결을 위해 서로 다른 많은 행위자가 관여하게 되는데 성공적인 상호 조정이 문제 해결을 위한 전제 조건이 되는 것이다.

둘째, 목표 달성에 필요한 지식과 자원은 각기 다른 행위자들에게 분포되어 있고 자원의 중요성은 다른 행위자가 부여하는 가치에 의해 결정된다. 목표 달성이나 문제 해결을 위해서는 상대방의 자원이 필요하고 서로의 필요성이 높을수록 파트너십은 강해질 수 있다. 따라서 보완적 자원의 보유 정도가 자율적 파트너십을 결정하는 중요 요인이 된다.

셋째, 복잡성(complexity)의 증대이다. 복잡성은 상호의존적 자원을 소유한 각 행위자들이 각자의 인식과 전략을 가지고 상호작용과 협상에 참여함으로써 발생한다. 즉 협력의 과정은 자원과 인식을 바탕으로 이루어지는 게임의 성격을 지니게 된다는 것이다.

따라서 이런 특성에 대한 정부의 인식과 해석이 네트워크상에서 정부 반응을 결정하는 중요 요소가 된다. 즉 정부가 복잡성을 통제하기 어려운 위협 요소로 받아들이는 경우 파트너십은 화려한 수사에도 불구하고 항시 정부가 주도권을 잡는 위탁(contracting-out)의 형태로 변질될 가능성이 있다(Giddens, 1998). 문제 해결을 위해 상호협력이 필요하다는 것을 인정하지만 자원의 우위를 점하고 있고 책임성과 일사불란한 의사결정 구조에 익숙한 정부로서는 불확실성과 복잡성을 감수하는 파트너십의 필요성은 매혹적이지만 감당하기 어려운 선택이라고 할 수 있다(옥원호, 2002: 10).

이상에서 살펴본 거버넌스의 특징을 좀더 구체적으로 살펴보면 다음과 같다.

1. 상호의존성 : 자원, 정보, 능력

거버넌스의 가장 중요한 특징은 중앙/지방정부, 정치적/사회적 단체, NGO, 민간조직 등의 다양한 구성원들로 이루어진 네트워크를 강조한다는 사실이다(Kickert, 1997; Rhodes, 1997). 사회·정치적 환경과의 상호작용이 중요하게 다루어지므로, 행정의 질을 향상시키기 위해서는 내부적인 조직관리 문제뿐만 아니라 복잡한 조직 간의 상호작용의 문제에 대한 고려가 필요하다는 것이 신거버넌스론의 입장이다.

다양한 참여자로 구성된 네트워크 상황은 참여자들이 상호 독립적이라는 것을 의미한다. 그러나 상호 독립적이라는 것이 모든 참여자가 동등하다는 것을 의미하는 것은 아니다. 비록 네트워크 상황에서 정부의 역할이 전통적인 정부처럼 우월한 것은 아니지만, 정부가 다른 사회적 참여자들과 동등한 것은 아니다. 정부는 네트워크 관리자의 역할을 담당해야 한다. 다양한 참여자로 구성된 네트워크는 계층제와 시장 모두와 구분된다. 한편 네트워크의 참여자는 계층제적 질서 속의 구성원보다 덜 종속적이며, 시장 체제의 구성원보다는 더 종속적이다.

거버넌스는 정부보다 폭넓은 개념으로서 정부 외의 행위자들도 포함한다. 이에 따라 공공부문 · 민간부문 · 제3부문 간의 경계가 불분명해지고, 국가의 경계가 변하게 된다.

이러한 상호의존성은 상대방으로 하여금 당사자가 얻을 것이 있다는 것을 의미한다. 따라서 상호의존성을 갖기 위해서는 거버넌스를 구성하고 있는 상대방에게서 내가 원하는 자원이나 정보를 얻을 수 있다는 것이 중요하다. 즉, 자금, 물자, 정보 등 구성원 자신이 갖지 못한 것을 상대방에게서 얻을 수 있음을 확신할 때 상호의존성은 높아질 수 있다.

김태영(2002: 146-147)은 파트너십 관계에 참여하는 당사자들은 상대방이 각각 필요로 하는 자원을 서로 제공할 수 있어야 하고, 이 때 서로가 제공할 수 있는 자원은 물질적인 자원뿐 아니라 상대방에게 가치 있는 것이라면 어느 것이나 가능하지만, 그러한 자원이 상대방이 아닌 제3자로부터 제공받을 수 있는 여지가 없거나 적을수록 양자간 파트너십의 형성 가능성이 높아진다고 할 수 있다. 즉 파트너십의 당사자들 간에 자원 의존도가 높을수록 파트너십 형성의 가능성이 높을 것이며, 파트너십은 참여하는 주체들이 독자적으로는 달성할 수 없거나 달성하기 어려운 일을 서로 자발적으로 정보와 자원 등의 교환을 통해 해결하고자 네트워크를 구성한다는 것이다. 즉, 둘 이상의 행위자 간의 상호적 필요성과 자원의 교환, 협력을 통한 이익의 인식에 의해 파트너십이 발생하는 것이다.

조명래(2001)는 이러한 파트너십이 구성되기 위해서는 먼저 둘 이상의 자율적인 참여자가 있어야 하며, 각 참여자는 물질적 또는 비물질적 자원을 제공할 수 있어야 한다고 주장한다.

로드스(Rhodes, 1997)는 더 많은 정보가 국민이 실제로 손쉽게 이용할 수 있는 형태로 국민에게 제공되어야 한다고 한다. 정보는 민주주의의 통화이다. 그러나 아직도 대다수의 경우 정부가 정보를 독점하고 있어 국민들이 행정에 대한 정보 입수의 기회는 크게 제한되어 있는 실정이라고 한다. 적절한 정보 없이는 국민들이 주인으로서의 적극적인 역할을 적절히 수행할 수 없다. 따라서 다양한 행정부의 내부 정보가 광범위하게 국민에게 제공되어야 한다(Bellone & Goerl, 1992).

이명석(2001: 312)에 의하면 행정에 관한 정보와 관련하여 특히 중요한 사실은, 어떤 종류의 정보나 자료가 존재하는가 조차를 국민들이 알지 못하는 경우가 매우 많다는 것이다. 그러므로 행정정보공개법의 제정으로 행정정보공개의 구체적인 규정과 절차를 명시, 강제할 필요가 있다. 또한 행정에 대한 정보를 입수하고, 이를 국민에게 알리고, 아울러 이에 대한 전문적인 해석까지 국민에게 제공하는 등의 역할을 수행할 수 있는 NGO의 활동도 요구된다.

파트너십은 이에 참여하는 당사자들이 어떤 일을 혼자서는 달성할 수 없거나 또는 달성하기 어려운 경우 서로 자발적인 의지로 정보 교환, 자원 제공 등의 형태를 통해 일을 공동으로 수행함으로써 서로간에 혜택(mutual benefit)이 있을 것이라는 예측을 전제로 한다. 이러한 전제로부터 우리는 파트너십 형성을 위한 중요한 키워드를 찾을 수 있는데, 그것은 파트너십은 참여자에게 어떤 형태로든 혜택이 전제되어야 가능하다는 것이다. 즉, 파트너십은 참여자들의 계산적 이해관계의 판단에 따른 결과라는 것이다. 물론 개인 간의 파트너십 형성은 반드시 계산적 이해관계를 근간으로 하지 않고서도 형성될 수 있다. 서로간의 계산에 근거하지 않은 신뢰에 따라서도 개인 간에는 파트너십이 형성될 수 있다. 그러나 정부와 NGO 간의 파트너십은 계산적 이해관계에 근거할 수밖에 없다. 왜냐하면 끊임없이 정부를 감시하는 국민들을 대상으로 정부의 정책과 판단에 대해 설득하고 정당성을 획득해야 하는 정부로서는 파트너십을 통해 정부(또는 국민)가 무엇을 얻을 수 있는지를 명백히 밝힐 수 있어야 하기 때문이다. 또한 정부는 단일의 사고와 목적을 가진 집합체가 아니니다. 다양한 이해관계를 가진 의회 의원, 관료, 부처와 부서로 구성된 복합체이다. 정부와 NGO가 파트너십을 형성하여 어떤 일을 이루고자 할 때, 그 결과가 복합체인 정부의 구성원들 모두에게 혜택이 돌아간다고 할 수도 없을 것이다. 따라서 정부 구성원들 간의 이해 득실의 계산과 이에 따른 그들간의 권력 관계의 모습이 정부와 NGO와의 파트너십 형성과 그 양태에 영향을 미치게 될 것이다(Peters, 1998: 12-13).

결론적으로 말하면, 정부-NGO 간 파트너십은 이해관계를 근거로 한 계산적 파트너십으로서, 어떤 분야에서 더 많은 파트너십이 일어나고 또 다른 어떤 분야에서는 잘 안 일어나는지는 분야별로 파트너십에 참가하는 정부와 그 구성원, 그리고 NGO가 무엇을 얻을 수 있는지에 대한 각 참가자의 인식과 계산의 결과에 달려 있다고 할 수 있다(김태영, 2002: 144).

2. 지속적인 상호작용

자원을 교환하고 목적을 공유할 필요성을 지닌 네트워크 참여자들 간에 지속적인 상호작용이 존재한다는 것이다.

네트워크 구조의 영향으로, 행정에서 중요한 것은 정부 내부의 기획이나 정책 결정이 아니라, 정부와 사회, 그리고 다양한 참여자들 사이의 상호작용이다. 과업과 책임을 공유하고 공적인 문제를 정부 혹은 시장이 단독으로 해결하기보다는 함께 해결하는 족으로 정부와 사회의 역할 분담의 균형점이 이동하고 있다(Kooiman, 1993). 즉 사회의 지기조향 능력(self-steering capacity)이 강조되고, 공동규제(co-regulation), 공동조향(co-steering), 공동생산(co-production), 공동지도(co-guidance)가 정부의 전통적인 하향적이고 집권적인 하향을 대체하게 된다(이명석, 2001: 310-311).

이러한 상호작용을 활발히 이루어지기 위해서는 파트너 간의 특징이 중요하다. 즉, 파트너 간의 이질성의 정도가 어느 정도에 이루었느냐가 상호작용의 정도를 바꿀 수 있으며, 각 파트너 간의 관여 수준의 정도가 상호작용의 정도를 판가름할 수 있다.

3. 게임의 규칙

이러한 상호작용은 신뢰와 협조에 그 뿌리를 두고 있으며, 또한 네트워크 참여자들 간의 협상 과정을 거쳐 동의된 게임의 규칙에 의해 규제된다.

신거버넌스론의 또 하나의 특징은 국민의 개념에서 찾을 수 있다. 신거버넌스론에서 국민은 고객이 아니라 주인으로 간주된다. 신공공관리론과 같은 고객 중심적 접근(customer-centered orientation)이 시민을 수동적인 존재로 국한시키는 반면, 주인 중심적 접근(owner-centered orientation)인 신거버넌스론은 국민을 정부의 의제와 정책을 결정하는 능동적인 존재로 인정한다(이명석, 2001: 311).

네트워크에 관여하고 있는 행위자들의 심리 상태와 관계된 주관적 조건들에는 ① 상호 신뢰와 이해의 존재, ② 책임을 공유할 준비성, ③ 정치적·사회적 지지의 존재 등이 있다. 이러한 객관적·주관적 조건들이 특정의 촉발 요인이나 중개 요인의 도움을 받을 경우, 네트워크의 활성화가 가능하다고 하겠다(주재현·김태진, 2001: 239-240).

또한 지속적인 상호작용을 위해서는 '국민 권한부여(public empowerment)'의 강화가 요구된다(Schachter, 1995; Rhodes, 1997). 행정관료가 적극적인 역할을 담당하고 국민들은 행정의 소비자로 간주되는 신공공관리론과는 달리, 신거버넌스론에서는 효율적인 시민정신이 요구된다. 따라서 행정관료들의 주요 역할은 '시민 자산(civic capital)', '시민들의 문제 해결 지식', 또는 '거버넌스에 필요한 시민의 능력' 등의 향상을 돕는 것이 된다(MaGregor, 1984). 정부 재창조를 통한 행정개혁은 시민들의 적극적인 참여, 또는 '시민 재창조(reinventing citizen)' 없이는 성공하기 어렵다.

상호 신뢰 관계나 우호 관계로서, 거버넌스를 하나의 게임으로서 인식한다면 게임 참여자들 상호간의 신뢰 및 믿음의 확보 없이는 실제적인 거버넌스의 작동은 불가능할 것이다(류재현, 2002: 48).

로컬 거버넌스 체제에서는 정치, 경제, 사회구성원 간 자율성이 높아지고 이들 간에는 상호 호혜적 의존 관계를 기반으로 문제 해결이 진행된다. 공공 서비스의 생산과 분배, 경제 문제의 해결이 구성원 간 공생산(co-production)의 형태로 진행되기 일쑤이다. 자율성 높은 구성원 간 의존 관계는 자연히 신뢰(trust)라는 요소에 크게 의존한다. 일종의 사회자본(social capital)으로서 신뢰는 새로운 거버넌스 체제의 존립 근간을 이루는 것이다. 전통적인 정부 체제에 비해 시장과 시민사회의 요구에 대응성을 높이는 것도 거버넌스 체제의 특징이다(이종수, 2003: 7).

게임의 규칙에 중요한 파트너십의 형성에 영향을 끼치는 또 다른 중요한 요인으로는 파트너십에 참여하려는 당사자들의 상대방에 대한 태도와 인식을 꼽을 수 있다. 파트너십 형성은 상대방의 존재를 인정하는 것으로부터 시작한다. 그러나 그 인정은 상대방에 대한 신뢰와 긍정적인 평가로 이어져야 한다. 즉 상대방과의 교류로부터 무언가 가치 있는 것을 얻을 수 있다는 판단이 있어야 파트너십의 형성이 가능하다. 그리고 그 교류와 판단은 쌍방향적이어야 한다. 권위주의적인 정치 체제는 이러한 쌍방향성이 존재하지 않는다. 오직 일방적 명령과 지시, 그리고 복종의 강요만 있을 뿐이다. 이러한 문화에서는 권력의 공유(power sharing)가 불가능하고, 따라서 권력의 공유를 전제로 하는 파트너십은 형성되지 않는다. 이러한 체제와 문화 속에서의 정부와 NGO 간의 관계는 갈등의 관계뿐이며, 만약 파트너십이 있다면 이는 '동원된' 파트너십, '시혜적' 파트너십 또는 '모양새를 갖추기 위한 형식적' 파트너십에 그칠 수밖에 없다. 우리 나라의 경우, 정책 결정 단계에서의 정부와 NGO 간 파트너십이 흔치 않은 중요한 이유 중의 하나는 정부 조직의 권위주의적 사고가 정책 결정에서 NGO와의 권력 공유를 더디게 하기 때문이라고 할 수 있다. 그리고, 이와 관련된 요인으로서, 파트너십 형성이 일어나기 위해서는 정부와 NGO 간에 신뢰가 축적되는 것이 필요하다. 왜냐하면, 파트너십의 형성되기 위해서는 파트너십이 서로에게 도움이 될 수 있다는 판단과 믿음이 전제되어야 가능한 것인데, 그 결과를 미리 예상하는 것은 그리 쉬운 일이 아닌 상황에서는 신뢰가 바탕이 될 수밖에 없을 것이기 때문이다. 우리 나라의 경우 정부의 NGO(넓게는 국민)의 능력에 대한 불신, 그리고 NGO의 정부의 의도에 대한 불신은 양자간의 진정한 파트너십을 어렵게 만드는 중요한 요인의 하나라고 할 것이다. 서로간의 잦은 접촉과 의사교환이 투명성과 함께 이루어져 신뢰가 축적된다면 이를 통한 파트너십의 형성도 늘어날 것이라고 기대할 수 있다(김태영, 2002: 145).

즉, 게임의 규칙이 공정하게 이루어지기 위해서는 파트너 상호간의 신뢰, 존경, 갈등, 권한 차별 등의 관계가 중요하다. 파트너 상호간의 신뢰와 믿음이 없이는 게임의 규칙이 지켜질 수 없기 때문이다.

4. 자율성을 가진 자기조직적인 조직간 네트워크

국가가 네트워크를 조정할 수는 있지만, 그것은 간접적이고 불완전한 형태에 머문다. 네트워크는 국가로부터 상당한 정도의 자율성을 지니고 있으며 자기조직화한다. 네트워크 내에서의 정부의 역할은 사회정치적 상호작용을 가능하게 하고, 문제 해결을 위한 다양한 노력을 조장하는 것이다(주재현·김태진, 2001: 240).

자율성을 가진 자기조직적인 조직간 네트워크를 구성하기 위한 요소로서는 네트워크의 관리 주체, 이해관계자의 범위, 네트워크의 구성 형태, 책임 소재, 참여 방식, 참여단체 등이 중요한 요소로 작용한다.

네트워크의 관리 주체를 누구로 할 것인가? 관리 주체가 누구인가와 또한 관리 주체의 특성이 상대방을 당사자로 인식하는가가 중요한 요소로 작용한다. 또한 이해관계자의 범위를 어느 정도로 정할 것인가가 중요하다. 즉, 네트워크 구성에서 어떠한 집단을 참여시키고 어떠한 집단을 배제시키는가는 네트워크를 구성해 나가는 데 매우 중요한 요소이다.

또한 네트워크의 구성 형태, 책임 소재, 참여 방식 등은 네트워크를 구성하고 자율적인 조직간 네트워크를 구성해 나가는 데 매우 중요한 요소이다.

제 2 절 로컬 거버넌스의 성공을 위한 기본적 조건

지방적 수준에서 활용될 수 있는 거버넌스 개념, 즉 로컬 거버넌스를 실제 적용하는 경우 로컬 거버넌스가 성공하기 위한 조건들을 검토하고자 한다.

로컬 거버넌스의 성공적 실제 적용을 위한 전략은 선택에 영향을 미치는 요소들을 구분하고, 각 요소들이 어떠한 조건을 가지고 구성되느냐로 구분할 수 있을 것이다. 여기에서는 앞에서 살펴본 로컬 거버넌스의 요소를 중

〈표 4-1〉 거버넌스의 결정 요인

구 분	세부 요소
자원	자금
	공간, 장비, 재화
	기술과 전문지식
	정보
	사람, 조직, 집단에 대한 연계
	승인(endorsement)
	소집 능력(convening power)
파트너의 특징	이질성(heterogeneity)
	관여 수준(level of involvement)
파트너들 간의 신뢰 관계	신뢰
	존경
	갈등
	권한 차별
파트너십의 특성	리더십
	행정 및 관리
	운영 체계
	효율성
외부환경	지역사회 특성
	공공 및 조직 정책

자료 : Lasker, et al.(2001: 189).

심으로 환경적 조건, 외부적인 네트워크 구조화 전략과 내부적인 운영관리 전략(최영출 외, 2003)으로 구분해서 살펴보겠다.

최근 많은 학자들은 사회자본이 로컬 거버넌스의 효과성 및 전략 선택에 영향을 미친다는 점을 강조하고 있다. 이는 현실적으로 로컬 거버넌스를 구축하는 데 그 지방자치단체의 사회자본이 어떤 수준의 양과 질을 가지고 있는가를 검토하고 난 다음 구체적인 로컬 거버넌스 전략을 선택해야 성공할 수 있다는 점을 시사해 준다.

환경적 조건에 대해 래스커 등(Lasker, et al., 2001: 188-196)은 파트너십이 시너지 효과를 가져오게 하기 위한 결정 요인들을 제시하면서 이러한 요인들 역시 로컬 거버넌스 전략 선택에 영향을 미칠 수 있는 조건이 될 수 있다고 시사한다. 이하에서는 다양한 조건들을 종합적으로 고려하고 있는 래스커 등의 환경적 조건들을 살펴보기로 한다(<표 4-1>참조).

1. 자 원

자원(resources)은 크게 재정적 및 물적 자원을 의미한다. 네트워크에 관여하고 있는 행위자들이 독자적으로 성취할 수 있는 것 이상의 가치 있는 것을 창출하는 방법은 이러한 자원들을 다양한 방법으로 결합함으로써 가능하다. 파트너십에서는 자금분만 아니라 공간, 장비, 재화-가령, 컴퓨터, 책 등-들이 필요하며 파트너들을 종사시키고 협동 과정을 지원하기 위한 전문적 지식 및 기술 등이 필요하다. 정보는 공동 문제 해결을 위한 토대를 형성하고 합성 효과를 얻기 위한 필수적인 요소이다. 무형적인 자원에는 특별한 사람, 조직 및 집단과의 커넥션이 필요한데 정책대상 집단, 정치적 의사결정가들, 정부기관, 민간부문의 자금 제공자 및 지역사회의 다른 파트너들과의 커넥션을 의미한다.

이러한 자원의 중요성은 김태영(2002), 조명래(2001), 로드스(Rhodes, 1997), 이명석(2001), 피터스(Peters, 1998) 등이 주장했다.

2. 파트너의 특성

네트워크 구조에서 지속적인 상호작용을 위해서는 파트너의 특성도 중요한 요인이다. 파트너의 특성에는 파트너들의 이질성과 관여 수준이 포함된다. 이는 네트워크를 구성하는 파트너들의 이질적인 정도와 참여 여부에 따라 파트너십의 목표 달성에 중요한 영향을 미친다는 것이다.

파트너의 특성이 이질적일수록 파트너십의 목표 달성에 장애가 있을 것이며, 파트너의 관여 수준에 따라서 파트너 상호간의 지속적인 작용이 높아질 수도 낮아질 수도 있다.

3. 파트너들 간의 관계

파트너들 간의 신뢰(trust), 존경(respect), 갈등(conflict) 및 권한 차별(power differential) 등이 포함된다. 신뢰 문제는 파트너십의 성공을 위한 선행 조건으로서 항상 강조되어 온 것이다. 이질성 있는 파트너들이 서로 밀접하게 협력하기 위해서는 관련된 사람들과 조직들이 각자 책임과 의무를 다하고 동시에 그들만의 이익을 추구하지 않는다는 데에 대한 믿음을 가지고 있어야 한다는 것이다. 파트너들 사이의 존경 문제는 각자의 파트너들이 공동의 목표에 기여하고 있다는 점 및 그들이 가지고 있는 접근 방법에 대해 인정하는 것이 필수적이다. 파트너 사이의 갈등은 이슈에 관한 논의를 날카롭게 하고 새로운 아이디어와 접근 방법을 생각하도록 자극한다면 합성 효과를 제고할 수 있다는 측면에서 중요한 의미를 지닌다. 파트너 사이의 권한 차별 문제도 중요한데, 왜냐하면 이러한 권한 차별은 누가 참여해야 하는지, 어떤 의견이 타당한 것으로 생각되는지, 누가 의사 결정에 중요한 영향을 미치게 되는지 하는 것을 결정하기 때문이다.

4. 파트너십의 특성

먼저 리더십 문제를 보면, 전통적인 리더들의 경우 동료들끼리만 통용되는 언어를 쓰며, 상대방을 파트너라기보다 추종자로 인식하는 경향이 있다. 그러나 이러한 형태의 리러십은 거버넌스를 성공적으로 형성하는 데 도움이 되지 않으며, 그 대신 파트너들의 다양한 차이를 이해해야 한다는 것이다. 행정과 관리 부문의 파트너십은 전통적인 관리 형태와는 다른, 높은 수준의 합성 효과를 추구하기 때문에 좀더 융통성 있는 행정 및 관리 방법이 필요하다는 점이다. 운영 체제 부문의 파트너십은 파트너들이 어떻게 의사 결정을 하며 그들의 업무를 수행해 나가는가 하는 것인데 이를 통해서 파트너들의 자원, 관점 및 기술들이 효과적으로 결합되기도 하고 그렇지 않기도 하다는 것이다. 효율성은 파트너십이 파트너들의 관여를 어떻게 최적화(optimize)하는가 하는 측면이다.

5. 외부환경

먼저 지역사회의 특성은 외부 요인의 하나로서 사실상 통제하기 어려운 측면인데 지역사회(community)가 파트너십의 형성 및 운영에 얼마나 도움이 되는가 하는 것을 말한다. 신뢰와 협력의 문화가 정착되어 있지 않은 지역사회에서는 파트너들을 구성하고 유지하기가 어려울 수밖에 없는 것이다. 공공 및 조직정책 문제는 가령, 외부 지원자금의 단기적 성격, 항목이 정해져서 운영에 융통성이 없는 프로그램의 요구 조건, 행정 및 관리 지원을 위한 부족한 자금 등 행정적 장애 등이다.

제 3 절 로컬 거버넌스의 성공을 위한 네트워크 구조화 전략

이하에서는 네트워크 구조화 분야의 연구 결과(Kickert, et al., 1999; OECD, 2001; Leach & Pecry-Smith, 2001; Lasker, et al., 2001)를 기초로 하여 거버넌스 전략으로서 네트워크를 어떻게 구성하며 이와 관련한 쟁점들은 무엇인지를 살펴보고자 한다. 이러한 쟁점들에 대해서는 획일적인 해결책이 없으며, 개별 거버넌스별로 구체적인 상황을 고려하여 해결될 수 있을 것이다.

1. 네트워크 관리 주체

누가 네트워크 관리의 주체자가 되며 이를 주도할 것인가 하는 문제는 거버넌스 전략을 수립할 때 맨 먼저 고려해야 할 사항이다. 이론적으로 볼 때, 정부조직들은 다양한 방법으로 정책 네트워크의 존재에 대해 반응한다.

첫 째는 네트워크 과정에 관여하지 않으려고 하는 경향이며, 둘째는 다른 당사자들과 같은 하나의 당사자(party) 자격으로 참여하는 것, 셋째는 네트워크에 존재하는 여러 당사자들에게 해결책을 제시하는 등의 형태로 '특별 당사자' 자격으로 참여하는 것, 넷째는 네트워크 관리자의 역할을 수행하면서 거버넌스의 주도적인 역할을 담당하는 것 등이다. 이 네 가지 중에서 네 번째인 네트워크 관리자로서의 거버넌스의 주도적인 역할을 수행하는 것이 가장 바람직하다고 할 수 있다. 그 이유는 다양한 이해관계자들이 관여하고 있는 네트워크에서 혼란을 완화할 수 있고, 대표되지 않은 이익이나 예상하지 못한 이익들을 보호하기 위해서는 다른 당사자들보다도 행정기관이 좀더 적절한 후보자가 될 수 있다. 다만 여기서 주의해야 할 점은 행정기관이 자기들의 기관 이익을 보호하기 위해 이와 반대되는 파트너들을 배제한다든지, 우호적인 파트너에게 지나친 영향력을 행사할 수 있는 점을 경계해야 할 것이다.

2. 이해관계자의 범위

클로크 등(Cloke, et al., 2000: 125)은 파트너십을 형성하는 데 누가 참여하며 누가 배제되는가 하는 문제가 중요하다고 제시한다. 이 문제는 우리나라의 로컬 거버넌스에서도 중요한 문제이다. 즉, NGO가 지방정부의 정책결정 및 집행 과정에 많이 관여하고 있는데 어떠한 NGO를 공식적으로 참여 네트워크에 포함시키고 배제하는가에 관한 기준이 필요하다. 그렇지 않으면 지역의 대표성이나 정체성에서 문제가 될 수 있는 NGO의 참여 가능성 등 논란이 제기될 수 있다.

고스(Goss, 2001: 97-103)는 지방 수준에서 네트워크에 포함시킬 수 있는 파트너들과 관련하여 거버넌스 전략에 대한 몇 가지 지침들을 제시하고 있다. 공공 서비스 제공이나 공공기관의 운영시에 이해관계자는 개별적인 사정에 따라 다를 것이나 일반적으로 서비스 이용자 및 소비자, 미래 또는 잠재적 이용자, 배제된 이용자 또는 비이용자, 일반 시민, 지역사회, 지방의원, 의회 결정자, 공무원, 여타 공공기관, 비영리 자선단체, 전문기관, 전체로서의 사회 등이다(Donnelly, 1999: 50).

여기서 주의할 것은 더 많은 관계자들이 상호작용 과정에 참여하게 되면 합의에 도달하기가 그만큼 어려워진다는 점이다(Kickert, et al., 1999: 53). 그러나 게임이론에서는 행위자들의 수가 게임 상황 내에서는 협력 과정을 방해한다거나 촉진하는 데 결정적인 요인이 아니라는 것을 보여 준다. 그럼에도 불구하고 집단적인 활동 상황을 관리할 수 있는 수준으로 만들어야 할 필요성 때문에 역할행위자들의 수를 감소시키기 위해 노력하는 것은 이해할 수 있다. 이 경우, 어느 정도까지 수를 줄일 것인가 하는 문제는 더욱 신중을 요한다. 왜냐하면 현실적으로 잠재적인 의존 관계를 제외한 현재적인 의존 관계 때문에 특정한 행위자들을 배제하는 것은 장기적으로 목표를 달성하는 데 문제를 야기할 수 있기 때문이다.

3. 네트워크의 형태 구성

거버넌스에서 네트워크 형태는 기본적으로 각 행위자들이 균형을 유지하면서 밀고 당기고 하는 과정 속에서 형성된다(Kooiman, 1994: 195). 각 행위자들은 서로 정보와 자원을 교환하면서 균형을 유지하고 있으며, 이러한 기본 패턴에 따라 거버넌스를 구성하고 있는 모든 행위자들은 관련되어 있는 모든 행위자들과 자원을 교환하면서 균형을 유지하고 있는 것을 전제한다.

거버넌스 연구의 권위자인 로드스(Rhodes, 1997)는 정책 네트워크 내의 행위 주체들(actors)이 자원의존(resource dependency)에 의해 서로 연결되어 있으며 연결된 정도를 기준으로 하여 고도로 통합된 정책 네트워크에서 느슨하게 통합된 이슈 네트워크까지 다양하다고 하고 있다. 그러나 현실적으로 이러한 형태는 고정적인 것이 아니고 융통성 있을 것이며, 위에서 제시한 환경적 조건을 검토하여 다양한 변형 형태가 있을 수 있다.

4. 책임 소재

많은 이해관계자들이 정책에 참여하게 되면 필연적으로 책임 문제가 수반된다. 네트워크 모형에서도 이러한 책임 문제에 대해 명확한 설정이 있어야 된다는 점을 강조한다. 책임의 종류는 세 가지로 나뉘는데(OECD, 1999), 파트너들 사이의 책임, 각 파트너와 행정기관 사이의 책임 및 각 파트너가 일반 국민에게 지는 책임 등이다.

5. 참여 방식

각 파트너들의 참여 방식에서는 다양한 방법들이 있을 수 있다. 이를 크게 세 가지로 유형화할 수 있는데, 하나는 행정기관에 의한 일방적인 정보 제공 방식이다. 이는 행정기관이 파트너들의 이용을 위한 정보를 산출하고 그들에게 전달하는 것을 말한다. 이는 파트너들의 요구가 있을 때 정보를 제공하는 '수동적인 접근' 방식이고 정부가 그들에게 정보를 유포하기 위한 '적극적 조치' 방식이 있을 수 있다.

두 번째 자문 방식인데 이는 쌍방향의 관계지만 파트너들은 정부에 대해 피드백을 제공하는 방식이다. 이는 정부가 어떤 정책안을 제시하고 일반 시민들 및 파트너로 하여금 의견을 제시하도록 하는 방식이다.

세 번째 적극적 참여 방식인데 이는 파트너들이 적극적으로 정책 결정 과정에 참여하는 방식이다. 가령, 위원회의 위원으로 참여한다거나, 아니면 공직의 외부채용 방식에 의해 계약직으로 참여할 수도 있을 것이다.

6. 정책 분야

로컬 거버넌스를 구성할 경우 지방정부의 어떠한 정책에 대해 이해관계자들이 참여할 수 있을 것인가는 매우 중요한 문제이다. 즉 아무런 제한도 없이 지방정부의 모든 정책 분야에 참여할 수 있는 것인지 아니면 주민들에게 직접적으로 관계되는 서비스 분야에만 참여할 수 있는지에 대한 것이다. 이러한 제한이 없다면 지방정부의 공무원 인사 문제 등 조직 내부 문제까지 관여하게 되어 타당성이 없을 뿐만 아니라 현행 법률적으로도 많은 문제점이 제기될 수 있다. 따라서 네트워크 체제를 통한 거버넌스의 대상 정책 문제가 논의되어야 한다.

리치와 퍼시스미스(Leach & Percy-Smith, 2001: 8-9)는 거버넌스가 가장 많이 활용될 수 있는 분야로서 보건 서비스, 교육 및 훈련 서비스, 사회복지 서비스, 환경 서비스, 고속도로 및 대중교통, 공공주택, 도시계획 및 토지이용 규제, 공원 및 레저 서비스 및 공공보호 서비스 등을 들고 있다.

7. 참여단체

정책 추진 과정이 의제 설정 단계, 결정 단계, 집행 단계, 평가 단계라고 가정할 때 모든 단계에서 참여가 가능한가 아니면 집행 또는 정책이 종료된 후 정책평가 단계에서 참여가 가능한가의 문제이다. 이 문제 역시 각 거버넌스 유형별로 설정이 가능할 것이다.

제 4 절 내부 운영의 룰 구성전략

이는 네트워크 내부의 상호작용 과정을 조정하기 위한 과정으로 이해될 수 있는데, 전술한 네트워크 구성에 못지않게 거버넌스 전략상 중요하다. 여기에는 다음과 같은 세부전략이 필요하다.

1. 네트워크 활성화

네트워크 활성화(network activation)는 특정한 문제를 해결한다거나 목표를 성취하기 위해 상호작용 또는 게임의 시작을 포함한다. 네트워크 관리에 가장 중요한 것 중의 하나는 네트워크를 활성화시키는 것인데, 그것도 가장 직접적으로 관련되어 있는 이해관계자들이 적극적으로 관여할 수 있도록 활성화하는 것이 필요하다.

2. 상호작용 주선

공동의 문제 해결은 관련된 행위자들이 게임에 참여하도록 결정하는 것을 가정한다. 상호작용 주선(arranging interaction)의 한 가지 요소는 갈등을 규제하는 메커니즘을 제공하는 것인데 이는 갈등 상황 속에서 행위가 어떻게 다루어지는지, 또 의견 차이가 어떻게 해결되어야 하는지를 나타내는 것이다. 이러한 상호작용 주선 장치는 네트워크 구조화전략과는 구분되는데, 네트워크 구조화는 네트워크의 문화와 구조에 영향을 미치는 것을 목적으로 하기 때문이다. 상호작용 주선 장치는 거버넌스의 유형별로 계속 수정되고 보완되어 네트워크 내에서 일어나는 게임에 순기능적인 영향을 미칠 수 있도록 해야 할 것이다.

3. 중 개

네트워크 관리에서 중개(brokerage)는 중개자의 역할을 직접 수행하거나 아니면 다른 사람이 이런 역할을 수행하도록 하는 것이다. 킹던(Kingdon, 1984)은 느슨하게 결합된 네트워크 구조 속에서 정책 과정이 진행될 때 생기는 정책의 파편화(fragmentation)의 결과로서 정책문제, 해결책 및 참여가 서로 연계성 없이 독립적으로 진전되는 경향이 있다고 주장한다. 그래서 의제 설정이나 의사 결정에서 문제, 해결책, 참여 등이 서로 결합되는 것이 필요하다고 한다. 이 역할은 미래에 실현될 정책에 대해 자원을 투자하려고 하는 사람들에 의해 수행된다. 이들은 문제를 제기하고 해결책을 제시할 뿐만 아니라 중개자로서 활동한다. 아이디어와 해결책을 교환하고 동시에 서로 발견하지 못하고 있는 이해 당사자들을 연결시켜 주기도 한다. 이들이 이런 역할을 하는 동기는 자기 이익 추구 또는 어떤 사태의 진전에 대한 제안들을 만든다거나 또는 상호 과정 자체에 참여하는 것을 즐기는 것 등 다양하다.

네트워크 체제에서 중개자 역할의 중요성은 그들의 활동이 네트워크 내에 있는 아이디어, 통찰력, 그리고 해결책들을 타진하고 이를 이용하는 데 기여할 수 있다는 사실에 있다. 중개자들이 이러한 역할을 수행하여 다양성을 창출함으로써 관련된 이해 당사자들이 받아들일 수 있는 해결책을 찾는 것이 용이해진다. 이러한 중개자의 역할을 충실히 수행하는 것도 거버넌스 전략상 필요하다.

4. 상호작용 촉진

게임관리는 또한 상호작용 과정에서 전략적인 합의 형성을 위한 조건들을 만들어 내는 데 목표를 둘 수 있다. 이 경우에 네트워크 관리자들은 하나의 촉진자(facilitator)로서 역할을 수행한다. '상호작용을 촉진(facilitating interaction)'한다는 것은 많은 활동들을 포함하는데 이 모든 활동들이 절차적인 성격을 지니고 있다. 서스킨드와 크뤽생크(Susskind & Cruikshank, 1987: 152)가 지적한 바와 같이, 촉진자는 거의 완전한 업무 수행 절차에 초점을 둔다. 즉, 만나는 시간과 장소의 합의, 적절한 만남의 장소 주선, 회의록 유지, 대화 수준 모니터 등을 들 수 있다. 합의 형성을 위한 조건을 제고하는 데 촉진자는 워크숍을 조직하거나 서베이 수행, 브레인스토밍 개최, 역할연기법 사용, 집단적인 이미지를 형성할 수 있다. 이러한 활동들은 문제 사안에 대한 이해, 아이디어의 다양성, 상호 견해를 평가할 수 있는 능력 및 공동의 문제 해결에 대한 몰입 능력을 증진시키는 데 기여한다.

정부 간 관계라는 이름으로 아그라노프(Agranoff, 1986)가 작성한 전략들은 상호작용을 촉진하는 역할을 하는 것으로 평가할 수 있다. 그는 이러한 유형의 관리가 아이디어의 공개적 교환에 기여하고, 창조적이고 상호 이익이 되는 해결책을 탐색하는 데 도움이 된다고 하고 있다. 글래스버겐(Glasbergen, 1995) 역시 네트워크 관리에서 상호작용 촉진의 중요성을 지적한다. 로컬 거버넌스의 성공 또한 이러한 역할의 수행 방법이 중요하다.

5. 조정과 중재

조정과 중재(mediation and arbitration)는 이들이 갈등이 존재하고 상호작용이 교착 상태에 빠져 있을 때 수행된다는 점에서 촉진(facilitation)과 구분된다. 조정의 한 가지 특징은, 특정 결과에 도달하는 책임이 참여하고 있는 당사자들에게 있다는 점이다. 조정은 갈등에 관련되지 않는 동시에 갈등당사자 어느 한쪽과도 관련이 없는 한 당사자에 의해 수행된다. 이 때 중립적인 지위는 지켜져야 한다. 조정은 자발적으로 일어날 수 있다. 그러나 어떠한 경우에는 갈등 당사자들이 특정인을 지정하여 조정자(mediator)의 역할을 수행하도록 요청할 수도 있다.

한편 조정과는 달리 네트워크 관리에서 중재도 중요하다. 중재는 각 당사자들이 제3자로 하여금 개입하고 그들에게 해결책을 제시하도록 하는 것을 의미한다. 이는 당사자들이 소송을 제기할 때 발생한다. 이 방법이 당사자들에게 주는 단점은 갈등이 더 이상 그들의 손에 있지 않으며, 절차가 길고 비용이 들며, 재판관이 효과적인 해결책을 고안하기 위해 전문 능력을 구사하지 못한다는 점이다. 이에 대한 대안으로 비구속적인 중재 형태(forms of nonbinding arbitration)가 사용되는데, 이를 사용할 경우 갈등은 하나의 해결책을 제시하지만 이를 강제하지 않는 위원회나 특정인에게 제시된다.

그러나 현실적으로 관련 당사자들이 미리 제안된 해결책을 구속력이 있는 것으로 받아들일 수도 있다. 그러나 이것이 어느 정도 실행될 수 있을지는 미지수이다.

제5절 로컬 거버넌스의 성공전략 평가 기준

로컬 거버넌스의 기능 정도에 대한 전반적인 전략 평가 기준도 필요하다. 이를 통해서 계속적인 피드백이 가능하며 좀더 효율적인 로컬 거버넌스를 구축할 수 있을 것이다. 키커트 등(Kickert, et al., 1999: 175-177)이 제시하고 있는 평가 기준을 중심으로 로컬 거버넌스의 평가 기준을 제시해 보면 다음과 같다.

1. 행위자 및 자원의 활성화

상호작용은 행위자들이 공동 과정에게 기꺼이 그들의 자원을 투자한다는 것을 가정한다. 그러므로 네트워크 관련 파트너들은 각자가 수행하고 있는 상호작용 과정의 매력을 인식해야 한다. 네트워크 관리는 그러한 의지를 증진하고 열정을 자극하는 데 중점을 두어야 한다. 이러한 역할을 제대로 수행하고 있는지가 평가 대상이 될 수 있다.

2. 상호작용 비용 제한

네트워크가 움직이는 데 드는 상호작용 비용은 수용할 수 있는 정도로 적어야 한다. 상호작용이 끝없는 논쟁으로 이어진다면 이러한 참여는 소모적인 자원 낭비를 낳을 것이다. 관련 행위자들의 참여 의지가 약해지도록 만들어서는 안 된다. 네트워크 관리가 win-lose 또는 lose-lose 상황으로 이끌어지는 상호작용은 회피해야 한다. 그렇다고 갈등을 억압하는 것은 상호작용의 수준과 투명성을 저해한다. 적절한 규제 장치를 통해서 갈등이 역기능적 혹은 파괴적으로 변화되는 것을 방지해야 한다. 이 때 상호작용 비용이 적절히 제한되는가가 평가 기준이 될 수 있다.

3. 공동 목표에 대한 몰입 확보

관련 행위자 및 자원을 동원하는 것에 더해서 네트워크 관리는 관련된 사람들로 하여금 공동 업무에 적극적으로 몰입하도록 유도할 필요가 있다. 이러한 자발적인 유대가 없이는 협동 관계가 무의미해진다. 관련 당사자들의 공동 목표에 대한 몰입은 비공식적인 합의 또는 공식적인 장치 등으로 구성될 수 있으며, 예를 들면 계약서를 작성한다거나 하는 단계로 갈 수도 있다.

4. 상호작용의 질적 수준과 투명성

네트워크 관리는 네트워크 내에서의 투명성과 질적 수준을 정당하게 평가할 필요가 있다. 네트워크의 기능과 관련된 위험 중의 하나는 장기적으로 볼 때 네트워크와 관련된 사람들뿐만 아니라 전혀 대표되지 않는 사람들에게도 손해를 입히는 외부 효과가 발생될 수 있다는 점이다. 더구나 네트워크상에서 나타나는 억압된 합의를 방지할 필요가 있는데 이런 유의 합의는 비판이 받아들여지지 않고 의사결정상의 위험이 무시되는 '집단생각(group think)' 형태의 상황을 초래할 수 있는 것이다. 따라서 상호작용의 투명성을 평가 기준으로 고려할 수 있다.

이 장에서는 로컬 거버넌스의 요소를 상호의존성, 지속적인 상호작용, 게임의 규칙, 자율성을 가진 자기조직적인 조직 간 네트워크라는 네 가지 요소를 살펴보았다.

그리고 이러한 요소를 기준으로 로컬 거버넌스가 성공할 수 있는 조건을 환경적 조건, 네트워크 구조화 전략: 네트워크 구성, 내부 운영의 룰 구성전략, 로컬 거버넌스 전략 평가 기준 등을 살펴보았다.

향후에는 이러한 로컬 거버넌스의 성공 조건들을 충청북도의 자치단체와 시민들이 어느 정도 만족시키고 있는가를 설문조사를 통해 알아보고, 지역경쟁력 강화를 위한 로컬 거버넌스의 모형을 수립해야 할 것이다.

참고문헌

김미리.(2000). 「사회복지 정책과정에서 정부와 NGO 간의 파트너십에 관한 연구」. 이화여대 박사학위 논문.

김태영.(2002). 정부-NGO 간 파트너십의 정치경제학. 「정부학연구」, 제8권 제1호 : 135-150.

류재현.(2002). 지방정부의 거버넌스형 시장 리더십 모색. 「한국지방자치학회보」, Vol. 14, No. 3 : 43-63.

박영주.(2000). 뉴거버넌스와 사회계약. 「한국행정학보」, 제34권 제4호: 19-39.

박희봉 · 김명환.(2000). 지역사회 사회자본과 거버넌스 능력. 「한국행정학보」, 제34권 제4호 : 175-196

오재일.(2001). 로컬 거버넌스와 정부간 관계. 「지방행정」, Vol. 50, No. 577: 29-37.

주성수.(2003). 정부의 신뢰위기와 NGO와의 파트너십 대안. 「한국행정연구」, 제12권 제2호: 186-210.

주재현 · 김태진.(2001). 정부-기업간 파트너십과 환경정책. 「한국행정연구」, Vol. 10, No. 4: 237-267.

최영출.(2002). 거버넌스 이론과 지역발전 전략. 「국토」, 252호: 6-19.

——— 외.(2003). 「로컬 거버넌스」. 서울: 법문사

Berman, E.(19997). Dealing with cynical citizens. *Public Administration Review,* 57(2): 105-112.

Cloke, Paul, Paul Milbourne, & Rebekah Widdowfield.(2000). Partnership and Policy Neworks in Rural Local Governance. *Public Administration,* Vol. 78, No.1: 111-134

Frederickson, H. George.(1997). *The Spirit of Public Administration.* San Francisco : Jossey-Bass Publishers.

Goss, Sue.(2001). *Making Local Governance Work.* Hampshire: Palgrave.

Hansell, Jr., William H.(1995). A Common Visoin for the Future: The Role of Local Government and Citizens in the Democratic Process. *National Civic Review.* Vol. 85, No. 3: 5-13.

Kickert, W.(1997). Public Governance in the Netherlands: An Alternative to Anglo-American 'Managerialism.' *Public Administration,* Vol. 75:

731-752.

Kooiman, J. (ed.)(1994). *Modern Governance: New Government-Society Interactions.* London: Sage.

Lasker, R. D., E. S. Weiss, & R. Miller.(2001). Partnership Synergy: A Practical framework for studying and strengthening the collaborative advantage. *The Milbank Quarterly,* Vol. 79, No. 2.

Peter, John.(2001). *Local Governance in Western Europe.* London: Sage.

Pierre, J.(2000). Introduction: understanding governance, in J. Pierre(ed.), *Debating Governance.* Oxford: Oxford University Press.

Potapchuk, William R., Jarle P. Croker, & William H. Schechter, Jr.(1997). Building Community with Social Capital: Chits and Clums or Chats with Change. *National Civic Review,* Vol. 86, No. 2: 129-139.

Putnam, Robert D.(1993a). *Making Democracy Work: Civic Traditions in Modern Italy.* Princeton University Press.

———(1993b). The Prosperous Community: Social Capital and Public Life. *The American Prospect,* No. 13: 35-42.

Rhodes, R. (1997). *Understanding Governance: Policy Networks, Governance, Reflexivity and Accountability.* Buckingham: Open University Press.

제 5 장

지역의 사회자본 측정지표 설정

사회자본의 개념은 지난 10년 동안 이론적 및 응용 사회과학 연구 분야에서 많은 관심을 일으켜 왔다. 지금까지의 많은 논의들이 사회자본에 대한 이해를 도와 준 반면 아직도 여전히 구체적 분야에서는 불분명한 많은 것들이 남아 있는 상태이다. 학자들에게나 실무자들에게 큰 진전을 가져다 줄 수 있는 접근 방법은 사회자본을 구체적으로 측정할 수 있는 일단의 경험적 도구들을 제공해 주는 일이다(World Bank, 2004: 1). 그러나 지금까지 사회자본에 대한 개념, 필요성 및 유용성 등에 대해서는 논의가 국내외적으로 많이 이루어져 왔으나 구체적으로 이를 어떻게 측정할 것인지에 대해서는 일부 연구(소진광, 2004; 박희봉, 2001)를 제외하고는 많지 않다. 기존의 일부 연구들도 사회자본 측정지표들을 몇 개의 부문으로 나누어 열거해 둔 수준이며, 이러한 부문별 지표들 사이의 관계나 지표들의 수준을 향상시키기 위한 연구들은 거의 없다고 해도 과언이 아니다.

지금까지의 학계나 실무계에서의 사회자본 수준측정에 관한 논의들을 통해 볼 때 사회자본 수준 측정에서 어떤 변수를 선택하고 하지 않고의 문제는 어떠한 기본 가정들을 채택하느냐 하지 않느냐 하는 것의 산출물이라고 할 수 있다. 그럼에도 불구하고 사회자본 측정의 개념적 논쟁들은 경험적 진공 상태에서는 해결될 수 없는 것이다. 사회자본이 가지고 있는 다양한 차원들에 대한 경험적 측정 시도는 연구자, 정책담당자, 일선행정가들 사이의 논의를 진전시키고 나아가서 바람직한 로컬 거버넌스를 형성하는 데 도움이 될 수 있는 자료를 제공해 줄 것이다.

이 연구는 이 같은 배경하에서 사회자본 수준을 측정할 수 있는 지표 설정과 설정된 지표들 사이의 상대적 중요도를 실증적 연구를 통해 제시해 봄으로써 지방자치단체 간의 사회자본 수준을 측정 비교할 수 있는 자료를 제시함과 아울러 향후 이 분야 연구를 더욱 진전시킬 수 있는 토대를 제공하는 데에 연구의 목적을 둔다.

제1절 사회자본 측정에 관한 이론적 논의 및 지표 설정

1. 사회자본 개념과 사회자본 지표에 대한 논의

사회자본(social capital)이란 용어는 해니팬(Judson Hanifan)에 의해 1916년에 처음 사용되었다(DeGraaf, 2003: 20).[1] 그는 민주주의와 개발을 지속시키기 위해서는 지역사회가 적극적으로 관여해야 할 필요성 및 중요성에 대해 주목했다. 그는 이웃다움(neighborliness)과 시민 관여의 종말에 대해 언급하면서 이러한 현상들은 지역 내의 사회 생활들이 가족의 고립과 지역사회 정체를 야기하게 되었다고 주장한 바 있다. 1916년 이후 많은 분야의 학자들이 이 사회자본 개념을 사용하게 되었는데, 제이콥스(Jane Jocobs, 1961)는 저서 *Death and Life of Great American Cities*에서 현대 도시에서 비공식적인 지역사회 유대의 집단적인 가치를 강조하기 위해 이 개념을 사용했다.

1) 사회자본이라는 용어 사용에 대해 프랑스 정치학자인 토크빌(Alex de Tocqueville)이 1835년에 처음 사용했다는 연구도 있다(서순탁, 2002: 3)

우리 나라 학자들의 경우 소진광(2004)은 사회자본 개념 정의에 대해 기본적으로 다의적이어서 개념 정의를 내리기는 어렵다고 하면서 개념 정의 대신에 여러 학자들의 사회자본 논의 과정 중에 구성 요소로서 포함되어 있는 개념 요소를 정리하는 방식을 택하고 있다. 그는 사회자본의 개념 요소를 5개로 구분하고－신뢰, 참여, 연계망(네트워크), 제도 및 규범, 이타주의－각 개념 요소의 표현 인자를 제시하고 있다. 박희봉과 김명환(2000)은 사회자본의 개념을 측정하기 위해 규범, 신뢰, 의사소통 채널 등으로 나누어 이러한 지표가 행정대응성과 문제 해결을 위한 지역사회 능력에 어떠한 영향을 미치는지를 분석하고 있다. 이 밖에도 우리 나라의 많은 연구자들이 사회자본에 대해 많은 논의를 수행해 오고 있다.

사회자본의 개념은 두 주요한 사회과학자들－부르디외(Bourdier, 1983)와 콜먼(Coleman, 1988, 1990)－에 의해 학문적으로 정리되었다(Pamela Paxton, 1999: 92)고 할 수 있다. 많은 학자들(Hanifan, 1920; Jacobs, 1961; Loury, 1977)도 이 용어를 사용한 바 있으나 부르디외(Pierre Bourdieu)와 콜먼(J. Coleman)이 이 개념을 대중화하기 전까지는 상당히 모호한 개념으로 남아 있었다. 부르디외(Bourdieu, 1983: 248)는 사회자본에 대해서 간결한 정의를 내린 바 있다. 그는 "사회자본이란 상호 인지가 전제된 제도화된 관계의 네트워크와 연계된 실질적 또는 잠재적 자원의 총합"이라고 정의하고 있다. 여기서 사회자본은 단순한 유대의 네트워크 이상을 요구하는 것을 의미한다. 나아가 부르디외는 사회자본은 이웃이나 직장에서 생긴 우연적인 관계들을 필수적이면서도 선택적인 관계로 전환시키는 것을 포함하며, 이는 주관적으로 느껴지는 어떤 의무감을 암시한다고 강조한다. 그 결과 네트워크 유대는 신뢰적이며 긍정적인 것이어야 한다는 점을 지적한다.

콜먼(Coleman, 1988: 98)에게, 사회자본 개념은 어떤 집단의 사회구조가 그 집단의 구성원들을 위한 자원으로서 어떻게 기능할 수 있는지를 설명해 주고 있다. 그는 사회자본은 행위자들 사이의 관계구조 속에 내재해 있다고 주장한다. 그리하여 비록 행위자들이 개인 또는 집단 목표의 산출을 가속화하기 위해 사회자본을 이용할 수 있다고 하더라도 사회자본이 단순히 개인들 속에 내재되어 있는 것은 아니다. 콜먼은 사회자본이 하나의 집단 내에서 신뢰, 정보, 규범 등에서 존재한다고 보고 있다. 콜먼(Coleman, 1990)은 더 나아가 사회자본을 자연적, 물리적, 인적 또는 경제적 자본과 구분했으며, 이러한 구분으로부터 영향을 받아 푸트남(Putnam, 2000)은 사회자본을 "참여자들로 하여금 공유된 목표를 달성하기 위해 좀더 효과적으로 함께 행동하도록 하게 하는 사회생활의 특징들-네트워크, 규범 및 신뢰-"로 정의한 바 있다.

팩스턴(Paxton, 1999)은 부르디외와 콜먼의 견해를 이용하여 사회자본은 두 가지 구성 요소-개인들 사이의 객관적 연대와 주관적 유대 형태-포함하고 있다고 주장한다. 객관적 연대(objective association)는 개인들을 연결해 주는 객관적인 네트워크 구조로서 개인들은 사회생활 속에서 서로 연결되어 있다는 점을 의미하고 있다. 주관적 유대 형태(subjective type of tie)는 상호적이고 신뢰적인 감정을 의미한다. 이러한 감정들은 행동을 위한 능력을 증가시킨다는 것이다. 팩스턴(P. Paxton)은 사회자본의 이러한 두 가지 구성 요소들을 이용해 사회자본 측정지표를 구성하고 있는데, 두 가지 차원—신뢰와 연대—을 구성하고 각 차원별로 구성 개념들을 포함시키고 있다. 신뢰(trust) 차원에는 개인에 대한 신뢰와 기관에 대한 신뢰로 다시 나뉜다. 개인에 대한 신뢰에는 사람들은 남을 도울수 있는지, 신뢰할 수 있는지, 공정한지 어떤지 느끼는 정도가 포함된다. 기관에 대한 신뢰는 종교기관, 교육기관, 행정기관 및 입법기관에 대한 신뢰 정도가 포함되는데 이러한 개인 및 기관에 대한 신뢰 정도가 높을 수록 사회자본 수준이 높다고 보고 있다. 한편, 연대(association) 차원에는 이웃에 있는 사람과 저녁시간을 보내는 빈도, 지역사회 밖의 친구와 저녁 시간을 보내는 빈도, 가입되어 있는 자발적 조직의 수 등의 지표가 포함된다. 이러한 지표들을 이용하여 팩스턴은 1975년부터 1993년까지의 미국의 사회자본 수준을 측정한 바 있다. 그러나 그는 사회자본을 구성하는 두 차원에 포함되는 지표들의 우선순위 내지 가중치 문제에 대해서는 언급이 없으며, 동시에 이러한 지표들 간의 관계 및 이러한 지표들의 수준을 향상시키기 위해 어떠한 노력이 있어야 되는지에 대해서는 깊이 다루지 않았다.

이 밖에도 사회자본의 개념을 명확히 하는 데 기여한 대표적인 학자로는 푸트남(Robert Putnam, 1993; 1995; 2000)을 들 수 있다. 그는 사회자본에는 그 구성 요소로서 신뢰가 가장 중요하며 신뢰가 지역사회 속에 형성되어 있는가 하는 문제는 공공기관의 운영, 행정 제도의 집행, 정책집행 등 제반에 걸쳐서 큰 영향을 미칠 수 있다고 주장한다. 동시에 신뢰는 시장의 불완전성(market imperfection)이 있는 공간에서도 큰 도움이 될 수 있으며, 경제적 거래를 용이하게 할 수 있는 장치가 된다고 지적한다. 푸트남(Putnam, 1993)은 이탈리아 지역에서 소득과 정부 수준의 불균형은 역사적 발전에 기인하는데 이는 상호 신뢰 수준의 차이를 야기시킨다고 주장한다. 동시에 이는 공공정책의 수준 및 시장의 기능에 영향을 미치고 있다고 한다. 그는 더 나아가 이탈리아의 어떤 지역에서는 '공동체(community)'성으로 인해 개인들이 다른 사람들에 대해 협조적(cooperative)이며 반대로 '공동체'성이 부족한 지역에서는 그 반대 현상이 나타나고 있다고 지적한다.

최근에 들어와서 여러 분야의 학자들은 위에서 일부 언급한 바 있는 사회자본의 다차원성을 탐색하기 시작했으며, 이러한 연구는 빠른 속도로 증가하고 있다. 이러한 다차원성의 강조는 푸트남의 연구에서 출발했다고 보고 있는데(DeGraaf, 2003: 22), 푸트남(Putnam, 2002)은 미국에서 사회자본 수준이 감소하고 있으며, 이는 National Boy Scouts of America, The League of Women Voters, National Parent Teacher Association와 American Red Cross와 같은 자발적 조직의 회원들이 줄어드는 것에 잘 반영되어 있다고 한다. 푸트남은 미국에서 이러한 사회자본 감소 원인을 네 가지로 들고 있는데 그 이유는 근무 시간 증가 및 시간의 강박 관념 증가, 대도시의 교외화 확대, 텔레비전과 기타 매스미디어, 제2차 세계대전의 시민 지향적인 세대(civic-minded generation)로부터 '나 중심 세대(me-orientated generation)'로의 이동 등을 든다. 푸트남의 일련의 연구들은 미국에서 사회자본이 실제로 줄어들고 있는지 아니면 단지 사람들의 연대 방식이 기존의 방식에서 새로운 방식으로 변하고 있는 것인지에 대한 많은 논란을 제기해 오고 있다. 어떻든 이러한 상황에서 사회자본에 대한 연구는 지속적인 관심을 필요로 하고 있는 것이다.

드그라프(DeGraaf, 2003: 23-24))는 사회자본의 형태를 네 가지로 구분하면서 사회자본의 특성을 살피고 있다.

첫째는 공식적 사회자본과 비공식적 사회자본이다. 공식적 사회자본은 클럽이나 협회와 같이 구성원의 조건, 회비, 규칙적 모임 등을 인정하고 있는 조직들과 관련되는 것이며, 비공식적 사회자본은 즉석에서 마련된 야구경기나 같은 술집에서 만나는 사람들의 모임 같은 비공식적 모임과 관련되는 것이다.

둘째는 짙은 사회자본(thick social capital)과 엷은 사회자본(thin social capital)이다. 짙은 사회자본은 함께 일하고 함께 즐기는 사람들과 같이 민접히 상호 연결되어 있는 것을 말하는데, 이는 접촉의 빈도와 밀접성 측면에서 정의될 수 있다. 이에 반해 엷은 사회자본은 조금 알고 있는 사람들 사이에서 존재하는 것을 의미한다.

셋째는 내부 지향적 사회자본(inward-looking social capital)과 외부 지향적 사회자본(outward-looking social capital)이다. 내부 지향적 사회자본은 그 구성원들의 물질적, 사회적 또는 정치적 이해를 증진시키는 경향(가령, 사적인 골프 클럽)이 있는 반면에 외부 지향적 사회자본은 공동의 선(가령, 환경집단)을 추구하는 것과 같은 공공재를 추구하는 경향이 있다.

넷째는 연결적 사회자본(bridging social capital)과 유대적 사회자본(bonding social capital)이다. 이 구분은 내부 지향적과 외부 지향적 사회자본 구분과 유사하다. 구체적으로 본다면, 연결적 사회자본은 서로서로 다른 사람들을 연결시켜 주는 사회 네트워크와 관련되며 반면 유대적 사회자본은 여러 측면에서 서로 같은(가령, 인종, 성, 종교, 사회경제적 지위 등) 사람들을 결집시켜 주는 것과 관련된다. 위 구분을 검토해 보면 비공식적 사회자본, 엷은 사회자본, 외부 지향적 사회자본 및 연결적 사회자본은 서로 같은 성격을 지니고 있으며, 반면 공식적 사회자본, 짙은 사회자본, 내부 지향적 사회자본 및 유대적 형태의 사회자본은 서로 같은 성격을 지니고 있다고 볼 수 있다.

위에서 살펴본 바와 같이 사회자본은 그 개념의 다양성, 다차원성 등 때문에 다소 혼란스럽게 연구되어 온 것이 사실이며, 지금까지 진행되어 온 많은 연구들은 사회자본에 대한 서로 다른 개념 정의를 이용한 면도 있으

[그림 5-1] 사회자본 모형

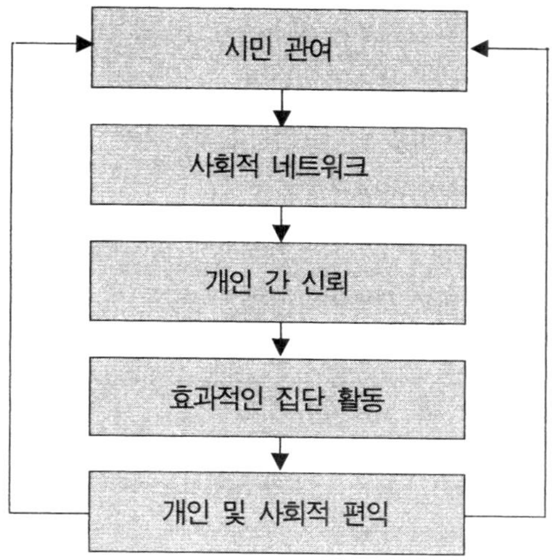

자료: Rohe(2004: 159).

나 이러한 서로 다른 정의를 통해 사회자본 수준을 측정했다고 볼 수 있다(Rohe, 2004: 158). 이러한 상황을 고려해 볼 때 많은 연구자들이 과연 사회자본의 같은 측면들을 논의하고 있는지 그리고 같은 측면들을 측정하고 있는지 다시 한 번 검토해 볼 필요성이 있다. 즉, 사회자본이 지역사회 개발, 로컬 거버넌스 등 지역정책과 관련하여 유용하다면 사회자본의 필수적인 구성 요소들에 대한 합의를 해야 하며, 구성 요소들에 대한 측정을 하기 위해 신뢰할 수 있는 측정지표를 개발해야 할 필요성이 있다. 여기에서 한 걸음 더 나아가 사회자본이 지역사회에서 어떻게 발전될 수 있는지, 그리고 지역사회 발전에서 어떤 역할을 할 수 있는지에 대해서도 논의해 보아야 한다는 점이다. 이러한 질문에 가장 잘 답변해 줄 수 있는 연구는 로헤(Rohe, 2004)의 사회자본 측정지표 및 지표 간의 관계성에 관한 연구라고 생각한다.

로헤(W. Rohe)는 사회자본의 정의를 상호 이익을 위해 조정과 협력을 용이하게 하는 네트워크, 규범, 사회적 신뢰와 같은 사회조직으로 정의하면

〈표 5-1〉 사회자본 지표 구성

구 분		지 표 내 용	비 고
시민 관여	수평적	이웃과 상호작용(양적 정도 및 질적 수준)	
		지역사회 내에서 자발적 참여 활동	
		지역사회에 바탕을 둔 조직에 참여	
		지역사회 시설 이용	
	수직적	지역사회 밖에서의 비공식적 상호작용	
		지역사회 밖에서의 자발적 활동	
		지역사회 밖에서의 조직 활동 참여	
		지역사회 밖에서의 시설 이용	
사회적 네트워크		네트워크 규모	참여 인원 수
		네트워크 다양성	소득, 인종, 나이, 사회적 지위 등에서의 다양성
		네트워크 위치	네트워크 구성원들이 지역사회 내에 살고 있는지 밖에 살고 있는지
		유대 관계의 친밀성	
		네트워크를 이용하는 목적	
신뢰		다른 주민들에 대한 신뢰	
		지역사회 조직에 대한 신뢰	
		비영리조직에 대한 신뢰	
		지역사회 기관에 대한 신뢰	
조직 인프라		조직의 수, 형태, 규모	
		조직구성원의 규모	
		참여 비율	
		구성원 다양성	
		기관들에 대한 효과성	
		지역사회 밖 조직의 지위	

자료: Rohe(2004: 160).

서 그 핵심적인 구성 요소로서는 시민 관여(civic engagement), 개인간 신뢰(interpersonal trust) 및 효과적인 집단활동(effective collective action)의 개념들을 상호 연결시켜 주는 것으로 이해하고 있다([그림 5-1]). 이러한 개념을 바탕으로 하여 그는 사회자본 측정을 위한 지표를 <표 5-1>과 같이 구성하고 있다.

즉, 로헤는 앞의 표에서 제시한 바와 같이 사회자본 수준을 측정할 수 있는 지표를 구성하고 있는데, 이를 간추리면 첫째, 지역사회 주민들의 관여 수준을 측정하는 것, 둘째, 지역사회의 사회적 네트워크의 특성을 측정하는 것, 셋째, 지역사회 주민들 사이의 신뢰 수준을 측정하는 것, 넷째, 지역사회 조직 인프라의 정도 및 효과성을 측정하는 것이라고 하고 있다.

한편, 사회자본 수준을 국제적으로 비교 연구하여 제시하고 있는 대표적인 국제기관인 세계은행(World Bank)에서는 (2004)에서는 사회자본을 6개 차원으로 나누어 측정을 시도하고 있다. 6개의 차원은 집단과 네트워크, 신뢰와 단결성, 집단적 활동과 협력, 정보와 의사 전달, 사회적 응집성과 포용력, 권한과 정치 활동 등이다. 이를 구체화하여 설문지 형태로 제시하고 있으며, 이러한 설문지를 통해서 각 국가별, 지역사회별 사회자본 수준 측정이 가능하다고 한다. 이를 간추려 보면 다음 <표 5-2>와 같다.

〈표 5-2〉 사회자본 측정지표 내용

차원	지표 내용	비고
집단과 네트워크	가입하고 있는 지역사회 내의 집단 수	집단 수
	가입하고 있는 집단들 중 가장 중요하게 여겨지고 있는 집단	집단 이름
	가입하고 있는 집단들의 구성원들이 종교, 성, 인종 등의 면에서 동질적인지 여부	yes, no
	가입하고 있는 집단 구성원들의 직업, 교육 배경에서의 동질성 여부	yes, no
	가입집단 구성원들끼리 지역사회 밖에서도 상호작용하는지 여부	yes(때때로, 빈번히), no
	지역사회 밖에서 활동하는 빈도	빈도

집단과 네트워크	사적인 이야기를 털어놓을 수 있는 친구들의 수	친구 수
	긴급히 약간의 돈(농촌의 경우에는 약 1주일간의 생활비 정도, 도시의 경우에는 약 1주일의 임금)이 필요한 경우 직계가족 외에 빌려 줄 사람이 있는가 여부	5점 척도
신뢰와 단결성	대부분의 사람들이 신뢰할 수 있는지 여부	yes, no
	도움을 필요로 하는 경우 지역사회 내의 대부분의 사람들이 기꺼이 도움을 줄 수 있을 것인지 아니면 오히려 사람을 이용하려고 하는지 여부	5점 척도
	지방공무원 및 중앙공무원에 대한 신뢰 여부	5점 척도
	지역사회 내의 사업이 직접적으로 귀하에게 이득이 되지 않지만 지역사회 내의 많은 다른 사람들에게는 도움이 되는 경우에 이 사업을 위해 시간이나 자금면에서 기여할 의향이 있는지 여부	시간/돈 각각 4점 척도
집단적 활동과 협력	지난 12개월 동안 귀하나 귀하의 가족원 중에서 지역사회를 위한 공동 활동에 참여한 적이 있는지 여부	yes, no
	(위 문항에 대해 참여한 경우) 지난 12개월 동안 몇 번이나 있었는지	빈도 수
	지역사회 내에서 상수도 문제가 있다고 한다면, 사람들은 이 문제를 해결하기 위해 협력할 것인지 여부	5점 척도
정보와 의사전달	지난 달 동안 전화받은 횟수	횟수
	정부가 무엇을 하고 있는지에 대해 정보를 알려 준 주요한 정보원 세 가지 선택	친척 또는 친구, 지역사회 게시판, 지방시장, 지방신문, 중앙신문, 라디오, 텔레비전, 조직 또는 협회, 직장, 정치조직, 지역사회 지도자, 정부공무원, NGO, 인터넷
사회적 응집력과 포용력	지역사회 내 주민들 사이의 차이-소득 수준, 사회적 지위, 인종, 언어 등-가 지역사회 내 생활에 어느 정도 영향을 미치는지 여부	5점 척도

사회적 응집력과 포용력	위의 차이들이 어떤 문제를 야기하는지 여부	yes, no
	(yes 인 경우) 가장 자주 문제를 야기하는 두 가지 차이점 선택	교육, 집 소유, 재산, 사회적 지위, 성별, 세대 간, 장기거주 주민과 단기거주 주민, 정당 가입의 차이, 종교, 인종, 기타
	위의 문제가 폭력으로 이어졌는지 여부	yes, no
	지난 달 동안 사람들과 집이나 공공 장소에서 식사를 한 빈도	빈도 수
	(해 본 경우) 같이 한 사람들이 종교적·경제적·사회적 지위면 등에서 다른지 여부	yes, no
	일반적으로 집에 혼자 있을 때 범죄나 폭력으로부터 느끼는 안전감의 수준 정도	5점 척도
권한 강화 및 정치활동	전반적으로 느끼는 행복 정도	
	인생 진로를 바꾸는 중요한 결정을 수행할 수 있는 능력을 가졌다고 느끼는지 여부	5점 척도
	지난 12달 동안 지역사회에 사는 주민들이 지역사회에 이득을 주는 일과 관련하여 정부공무원 또는 정치지도자들에게 공동으로 청원을 한 빈도	4점 척도
	지난 선거(지방선거/총선거)에 투표했는지 여부	yes, no

자료: Grootaert, et al. (2004: 45-49).

2. 사회자본과 지역 발전

사회과학자들은 사회자본 개념을 지역사회 발전에 응용하는 데 많은 노력을 기울여 오고 있다. 우리 나라의 경우 소진광(2004)은 여러 학자들이 제시하고 있는 사회자본의 유용성을 언급하고 있으며, 특히 사회자본이 지역 발전에 중요한 구성 요소가 되고 있다고 지적한다. 박희봉(2001)은 조직 내 사회자본(신뢰, 규범, 네트워크)은 조직 내의 민주적 과정, 고객 만족 등 업무환경에 영향을 미치는 것으로 보고 있고, 지역사회 내 사회자본 역시 지방정부 생산성, 내부 정치적 효능성, 외부 정치적 효능성 등 지방정부 효과성과 관계가 있음을 보여 준다. 서순탁(2002)은 도시계획 과정에서 사회자본이 중요하다고 지적하며, 사회자본 증진을 위한 제도 설계 방향을 제시하고 있다.

기텔과 비달(Gittell & Vidal, 1998)은 사회자본 개념을 이용하여 지역사회 프로그램의 영향평가를 하는 데 이용한 바 있고, 템킨과 로헤(Temkin & Rohe, 1998)은 피츠버그의 근린지구 변화에 사회자본이 미치는 영향을 측정한 바 있다. 브릭스(Briggs, 1998)는 사회자본 개념을 이용하여 인종차별 폐지 프로그램이 이 프로그램에 관련된 청소년들에 미치는 영향을 분석하고 있으며 케이스 등(Keyes et al., 1996)은 이 개념을 이용하여 지역개발공사(Community Development Corporation)를 지원해 주고 있는 제도적 네트워크의 역할을 평가한 바 있다.

사회자본의 역할에 대한 연구들도 많이 진행되어 오고 있다. 스펜스 등(Spence et. al., 2003: 19-20)은 사회자본은 첫째, 신뢰 수준을 높여서 지역사회 내의 상호 기대를 안정화시키고 집단활동을 가능하게 하며, 둘째, 지역사회 내 주민들을 안심시켜 주는 일종의 보험 장치를 형성하고, 셋째, 관련된 정보에 쉽게 접근할 수 있게 해 준다고 하고 있다. 그루테트와 바스텔레어(Grootaert & Bastelare, 2002)는 세계은행의 지원을 받아서 10개 지역에 대한 사례연구를 하고 있는데, 사회자본이 발전 결과에 어떠한 영향을 미치는지를 분석하고 있다. 울코크(Woolcock, 2004)는 도시계획가들이 도시계획 수립 과정에서 사회자본이 큰 역할을 한다고 주장하면서 교섭과 대화를 통해서 공동문제에 대한 공유된 해결책을 만드는 데 필요한 프레임워크를 제공해 준다고 주장한다. 내크와 키퍼(Knack & Keefer, 1997)는 세계가치조사(World Values Surverys)를 통해서 얻은 자료를 이용해 29개 국가간 사회자본 수준과 경제 발전과의 관계를 비교한 연구에서 사회자본은 측정 가능한 경제적 성과에 중요한 역할을 차지하고 있다고 하고 있다. 내크(Knack, 2002)는 다양한 형태의 사회자본이 미국 주정부의 정부성과 수준에 영향을 미치고 있다는 분석하고 있고 케이시(Casey, 2004)는 영국의 지역에서 사회자본과 경제 발전 성과와의 관계분석을 하고 있다.

특히, 케이시(T. Casey)는 이 연구에서 영국은 이태리와 같이 북부 지역과 남부 지역 간 경제적 격차가 있음을 지적하면서 이러한 격차가 사회자본의 불균형적인 수준에 의해 야기되고 있는지를 분석하고 있다. 이 연구 결과는 사회자본 지표와 (신뢰와 시민들의 조직 참여) 경제 성과 사이에는 완벽한 관계를 입증하기는 쉽지 않으며, 사회자본 지표에 대한 좀더 심층적인 연구 필요성이 있음을 지적한다.

케넬리 등(Kennelly et al., 2003)은 사회자본과 국민들 건강 수준과의 관계를 분석하고 있는데, 3개월의 연구 기간을 설정하고 패널 데이터를 이용하여 OECD 19개 국가를 대상으로 분석하고 있다. 여기서는 주민들 상호간 신뢰 수준과 자선단체 가입 회원 수를 기준으로 하여 사회자본을 측정하고 있으며, 이 연구에서는 사회자본에 관한 일반적 가설과는 달리 사회자본 수준은 국민 건강 수준에 긍정적인 영향 관계에 있지 않으며, 오히려 국민 1인당 소득과 정부에 의해 제공되는 보건 지출 비율에 의해 영향을 받고 있다고 주장한다.

사회자본이 지역 발전에 미치는 영향과의 관계를 가장 잘 정리해 주고 있는 연구는 그루테트와 바스텔레어(Grootaert & Bastelare, 2002b: 8-9)라고 할 수 있는데, 그들은 사회자본이 지방분권이 전제된 지방자치에서 지역 발전에 미치는 영향을 특징적으로 제시해 주고 있다. 이들은 사회자본이 첫째, 지역 내의 개인, 가정, 집단들 사이의 거래 관계를 용이하게 해 줌으로써 지역경제 개발에 영향을 미치며, 둘째, 지역 내의 네트워크에의 참여 및 상호 신뢰하는 태도는 어떤 지역 내의 조직이나 집단이 집단적인 결정에 도달하거나 집단활동을 이행하는 것을 용이하게 해 주고, 셋째, 네트워크 활동은 지역 내의 구성원들에 의한 기회주의적 행태를 감소시켜 준다고 주장한다.

한편, 로헤는 다른 학자들과는 달리 사회자본이 지역 발전에 큰 영향을 미치는 점을 강조하면서 이를 지역사회 수준에서 어떻게 발전시킬 수 있는지에 대해서도 언급하고 있다. 그는 지역사회 주민들이 지역사회 문제에 관여하도록 하는 것이 가장 중요한 것인데 이는 쉬운 일이 아니라고 지적하면서 지역사회 주민들의 1%만이라도 지역의 개발 프로그램에 적극적으로 참여한다면 대단히 성공적이라고 평가할 수 있다고 한다(Rohe, 2004: 162). 그는 더 나아가 주민들이 적극적으로 참여하는 것이 반드시 주민 간 신뢰를 증진시킨다고 보기 어렵다는 점을 지적한다. 주민들 간 여러 가지 이유로 내부 분열이 생기고—가령, 인종적·경제적 지위 등—이를 적절히 수습할 수 있는 교섭 장치가 성공하지 못하면 주민들 사이에 불신이 오히려 증폭될 수 있다는 것이다. 이러한 문제를 해결하기 위해서는 다양한 역할 연기, 협상 연습 등과 같은 적극적인 집단 관여 노력들이 중요하다. 아울러 지역사회 내에서 길거리 축제와 같은 사교적 이벤트 같은 활동들도 효과적인 관여전략이 될 수 있다고 본다. 사회적으로 격차가 생기는 집단이 있으면 이러한 사회적 소외집단들을 결집시킬 수 있는 노력들—시민교육 등—이 필요하며 공통의 토대를 발견할 수 있도록 도와 주는 노력들이 필수적이라고 주장한다. 이에 더해 지역사회 주민들이 지방정부 내의 정책 과정에 참여할 수 있도록 문호를 개방하는 조치들도 필요하다고 지적하며, 이 과정에서 이러한 참여가 형식적으로 흐른다면 오히려 냉소주의로 흐를 수 있기 때문에 주민들이 실질적으로 정책에 영향을 미칠 수 있는 장치 개발이 필요하다고 강조한다(Rohe, 2004: 162-163). 이러한 정책 참여 방식으로는 지역도시계획 과정에의 실질적 참여 및 지역예산 편성 과정에서의 참여도 그 예가 될 수 있다.

위에서 언급한 여러 학자들의 주장들을 종합해 볼 때 사회자본 수준은 지역 내의 발전에 크게 영향을 미칠 수 있는 중요한 요인이 된다는 것을 알 수 있다.

3. 이 연구에서의 사회자본 개념 및 측정지표

이 연구에서는 일단 지역사회 내에서 활용될 수 있는 사회자본 개념으로 국한하고 "일정한 지역(자치단체) 내에서 공유된 상호 이익을 위해 협력과 조정을 용이하게 해 주는 네트워크, 규범, 신뢰와 같은 다차원적 성격을 갖는 사회적 가치"로 정의하기로 한다. 이는 푸트남의 사회자본 개념의 세 가지 구성 요소를 포함하며 세계은행 연구 및 로헤와 같은 학자들의 사회자

〈표 5-3〉 이 연구에서의 사회자본 측정지표

차원	측정지표	비고	효과
신뢰 부문	이웃에 대한 신뢰	5점 척도	+
	지방공무원에 대한 신뢰	5점 척도	+
	중앙공무원에 대한 신뢰	5점 척도	+
	NGO에 대한 신뢰	5점 척도	+
	종교기관에 대한 신뢰	5점 척도	+
	무고, 진정, 투서 건수(인구 1천 명당)	건수	-
	119 허위신고 건수(인구 1천 명당)	건수	-
네트워크 부문	회비를 내는 지역사회 내 봉사단체의 수	단체 수	+
	정기적으로 만나는 지역사회 내 친목단체의 수	단체 수	+
	이웃의 범위	5점 척도	+
	도움이 필요시 지원받을 수 있는 정도	5점 척도	+
	가입하고 있는 단체에 대한 기대 수준 정도	5점 척도	+
집단적 협력 부문	지역개발공동모금회 기금모금 수준(인구 1천 명당)	기금 규모	+
	기부금 규모(인구 1천 명당)	기부금 규모	+
	적십자회비 납부 실적(인구 1천 명당)	납부금 규모	+
	헌혈자 수(인구 1천 명당)	헌혈자 수	+
	지역문제에 관련한 시위 참여 경험	5점 척도	+
사회적 포용력 부문	외국인 노동자에 대한 태도	5점 척도	+
	주변 불우이웃에 대한 태도	5점 척도	+
	비선호시설의 인근 지역 입지에 대한 태도	5점 척도	+
제도적 규범	범죄발생률(인구 1천 명당)	비율	-
	주차위반 적발 건수(인구 1천 명당)	건수	-
	음주단속 건수(인구 1천 명당)	건수	-
	지역 주민의 일반적 법규 준수 정도에 대한 인식	5점 척도	+

주: 효과의 부호 표시는 측정할 때 고려해야 할 부호로서 +이면 긍정적, -이면 부정적인 효과를 발생시킨다고 가정함.

본 개념의 다차원성을 가미한 것이다. 그러나 위에서 예시한 외국의 사회자본 지표들은 그 성격상 우리 나라에 적용하는 것이 비현실적인 부분도 있기 때문에 우리 나라의 문화적 상황에 적합한 지표 개발이 필요할 것이다.

특히, 세계은행(World Bank, 2004: 19)의 연구가 지적하는 것처럼 사회자본 지표측정 도구는 각 국가의 문화적 차이를 반영할 필요가 있으며, 이러한 측면을 염두에 두고 지표를 설정하는 노력이 필요할 것이다. 이 연구에서는 이러한 문제의식하에서 선행 연구들의 연구 결과와 필자의 견해를 바탕으로 하여 사회자본 측정지표를 다음과 같이 설정하고자 한다.

앞의 표에서 제시된 사회자본 측정지표는 기존의 국내외 연구들의 결과를 반영하면서 동시에 우리 나라의 지역적·문화적 특성을 감안하여 제시해 본 것이다. 이러한 지표들 속에는 통계표를 이용하여 획득할 수 있는 자료도 있고 설문지나 인터뷰를 통해 측정할 수 있는 자료도 있다. 이러한 자료 수집은 어려운 문제는 아니라고 생각되며 더욱 중요한 것은 지역별로 이러한 자료를 획득했을 때 각 지표들의 가중치를 어떻게 할 것인가 하는 문제이다. 모든 지표에 대해 동일한 가중치를 부여할 수 없기 때문에 지역 간 사회자본 수준을 좀더 객관적으로 측정하여 비교하기 위해서는 지표 간 가중치를 설정해 볼 필요가 있다. 이러한 가중치는 단지 지방자치단체 간의 사회자본 수준 비교를 가능하게 할 뿐만 아니라 개별 자치단체들이 향후 어느 부문을 특히 발전시켜야 할 것인가에 대한 시사점도 제공해 주기 때문에 큰 의미를 가진다고 할 수 있다.

제 2 절 사회자본 측정지표 간 가중치 분석

1. 사회자본 측정지표 체계

이하에서는 앞 장에서 설정된 사회자본 측정지표 체계에서 지표 간의 상대적 중요도를 측정해 보고자 한다. 이러한 상대적 중요도는 사회자본 측정지표의 차원 간 중요도, 지표 간 중요도를 판단할 수 있을 뿐 아니라 실제 지방자치단체의 사회자본 수준 지표를 측정하고 이를 기준으로 하여 자치단체 간에 종합적으로 비교 가능하게 하기 때문에 의미가 있다고 할 수 있다. 특히, 자치단체 입장에서는 어떠한 차원의 지표를 특히 발전시킬 것인가에 대한 정보를 제공받을 수 있기 때문에 사회자본 수준의 종합적인 발전전략을 작성하는 데 도움이 될 수 있을 것이다.

따라서 여기에서는 사회자본 지표를 신뢰 부문, 네트워크 부문, 집단적 협력 부문, 사회적 포용력 부문, 제도적 규범 부문 등의 5개 차원으로 구분하고, 각 차원별 세부지표를 구성하여 전체 24개 지표를 설정한 바 있다. 이를 차원별 지표로 구분하여 제시하면 [그림 5-2]와 같다.

[그림 5-2] 사회자본 지표의 구성 내역

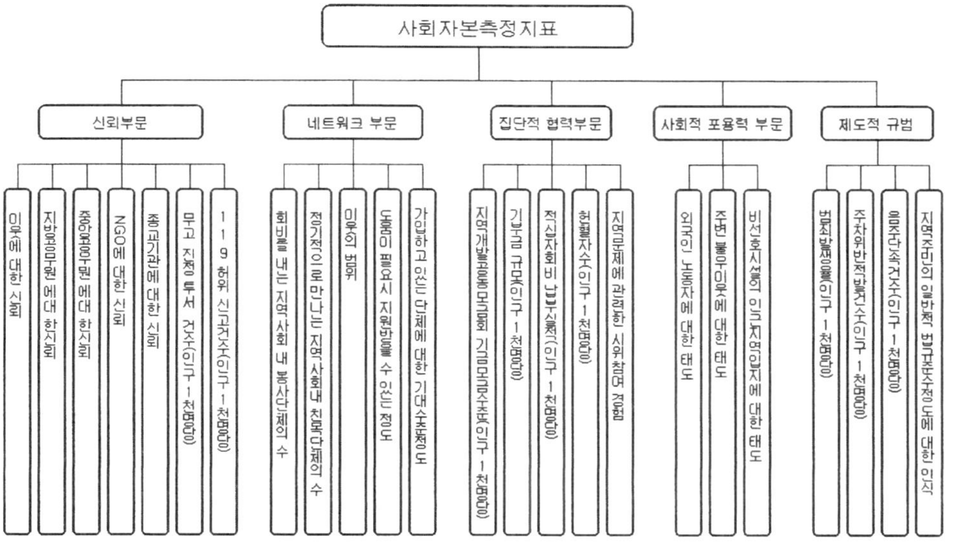

2. 연구설계

1) 개 요

이 연구는 지역의 사회자본에 대한 개념 정의에 입각하여 사회자본 수준의 측정지표를 설정하고 이 지표들에 대한 상대적 중요도를 측정하여 지방정부로 하여금 향후 지역 내의 사회자본 수준에 대한 종합적인 발전전략을 작성하는 데 도움을 주고자 하는 것이다. 이를 위해 C도와 관할 12개 기초자치단체의 민간협력 담당 공무원 13명, 시민단체 상근간부 10명 및 시민단체 활동에 관련하고 있는 행정학, 정치학 교수 10명 등 전체 32명에 대해 AHP 방법[2]을 통해 측정해 보고자 한다. 그 이유는 첫째, 한 번에 비교해야 할 지표의 수가 많다. 평가지표 체계에 포함되어 있는 지표들이 다수이며 복합적이어서, 의사결정시에 체계적인 비교를 하기가 쉽지 않다. 이러한 경우 AHP 분석은 의사결정 문제를 단순화·체계화시킴으로써 합리적인 의사결정 도구로서의 역할을 한다. 또한 각 계층에서 각 기준 또는 하위 기준간의 상대적 중요도를 측정[3]하는 것이 필요한데, 이것은 이원비교행렬

2) AHP 방법에 의한 분석 절차에 대한 단계별 설명은 박광국 외(2000: 163) 논문을 참조할 것.

3) AHP에 의한 상대적 중요도 측정을 위한 척도는 일반적으로 아래와 같은 9점 척도를 이용하며 이 연구가 이용한 Expert Choice 2000프로그램도 9점 척도를 기준으로 하고 있음.

〈표 5-4〉 상대적 중요도에 대한 척도

척 도	정 의	설 명
1	동등하게 중요	두 개의 요소가 상위 목표에 비추어 동등하게 중요
3	약간 중요	한 요소가 다른 요소보다 약간 더 중요
5	강하게 중요	한 요소가 다른 요소보다 강하게 중요
7	명백하게 중요	한 요소가 다른 요소보다 강하고도 명백하게 중요
9	극단적으로 중요	한 요소가 다른 요소와 비교가 안 될 만큼 절대적으로 중요
2, 4, 6, 8	위 값들의 중간값	1, 3, 5, 7, 9 척도의 중간값으로 이용

위의 척도을 이용하여 계층 각 단계의 요소를 비교하면서 이원비교행렬표를 만들게 되

(pairwise comparison matrix)을 통해 일관성 있게 유도될 수 있다. 둘째, 상대적 중요도를 판단할 때 판단의 일관성 정도(consistency ratio)를 알려주어 일관성이 결여되었을 때에는 수정 작업이 가능하다(Satty, 1980; Sayrs, 1989). 셋째, 항상 한 번에 두 개의 지표만을 비교하기 때문에 중요도의 판단을 더 용이하게 할 수 있다.

2) 연구 대상 및 절차

이 연구를 위해 위에서 언급한 32명에 대해 설문조사를 실시했다(2004년 6월 25~6월 30일, 설문지 부록 참조). 연구 대상으로 일반 시민들을 포함시켜야 할 필요성도 있으나 사회자본 수준의 경우 일반 시민의 경우에는 대안을 찾는 데 크게 도움이 되지 않을 것이라는 판단하에 공무원, 관련전문가와 시민단체 간부들을 중심으로 연구 대상을 한정했다. AHP 방법에 의한 설문은 전문지식을 가지고 있는 대상자들에게 실시하므로 많은 수를 대상으로 할 필요가 없다.[4]

이어서 수집된 자료를 놓고 논리적 일관성 여부를 검토하기 위해 일관성 비율(consistency ratio: CR)을 구했다.[5] CR의 값이 10% 이내이면 쌍비교(pairwise comparison)는 일관성을 갖는 것으로 판단하고 20% 이내일 경우는 용납할 수 있으나(tolerable) 그 이상이면 일관성이 부족한 것으로 판단했다(이창효, 2000: 256-7). 일관성 검토 결과 2개는 일관성 기준을 통과하지 못해 CR기 준을 통과한 30개 설문지를 분석 대상으로 했다.

한편, 각 세부 평가 기준에 대한 쌍대응 비교는 새티(Satty, 1986)의 9점 척도를 이용하여 평가했으며 개별 구성원들의 평가자료를 종합하는 방법으

는데, 이 때 단계별 요소가 n개인 경우 n*(n-1) / 2 가지 이원 비교를 실시하게 된다. 자세한 내용은 다음의 문헌을 참조(이창효, 2000: 188-192).

4) 개별 조건들에 대한 개념적 명확성을 이해시키기 위해 상세한 사례를 들면서 응답자들에게 개별적으로 설명해 주는 과정을 거쳤음. 응답자들이 이해하지 못하는 경우에는 각종 다양한 정책사례들을 많이 제시하여 충분히 개념에 대해 인지할 수 있도록 했음.

5) AHP 방법을 사용할 때의 우선순위는 의사결정자의 판단에 따른 이원 비교에 근거를 두고 있는데, 의사결정자가 실시한 판단의 일관성이 우선순위의 신뢰도에 결정적인 역할을 하기 때문에 일관성을 검증할 필요가 있다. 이를 위해 일관성 비율(consistency ratio)을 채택하고 있는데, 자세한 절차는 다음의 문헌을 참조(이창효, 2000: 141-143).

로는 기하평균법을 이용했다. 설문지 분석을 위해서는 AHP 기법에 의한 통계분석을 위해 Expert Choice 회사가 만든 전문 프로그램인 「Expert Choice 2000」이라는 프로그램을 사용했다.

3. 사회자본 수준의 측정지표 간의 가중치분석

1) 제1단계 차원별 가중치 분석

먼저 제1단계 차원별, 즉 부문별 분석 결과는 아래 <표 5-5>와 같다. 각 부문별 가중치값의 총합은 1이며 부문 중에서 신뢰 부문이 가장 높은 가중치를 갖는 차원으로 나타났다. 다음이 집단적 협력 부문, 제도적 규범 부문, 사회적 포용력 부문, 그리고 네트워크 부문으로 나타남으로써 네트워크 부문이 가장 낮게 나타나고 있다. 이는 우리 나라의 경우 아직까지 단체나 집단적 도움보다는 개인적인 신뢰에 큰 비중을 두고 있음을 암시한다고 할 수 있다.

〈표 5-5〉 차원별 가중치분석 결과

구 분	신뢰 부문	네트워크 부문	집단적 협력 부문	사회적 포용력 부문	제도적 규범 부문
가중치	0.425	0.041	0.272	0.117	0.145

2) 제2단계 세부 지표별 가중치분석

(1) 신뢰 부문(0.425)

신뢰 부문은 이웃 신뢰, 지방공무원 신뢰, 중앙공무원 신뢰, NGO 신뢰, 종교기관 신뢰, 무고 투서 건수, 허위신고 건수 등의 세부 지표로 구성되어 있는 차원인데, 전체 차원 중 가장 큰 가중치값을 가지고 있다. 신뢰 부문 차원의 세부 지표들 중에서 가장 큰 가중치값을 가지고 있는 지표는 이웃에 대한 신뢰 지표로서 신뢰 부문 전체를 1이라고 했을 때 이 중 0.303의 높은 가중치값을 가지고 있다. 여기서의 이웃 신뢰는 거주지의 이웃뿐만 아니라 직장 동료나 일상 사회 생활에서 주변인들에 대한 신뢰 정도까지 포함하는 것으로서 주변 이웃들과의 생활 과정에서 어느정도 신뢰를 확보하는지가 지역 내의 사회자본 수준에 지대한 영향을 미치고 있음을 알 수 있다. 이웃과의 신뢰 수준 향상을 위해서는 자치단체뿐만 아니라 학교교육 등에서도 같이 노력해야 되는 부분이며 좀더 장기적인 기간을 요하는 신뢰 부문이라고 할 수 있다. 결국, 이러한 이웃 간의 신뢰 확보를 어느 자치단체가 성공적으로 수행하느냐가 자치단체 내의 사회자본 수준을 향상시키며, 이는 지역 발전을 더욱 이룩할 수 있는 요체가 된다고 할 수 있다.

〈표 5-6〉 신뢰 부문의 세부 지표의 가중치

구 분	이웃 신뢰	지방공무원 신뢰	중앙공무원 신뢰	NGO 신뢰	종교기관 신뢰	무고 투서건 수	허위신고 건수
가중치	0.303	0.146	0.080	0.070	0.072	0.118	0.211

(2) 네트워크 부문(0.041)

아래 <표 5-7>은 네트워크 차원의 구성 지표들에 대한 가중치를 보여주고 있다. 네트워크 차원은 1단계 분석에서 0.041로서 비교적 낮은 차원의 사회지표이다. 회비 지출을 하는 지역 내의 봉사단체 수를 비롯하여 5개의 지표로 구성되어 있는데, 가장 큰 가중치를 갖는 지표는 회비를 내는 지역사회 내의 봉사단체 수 지표로서 0.346의 값을 가지고 있다. 가장 낮은 가중치를 갖는 지표는 정기적 친목단체 수로서 이는 사회자본으로서의 가치는 크게 가지지 못하는 것으로 나타나고 있다.

〈표 5-7〉 네트워크 부문의 세부 지표 가중치

구 분	회비 지출 봉사단체 수	정기적 친목단체 수	이웃의 범위	지원받을 수 있는 정도 인식	가입 단체에 대한 기대 수준
가중치	0.346	0.067	0.275	0.166	0.144

(3) 집단적 협력 부문(0.272)

집단적 협력 차원은 지역개발공동모금회 기금모금 수준(인구 1천 명당) 등 5개 지표로 구성되어 있다. 이 중에서 가장 큰 가중치를 가지는 지표는 헌혈자 수(인구 1천 명당) 지표이며 0.578로서 압도적으로 큰 값을 가지고 있다. 이는 경제적 능력과는 관계 없이 가장 인간적이면서도 봉사적 입장에서 남을 배려하는 정신이라고 할 수 있는 헌혈이 가지는 가치가 반영되었다고 볼 수 있다. 즉, 지역 내의 헌혈자 수가 많은 자치단체일수록 사회자본의 수준이 높다고 가정할 수 있을 것이다. 한편, 지역사회 내의 문제에 대한 시위 참여 경험은 가장 낮은 가중치를 가지고 있는데 이는 여러 가지로 해석될 수 있으나 응답자들의 시위 참여 여부가 반드시 지역 내 사회자본의 수준을 높여 주는 것은 아니라는 점을 시사해 준다.

〈표 5-8〉 집단적 협력 부문의 세부 지표 가중치

구 분	지역개발 모금 규모	기부금 규모	적십자회비 납부 실적	헌혈자 수	시위 참여 경험
가중치	0.071	0.193	0.118	0.578	0.040

(4) 사회적 포용력 부문(0.117)

사회적 포용력 부문은 외국인 노동자에 대한 태도, 주변 불우이웃에 대한 태도, 비선호시설 입지에 대한 태도 등의 지표로 구성되어 있다. 이 중에서 가장 큰 가중치를 갖는 것은 비선호시설 입지에 대한 태도인데 0.666으로서 1순위를 차지한다. 이는 외국인 노동자에 대한 태도나 주변 불우이웃에 대한 태도는 경제적 가치를 크게 동반하지 않는 것임에 반해 비선호시설 입지는 이러한 시설이 지역 내에 입지함으로써 재산상 및 정신적 손실을 유발시킬 수 있다는 점에서 좀더 현실적인 영향력을 감안한 것이라고 볼 수 있다. 즉, 지역 내의 사회자본 수준의 측정 비교에는 비선호시설 입지에 대한 태도가 중요한 지표가 될 수 있음을 알 수 있다. 이러한 비선호시설 입지에 대한 주민 태도를 어떻게 변화시켜 나가느냐 하는 점이 사회자본과 관련하여 지역 내의 큰 과제라고 할 수 있다.

〈표 5-9〉 사회적 포용력 부문의 세부 지표 가중치

구 분	외국인 노동자에 대한 태도	주변 불우이웃에 대한 태도	비선호시설 입지에 대한 태도
가중치	0.264	0.070	0.666

(5) 제도적 규범 부문(0.144)

제도적 규범은 지역 내의 범죄발생률, 주차 위반 적발 건수, 음주 단속 건수, 법규 준수에 대한 인식 정도 등의 지표로 구성되어 있다. 이 중에서 가장 큰 가중치를 가지는 지표는 법규 준수에 대한 인식 정도 지표로서 0.591의 값을 가지고 있다. 아울러 범죄발생률이나 주차 위반, 음주 단속 건수 등의 지표는 각각 0.050, 0.244, 0.115로서 비교적 낮은 가중치를 가지고 있다. 이러한 현상은 해석상 다양한 견해가 있을 수 있으나 범죄발생률이나 주차 위반, 음주 단속 건수 등은 지역 내의 경찰력의 활동 정도 등에 의해 영향을 받을 수 있는 반면 법규 준수에 대한 인식 정도는 인간의 행위를 가능하게 하는 내재된 정신적 기반이라는 점에서 본질적으로 중요하다고 인식하고 있다고 생각한다. 법규를 준수하게 만드는 인간 동기에 대한 변화 노력이 실로 중요하다고 생각할 수 있다.

〈표 5-10〉 제도적 규범 부문의 세부 지표 가중치

구 분	범죄발생률	주차 위반 적발 건수	음주 단속 건수	법규 준수 정도
가중치	0.050	0.244	0.115	0.591

3. 종합분석

다음 <표 5-11>은 5개 차원별 24개 지표에 대한 단계별 가중치값의 산정 방식에 의해 산정된 가중치를 우선순위별로 제시해 주고 있다. 표에서 보듯이 가장 큰 가중치를 가지고 있는 지표는 이웃에 대한 신뢰로서 0.176의 값을 가지고 있고, 가장 낮은 가중치를 가지는 지표는 정기적 친목단체의 수로서 0.003의 값을 가지고 있다.

종합가중치면에서 보면 신뢰 부문의 7개 지표들이 모두 우선순위 10위 안에 랭크되어 있으며, 네트워크 부문의 5개 지표들은 모두 15위 이하에 랭

〈표 5-11〉 전체 지표의 가중치 및 순위

지표 내용	가중치	순위	차원
이웃에 대한 신뢰	0.176	1	신뢰
허위신고 건수	0.123	2	신뢰
헌혈자 수	0.113	3	집단적 협력
지방공무원 신뢰	0.085	4	신뢰
무고 투서 건수	0.068	5	신뢰
법규 준수 정도 인식	0.060	6	제도적 규범
비선호시설 입지에 대한 태도	0.049	7	사회적 포용력
중앙공무원 신뢰	0.047	8	신뢰
종교기관 신뢰	0.042	9	신뢰
NGO 신뢰	0.040	10	신뢰
기부금 규모	0.038	11	집단적 협력
주차 위반 건수	0.025	12	제도적 규범
적십자회비 실적	0.023	13	집단적 협력
외국인 노동자에 대한 태도	0.019	14	사회적 포용력
회비지출 봉사단체	0.017	15	네트워크
이웃의 범위	0.014	16	네트워크
지역개발기금	0.014	17	집단적 협력
음주 단속 건수	0.012	18	제도적 규범
도움 필요시 지원받을 수 있는 정도	0.009	19	네트워크
지역문제 시위 참여 경험	0.008	20	집단적 협력
가입단체 기대 수준	0.007	21	네트워크
주변 불우이웃에 대한 태도	0.006	22	사회적 포용력
범죄발생률	0.005	23	제도적 규범
정기적 친목단체 수	0.003	24	네트워크

크되어 있어서 제1단계 차원별 가중치 분석 결과를 그대로 반영해 주고 있다. 신뢰 부문의 지표들이 상위 순위를 차지하고 있는 것은 기본적으로 우리 나라 지역사회의 모든 행위 주체들이 결국은 이웃과 주변에 대한 신뢰, 공무원에 대한 신뢰 등 가장 근본적인 신뢰 기반의 중요성을 강조하고 있는 것을 반영해 준다. 이러한 결과는 세계은행(World Bank, 2004), 푸트남(Putnam, 2000; 2002) 등의 연구 결과와도 맥락을 같이하는 것으로서 각 자치단체에서도 이러한 신뢰 기반 구축에 역량을 투입하는 노력이 필요할 것이다. 물론 중앙공무원에 대한 신뢰 기반 구축 등 일부 지표들은 자치단체 노력이나 권한 범위를 벗어나는 것이라 하더라도 지표들이 지역사회 사회자본 수준에 미치는 영향이 크다는 것을 인식하고 장기적인 발전전략을 구상해야 할 것이다.

제 3 절 정책적 함의

사회자본을 측정하기 위한 도구는 각 국가 및 지역사회의 문화적 차이(cultural variation)를 인식하고 동시에 이러한 문화적 차이에 민감하게 적응해야 할 뿐만 아니라 그러면서도 동시에 사회자본의 다양한 차원을 통합해 주는 것을 도와 줄 수 있는 공통적인 개념적 프레임워크를 제공해 주어야 한다(World Bank, 2002: 19; IMF, 2000: 9-13). 이러한 입장에서 사회자본 측정지표를 설정했으며 설정된 지표들이 가지는 상대적 중요성을 공무원, 전문가, 시민단체 간부들을 대상으로 하여 AHP 방법을 통해 측정한 바 있다. 그 결과 나타난 결과들의 정책적 함의를 정리하면 다음과 같다.

첫째, 우리 나라의 경우에도 선진국의 경험적 연구 결과와 같이 사회자본 구성 차원은 신뢰 부문이 가장 중요한 것으로 나타나고 있다. 신뢰가 형성되어 있는가 하는 문제는 공공기관의 운영, 행정 제도의 집행, 정책집행 등 제반에 걸쳐서 큰 영향을 미칠 수 있다. 동시에 신뢰는 시장의 불완전성(market imperfection)이 있는 공간에서도 거래비용 감소 등 경제적으로 큰 도움이 될 수 있으며, 경제적 거래를 용이하게 할 수 있는 장치가 된다고 할 수 있다(Putnam, 1993; Gambetta, 1990). 후쿠야마(Fukuyama, 1995)는 상호 신뢰 수준의 차이는 몇 몇 산업국가들의 지역경제적 성공 수준에 영향을 미쳤다고 주장한다. 내크와 키퍼(Knack & Keefer, 1997)는 세계가치조사(World Value Survey)를 통해 신뢰하는 사람들의 비율을 국가의 성장률과 관계시켜 강력한 긍정적 관계가 있음을 발견했다. 이들은 국가 수준의 신뢰 수준 1 단위 증가는 0.5 이상의 경제 성장을 가져온다고 예측한다. 한편, 라 포르타 등(La Porta, et. al., 1997)은 신뢰 수준에서 1 단위 증가는 0.7의 사법효율성(judicial efficiency) 증가를 가져오며, 0.3 의 정부부패 감소를 가져온다는 것을 발견하고 있다. 즉, 좀더 많은 신뢰가 있게 되면 경제적 성공을 촉진시키게 된다(Coleman, 1990; Fukuyama, 1995, Putnam, 1993, La Porta, et al., 1997; Knack & Keefer, 1997, Knack & Zak, 1999; Guiso, et. al., 1999)는 주장은 대부분 받아들여지고 있다고 할 수 있다. 헬리웰(Helliwell, 1996) 역시 똑같은 신뢰 변수를 이용하여 비슷한 결과를 보여 준다. 신뢰 개념을 이용하여 경제문제로 더욱 확장한 알레시나와 라 페라라(Alesina & La Ferrara, 2002)는 신뢰 수준이 낮은 곳에서는 사람들이 주식과 같은 재정적 수단을 이용하는 대신에 현금을 가지고 있는 사람들의 비율이 높고, 신뢰 수준이 높은 곳에 사는 사람들은 신용시장의 불완전성이 생기는 경우에도 더욱 효과적으로 대처할 수 있다고 주장한다. 이상의 논의와 같이 신뢰 부문이 사회자본에 미치는 영향은 지대한 바 우리 나라의 경우에도 같은 결과가 도출되고 있음을 알 수 있다.

둘째, 네트워크 부문을 구성하고 있는 지표들은 비교적 낮은 가중치를 보여 줌으로써 아직 우리 나라의 경우, 사회자본 수준과 관련하여 서구에서 중시되고 있는 지역 내의 봉사단체 가입 수 등은 큰 비중을 차지하지 못하고 있다는 점이다. 푸트남(Putnam, 1993)의 경우 총 사회자본의 합은 지역사회 내의 가입단체의 수로 보고 있을 만큼 지역사회 내의 각종 활동 단체들이 중요성을 띠고 있다. 그는 SC(Social Capital)=∑n1...t로 표현하여 사회자본은 주민들이 정기적으로 만나는 지역사회 내의 친목단체에 가입하여 활동하는 봉사단체의 수를 중요시하고 있다. 그러나 우리 나라의 경우 이러한 지역사회 내의 활동단체가 많다고 하여 반드시 사회자본 수준 향상으로 연결된다고 보기 어렵다는 점이다.

셋째, 각 지방자치단체들은 자기 지역 내의 사회자본 수준이 어느 정도에 해당되는지를 위에서 설정한 측정지표를 통해 측정해 보고 다른 자치단체들과 비교해 볼 수 있을 것이며 이 과정에서 부여된 가중치를 활용하여 종합 점수화해 볼 수 있을 것이다. 이러한 결과를 통해 장기적으로 사회자본 수준을 향상시킬 수 있는 장·단기 전략을 작성하는 데 도움을 줄 수 있을 것이다. 중앙정부 수준에서도 자치단체 간의 사회자본 수준을 측정하고 이를 기초로 하여 개별 기초자치단체에 대한 차등적 분권을 실시할 수 있는 근거로 활용할 수 있을 것이다. 가령, 사회자본 수준이 높은 자치단체들은 스스로 지역 문제를 해결할 수 있는 인프라가 그렇지 못한 자치단체들 더 높다고 할 수 있으며 이는 우리 나라 지방분권특별법 제8조에 있는 차등적 시범적 분권의 1차 적용 대상으로 삼을 수 있을 것이다. 즉, 권한위임의 범위 설정의 경우 사회자본 수준이 높은 자치단체에게는 더욱 많은 권한과 다양한 인센티브를 제공해 줌으로써 지역이 스스로 지역문제를 해결할 수 있는 권한을 가지도록 유도해 나갈 수 있는 토대가 될 수 있다고 생각한다. 이와 아울러 현재 정부가 의지를 가지고 있는 각종 분권정책의 경우 국가적으로 분권정책 실패의 위험이 제기될 경우에는 이러한 사회자본 수준이 높은 자치단체를 시범적으로 먼저 실시해 봄으로써 정책실패의 가능성을 줄일 수 있는 등 다양한 용도로 활용할 수 있을 것이다. 앞으로도 사회자본 수준을 개념화하는 과정이나 지표 설정 과정을 더욱 과학화함으로써 좀더 진전된 연구가 이루어지는 것이 필요하다고 생각한다.

참고문헌

박희봉. (2001). 사회자본과 지방정부경쟁력. 한국행정학회 세미나 발표 논문.

서순탁. (2002). 사회적 자본 증진을 위한 도시계획의 역할과 과제: 접근 방법과 정책적 함의. 「국토연구」 33(2).

소진광. (2004). 사회적 자본의 측정지표에 관한 연구. 「한국지역개발학회지」 제16권 1호.

최영출. (2004). 로컬 거버넌스의 성공적 구현을 위한 정책과제. 「지방행정연구」 제18권 제1호.

최영출 · 백종섭. (2003). 지역 주민과 공무원 간 신뢰 수준에 관한 연구. 「지방정부연구」. 제7권 제2호.

Alesina, A. & E. La Ferrara.(2002). Who trusts others?, *Journal of Public Economics 85,* 207-234.

Briggs, X. (1998). Brown Kids in White suburbs: Housing mobility and the many faces of social capital. *Housing Policy Debate,* No. 9, Vol. 1.

Casey, T. (2004). Social capital and reigional economies in Britain. *Political Studies,* Vol. 52, No. 1.

Coleman, J. (1990). Social Capital in the Creation of Human Capital, *American Journal of Sociology,* Vol. 94.

DeGraaf, Don. (2003). Social Capital. *Parks and Recreation,* Vol. 38, No. 12.

Fukuyama, F. (1995). *Trust.* New York: Free Press.

Gambetta, A. (1990). *The Sicilian Mafia.* Oxford: Oxford University Press. UK.

Gittel, R., & A. C. Vidal. (1998). *Community Organising: Building Social Capital as a Development Strategy.* Thousands Oaks, CA: Sage.

Grootaert, C. & T. Bastelare. (2002a). *The role of social capital in development: An empirical assessment.* N.Y.: Cambridge University Press.

———(2002b). *Understanding and Measuring Social Capital: A Multidisciplinary Tool for Practitioners.* N.Y.: World Bank.

Hanifan, L. J. (1920). *The community center,* Boston: Silver, Burdette & Co.

Helliwell, J. (1996). Economic growth and social capital in Asia. *NBER Working Paper,* no. 5470.

Jacobs, J. (1961). *The death and life of great American cities,* New York: Random House.

Kennelly, B., E. O'Shea, & E. Garvey. (2003). Social capital, life expectancy and mortality: A cross-national examination. *Social Sciences & Medicine.* Vol. 56, No. 1.

Keyes, L., A. Schwartz, A. Vidal, & R. Bratt. (1996). Networks and non-profits: opportunities and challenges in an era of federal revolution. *Housing Policy Debate 7(2).*

Knack, S. (2002). Social capital and the quality of government: evidence from the states. *American Journal of Political Science.* Vol. 46, No. 4.

Knack, S. & P. Keefer. (1997). Does social capital have an economic payoff? A cross country investigation. *The Quarterly Journal of Economics,* Vol. 112, No. 4.

La Porta, R., F. Lopez-de-Silanes, A. Shleifer, & R. Vishny.(1997). Trust in Large Organisations. *American Economic Review Papers and Proceedings,* LXXVII: 333-338.

Loury, G. (1977). A dynamic theory of racial income differences, in Women, minorities, and employment discrimination, edited by P. A. Wallace & A. LeMund. Lexington, Mass: Lexington Books.

Paxton, P. (1999). Is social capital declining in the Unities States?: A multiple indicator assessment. *The American Journal of Sociology.* Vol. 105, No. 1.

Putnam, R. (1993). The prosperous community: social capital and public life. *The American Prospect 13.*

———. (1995). Bowling alone. America's declining social capital. *Journal of Democracy 6.*

———. (2000). *Bowling alone: The collapse and revival of American community.* New York: Simon and Schuster.

———. (2002). Bowling together. *The American Prospect 13(3).*

Rohe, W. 92004). Building social capital through community development. *Journal of the American Planning Association,* Vol. 70, No. 2.

Spence, L., R. Schmidpeter, & A. Habisch. (2003). Assessing Social Capital: Smakl and Medium Sized Enterprise in Germany and the UK. *Journal of Business Ethics,* Vol. 47, No. 1.

Temkin, K. & W. Rohe. (1998). Social capital and neighbourhood stability: An empirical investigation. *Housing Policy Debate,* No. 9, Vol. 1.

Woolcock, M. (2004). Why and how planners should take social capital seriously?, *Journal of the American Planning Association,* Vol. 70, No. 2.

World Bank. (2004). Measuring Social Capital: An Integrated Questionnaire. *World Bank Working Paper.* 18.

제 6 장

로컬 거버넌스 형성을 위한 주민의식의 실증적 분석

정부와 NGO의 파트너십에 관한 논의는 과거에도 많이 있어 왔다. 그러나 최근 거버넌스에 대한 이론적 논의가 강조되면서 정부와 NGO 간 파트너십의 문제가 새롭게 대두되고 있다. 거버넌스의 개념 속에는 정부·비정부, 영리·비영리, 중앙·지방정부, 국제기구 등 광범위하고 다양하게 연결된 공적 조직들의 네트워크를 포괄하게 됨으로써 공공부문 및 행정의 영역을 확장시킴과 동시에 간소하면서도 강한 정부조직을 강조하게 된다(Frederickson, 1997: 78).

로컬 거버넌스의 특징은 지방정부를 중심으로 한 제도적이고 공식적인 관계보다는 공공기관, 기업, 시민집단 간에 각자의 전략적 목표와 이해관계를 비공식적인 네트워킹을 통해 반영, 조정, 통합해 나가는 데 있다. 효율적이고 지속적인 지역사회 관리를 위해서 정부와 시장, 그리고 NGO는 상호협력하지 않으면 안 된다. 지방정부와 지역산업, 그리고 지역 NGO는 그들 존립의 기반인 지역사회를 위해 상대를 경원시할 것이 아니라 동반자라는 인식을 가지고서 지역사회를 가꾸어 나가도록 해야 한다(오재일, 2001: 33-34).

즉 효율적인 거버넌스를 위해 정부, 시장, 시민사회 영역의 협력과 견제가 거버넌스 모형에서 중요한 개념이다. 다시 말해 정부, 시장 부문, 시민사회가 각자의 역할이나 기능은 다르지만 파트너십을 형성하여 공동으로 거버넌스에 참여하는 공동 국정관리(cogovernance)가 거버넌스의 중요한 개념으로 등장한다.

제1절 로컬 거버넌스 형성을 위한 주민의식

1. 로컬 거버넌스를 위한 파트너십

최근 거버넌스에 대한 논의와 함께 파트너십에 대한 행정학적 접근은 정부가 공공 서비스를 제공할 때 비용을 줄이고, 서비스 수혜자에게 전달되는 효과성을 극대화시키기 위한 노력의 일환으로 시작되었다. 정부와 NGO의 공조 관계, 즉 파트너십은 양측의 이해가 합치되고 사회적 필요성이 높아질 때 극대화될 수 있다. 다시 말해 사회적 시너지라는 목표를 지향하는 전략적 접근이 곧 파트너십이라고 볼 수 있다. 비정부 영역과의 협력 체제, 즉 '파트너십' 개념은 참여하는 당사자들이 대등한 권력 관계를 전제로 하는 상호 공조 체제의 형성을 의미한다(김미리, 2000: 33).

정부가 어떤 일을 하고자 할 때는 정부 단독으로 하지 말고 시장 부문 또는 NGO와 협력하여 일을 수행해야 한다는 주장이 파트너십이다. 즉, 파트너십은 참여하는 주체들이 독자적으로는 달성할 수 없거나 달성하기 어려운 일을 서로 자발적으로 정보와 자원 등의 교환을 통해 해결하기 위한 것이다(김태영, 2002: 7).

상호 신뢰 관계나 우호 관계로서, 거버넌스를 하나의 게임으로서 인식한다면 게임 참여자들 상호간의 신뢰 및 믿음의 확보 없이는 실제적인 거버넌스의 작동은 불가능할 것이다(류재현, 2002: 48).

거버넌스의 가장 중요한 특성은 중앙·지방정부, 정치적·사회적 단체,

NGO, 민간조직 등의 다양한 구성원들로 이루어진 네트워크를 강조한다는 사실이다(Kickert, 1997; Rhodes, 1997). 사회·정치적 환경과의 상호작용이 중요하게 다루어지며, 이러한 상호작용을 활발히 이루어지기 위해서는 파트너 간의 관계가 중요하다. 이러한 파트너 간의 관계를 파트너십으로 볼 수 있다.

거버넌스가 지향해야 할 기초적 역할로 '각 주체 간의 신뢰 형성'을 위한 대안 모색이 중요하다. 좋은 사회를 건설하기 위해서는 국정개혁에 대한 총론적 동의뿐만 아니라 각론에서도 양보와 타협을 이룰 수 있도록 각 주체 간 상호 신뢰를 확보해야 한다(박영주, 2000: 33).

푸트남(Putnam, 1993a; 1993b; 1995a; 1995b; 1996)에 따르면, 사회자본은 사람들이 협동한다면 더 잘될 수 있다는 가정을 받아들여 상호간의 이익을 위해 조정 및 협동적 노력을 촉진하는 규범, 신뢰, 네트워크라고 한다(박희봉·김명환, 2000: 182).

거버넌스에서는 정책 네트워크 내 주체들의 파트너십 형성이 절대적으로 중요한 요소이나 파트너십이 단순히 형식적으로 이루어지게 되어 단지 기존의 자원들을 다시 포장하는 정도에 그치게 되면 성공으로 이끌 수 없게 된다(Cloke, et al., 2000: 111; 최영출, 2002: 7).

로컬 거버넌스의 상호작용은 신뢰와 협조에 그 뿌리를 두고 있으며, 또한 네트워크 참여자들 간의 협상 과정을 거쳐 동의된 게임의 규칙에 의해서 규제된다.

네트워크에 관여하고 있는 행위자들의 심리 상태와 관계된 주관적 조건들에는 ① 상호 신뢰와 이해의 존재, ② 책임을 공유할 준비성, ③ 정치적·사회적 지지의 존재 등이 있다. 이러한 객관적·주관적 조건들이 특정의 촉발 요인이나 중개 요인의 도움을 받을 경우, 네트워크의 활성화가 가능하다고 하겠다(주재현·김태진, 2001: 239-240).

상호 신뢰 관계나 우호 관계로서, 거버넌스를 하나의 게임으로서 인식한다면 게임 참여자들 상호간의 신뢰 및 믿음의 확보 없이는 실제적인 거버넌스의 작동은 불가능할 것이다(류재현, 2002: 48). 즉, 파트너 간의 신뢰도 구축이 성공적인 로컬 거버넌스를 위해 매우 필요하다고 할 것이다.

파트너십 형성은 상대방의 존재를 인정함으로써 시작한다. 그러나 그 인정은 상대방에 대한 신뢰와 긍정적인 평가로 이어져야 한다. 즉 상대방과의 교류로부터 무언가 가치 있는 것을 얻을 수 있다는 판단이 있어야 파트너십의 형성이 가능하다. 그리고, 이와 관련된 요인으로서, 파트너십 형성이 일어나기 위해서는 정부와 NGO 간에 신뢰가 축적되는 것이 필요하다. 왜냐하면, 파트너십의 형성되기 위해서는 파트너십이 서로에게 도움이 될 수 있다는 판단과 믿음이 전제되어야 가능한 것인데, 그 결과를 미리 예상하는 것은 그리 쉬운 일이 아닌 상황에서는 신뢰가 바탕이 될 수밖에 없을 것이기 때문이다. 우리 나라의 경우 정부의 NGO(넓게는 국민)의 능력에 대한 불신, 그리고 NGO의 정부의 의도에 대한 불신은 양자간의 진정한 파트너십을 어렵게 만드는 중요한 요인의 하나라고 할 것이다. 서로간의 잦은 접촉과 의사 교환이 투명성과 함께 이루어져 신뢰가 축적된다면 이를 통한 파트너십의 형성도 늘어날 것이라고 기대할 수 있다(김태영, 2002: 145).

파트너들 간의 관계에는 파트너들 간의 신뢰, 존경, 갈등 및 권한 차별 등이 포함된다. 신뢰 문제는 파트너십의 성공을 위한 선행 조건으로 항상 강조되어 온 것이다. 이질성 있는 파트너들이 서로 밀접하게 협력하기 위해서는 관련된 사람들과 조직들이 각자 책임과 의무를 다하고 동시에 그들만의 이익을 추구하지 않는다는 데에 대한 믿음을 가지고 있어야 한다는 것이다. 파트너들 사이의 존경 문제는 각자의 파트너들이 공동의 목표에 기여하고 있다는 점 및 그들이 가지고 있는 접근 방법에 대해 인정하는 것이 필수적이라는 점이다. 파트너 사이의 갈등은 이슈에 관한 논의를 날카롭게 하고 새로운 아이디어와 접근 방법을 생각하도록 자극한다면 합성 효과를 제고할 수 있다는 측면에서 중요한 의미를 지닌다(최영출, 2002: 10).

2. 로컬 거버넌스의 참여 방법과 수준

자율성을 가진 자기조직적인 조직간 네트워크를 구성하고 운영하기 위한 요소로서는 정책참여 단계, 정책참여 분야, 참여 범위, 참여 방법, 책임 소재와 거버넌스의 운영 주체 등이 중요한 요소로 작용한다(주재현 · 김태진, 2001: 240).

네트워크의 관리 주체를 누구로 할 것인가? 관리 주체가 누구인가와 또한 관리 주체의 특성이 상대방을 당사자로 인식하는가가 중요한 요소로 작용한다. 또한 정책참여 단계, 정책참여 분야, 참여 범위, 참여 방법, 책임 소재 등에 대한 인식은 자율적 조직 네트워크를 구성하고 지속적으로 운영하는 데 매우 중요한 요소이다.

3. 로컬 거버넌스 형성을 위한 사회적 지지

시민단체에 대한 사회적 지지도 역시 로컬 거버넌스를 구축하기 위한 요소 중 하나이다.

일반 주민들이 로컬 거버넌스의 형성에 있어서 지방정부나 NGO를 신뢰하지 않고 사회적 지지를 보내지 않는다면 로컬 거버넌스의 구축은 매우 어려워질 것이다. 따라서 바람직한 로컬 거버넌스의 형성을 위해서는 주민의 사회적 지지가 필요하다.

제 2 절 로컬 거버넌스를 위한 주민의식 분석 방법

1. 조사설계

앞에서 논의한 로컬 거버넌스 구축을 위한 파트너십의 실증적 분석을 위해 성공적인 로컬 거버넌스의 구축을 위한 파트너십을 크게 파트너 간의 관계 인식, 로컬 거버넌스의 참여 방법과 수준, 그리고 사회적 지지로 나누어 설정했다.

그리고 파트너 간의 관계 인식을 측정하기 위해 먼저 주민 간의 파트너

〈표 6-1〉 성공적 로컬 거버넌스 구축을 위한 파트너십

구 분		세부 요소
파트너 간의 관계 인식	주민 간 파트너십	신뢰도 존중도, 이해심, 양보심 공동체 의식, 갈등 해결
	주민-공무원 파트너십	신뢰도, 존중도
	주민-시민단체 파트너십	신뢰도, 갈등 조정의 공평성, 갈등 조정 능력
참여 방법과 수준에 대한 주민의식	시민단체의 정책 참여	참여 단계, 참여 범위, 참여 방법, 책임
	거버넌스 운영	운영 주체, 참여 분야
사회적 지지	시민단체의 평가	전국의 시민단체에 대한 평가 지역의 시민단체에 대한 평가

십으로서 주민 간 신뢰도, 존중도, 이해심, 양보심, 공동체 의식, 갈등 해결력 등을 측정했다. 둘째, 주민과 공무원 간의 파트너십을 측정하기 위해 주민의 공무원에 대한 신뢰도와 존중도를 측정했다. 셋째, 주민과 시민단체 간 파트너십을 측정하기 위해 주민의 시민단체에 대한 신뢰도, 시민단체의 갈등 해결의 공정성, 갈등 해결 능력을 측정했다.

로컬 거버넌스에 대한 참여 방법과 수준을 측정하기 위해 먼저 시민단체의 정책 참여의 참여 단계, 참여 범위, 참여 방법, 책임 소재 등을 측정했으며, 둘째, 거버넌스 운영의 주체와 참여 분야에 대한 인식을 측정했다.

그리고 마지막으로 사회적 지지를 측정하기 위해 시민단체에 대한 주민의 의식을 전국의 시민단체와 지역의 시민단체로 나누어 측정했다.

2. 조사 방법

주민의식의 실증적 분석은 본 연구팀에서 충북대학교 학부 및 대학원생을 활용하여 설문조사에 대한 교육 후 각 지역별로 대면적 설문조사를 실시했다. 각 지역별 설문조사 부수는 다음 <표 6-2>와 같다.

〈표 6-2〉 설문 부수

	청주시	충주시	제천시	괴산군	단양군	보은군	영동군	옥천군	음성군	증평군	진천군	청원군	합계
N	251	131	140	89	79	108	95	89	91	97	71	123	1364

제 3 절 파트너 간의 관계 인식

1. 주민 간 파트너십

각 지역의 주민 간의 신뢰도를 측정해 본 결과는 <표 6-3>과 같이 나타났다. 신뢰도는 7점 만점을 기준으로 측정했다.

주민간 파트너십에서 주민 간 신뢰도는 전체적으로 4.68점이 나와 중간 이상의 신뢰도를 보이고 있으나 그리 높지 않은 편으로 나타났다. 시 · 군별로는 단양군이 5.22점으로 가장 높게 나타났으며, 충주시가 4.45점으로 가장 낮게 나타났다.

주민 간 존중도에서는 전체적으로 4.63점이 나와 중간 이상의 존중도를 보이고 있으나 그리 높지 않은 편으로 나타났다. 시 · 군별로는 단양군이 5.15점으로 가장 높게 나타났으며, 옥천군이 4.20점으로 가장 낮게 나타났다.

주민 간 이해심에서는 전체적으로 4.49점이 나와 중간 이상의 신뢰도를 보이고 있으나 그리 높지 않은 편으로 나타났다. 시 · 군별로는 영동군이 4.93점으로 가장 높게 나타났으며, 음성군이 4.12점으로 가장 낮게 나타났다.

주민 간 양보심에서는 전체적으로 4.14점이 나와 중간 이상의 신뢰도를 보이고 있으나 다른 부문에 비해 낮은 편으로 나타났다. 시 · 군별로는 단양군이 4.72점으로 가장 높게 나타났으며, 음성군이 3.77점으로 가장 낮게 나타났다.

〈표 6-3〉 주민 간 파트너십

	청주시	충주시	제천시	괴산군	단양군	보은군	영동군	옥천군	음성군	증평군	진천군	청원군	합계
신뢰도	4.68	4.45	4.53	4.72	5.22	4.55	5.09	4.48	4.49	5.00	4.66	4.60	4.68
존중도	4.67	4.34	4.54	4.70	5.15	4.46	5.12	4.20	4.38	4.75	4.44	4.90	4.63
이해심	4.57	4.24	4.46	4.49	4.89	4.17	4.93	4.21	4.12	4.72	4.65	4.59	4.49
양보심	4.20	3.88	4.13	4.03	4.72	3.88	4.60	4.02	3.77	4.49	3.99	4.08	4.14
공동체 의식	4.31	4.06	4.24	4.47	4.95	4.01	4.74	4.08	3.92	4.75	4.20	4.20	4.31
갈등 해결	4.05	3.76	3.99	4.12	4.61	3.77	4.40	4.00	3.64	4.41	3.93	4.03	4.04
전체 평균	4.41	4.12	4.31	4.42	4.91	4.14	4.81	4.17	4.05	4.69	4.31	4.40	4.38

주민 간 공동체 의식에서는 전체적으로 4.31점이 나와 중간 이상의 공동체 의식을 보이고 있다. 시 · 군별로는 증평군이 4.75점으로 가장 높게 나타났으며, 음성군이 3.92점으로 가장 낮게 나타났다.

주민 간 갈등 해결에서는 전체적으로 4.04점이 나와 중간 이상의 갈등 해결을 보이고 있으나 다른 부문에 비해 낮은 편으로 나타났다. 시 · 군별로는 단양군이 4.61점으로 가장 높게 나타났으며, 음성군이 3.64점으로 가장 낮게 나타났다.

주민 간 파트너십에서 가장 높은 파트너십을 보인 지역은 단양군(4.91)이었으며, 가장 낮은 파트너십을 보인 지역은 음성군(4.05)이었다.

2. 주민과 공무원 간 파트너십

각 지역의 주민의 공무원에 대한 파트너십을 측정해 본 결과는 <표 6-4>와 같이 나타났다. 신뢰도는 7점 만점을 기준으로 측정했다.

주민과 공무원 간 파트너십에서는 주민의 공무원에 대한 신뢰도는 전체적으로 4.40점이 나와 중간 이상의 신뢰도를 보이고 있으나 그리 높지 않은 편으로 나타났다. 시 · 군별로는 단양군이 5.15점으로 가장 높게 나타났으며, 충주시가 3.87점으로 가장 낮게 나타났다.

〈표 6-4〉 주민과 공무원 간 파트너십

	청주시	충주시	제천시	괴산군	단양군	보은군	영동군	옥천군	음성군	증평군	진천군	청원군	합계
신뢰도	4.33	3.87	4.11	4.46	5.15	4.50	4.91	4.53	3.92	4.76	4.45	4.38	4.40
존중도	4.50	4.03	4.25	4.30	5.23	4.72	4.86	4.35	4.05	4.65	4.47	4.61	4.48
전체 평균	4.41	3.95	4.18	4.38	5.19	4.61	4.88	4.44	3.99	4.71	4.45	4.50	4.44

주민의 공무원에 대한 존중도에서는 전체적으로 4.48점이 나와 중간 이상의 신뢰도를 보이고 있으나 그리 높지 않은 편으로 나타났다. 시·군별로는 단양군이 5.23점으로 가장 높게 나타났으며, 충주시가 4.03점으로 가장 낮게 나타났다.

주민과 공무원 간 파트너십에서 가장 높은 파트너십을 보인 지역은 단양군(5.19)이었으며, 가장 낮은 파트너십을 보인 지역은 충주시(3.95)였다.

3. 주민과 시민단체 간 파트너십

각 지역의 주민의 시민단체에 대한 파트너십을 측정해 본 결과는 <표 6-5>와 같이 나타났다. 신뢰도는 7점 만점을 기준으로 측정했다.

주민의 시민단체에 대한 신뢰도에서는 전체적으로 4.50점이 나와 중간 이상의 신뢰도를 보이고 있으나 그리 높지 않은 편으로 나타났다. 시·군

〈표 6-5〉 주민과 시민단체 간 파트너십

	청주시	충주시	제천시	괴산군	단양군	보은군	영동군	옥천군	음성군	증평군	진천군	청원군	합계
신뢰도	4.45	4.17	4.49	4.75	5.23	4.62	4.86	3.91	4.08	5.00	4.38	4.43	4.50
갈등 조정의 공정성	4.32	3.93	4.22	4.36	4.95	4.20	4.58	3.83	3.85	4.68	4.15	4.28	4.27
갈등 조정력	4.14	3.76	4.04	4.16	4.87	4.09	4.48	3.71	3.79	4.60	4.07	4.36	4.15
전체 평균	4.30	3.95	4.25	4.42	5.02	4.31	4.64	3.82	3.89	4.76	4.20	4.36	4.30

별로는 단양군이 5.23점으로 가장 높게 나타났으며, 옥천군이 3.91점으로 가장 낮게 나타났다.

주민의 시민단체의 갈등 조정에서의 공정성에 대한 인식에서는 전체적으로 4.27점이 나와 중간 이상의 신뢰도를 보이고 있으나 그리 높지 않은 편으로 나타났다. 시 · 군별로는 단양군이 4.95점으로 가장 높게 나타났으며, 옥천군이 3.83점으로 가장 낮게 나타났다.

주민과 시민단체 간 파트너십에서 가장 높은 파트너십을 보인 지역은 단양군(5.02)이었으며, 가장 낮은 파트너십을 보인 지역은 옥천군(3.82)이었다.

4. 파트너십 간의 관계 분석

파트너십과 시민단체의 활동 평가, 시민단체의 정책과정 참여와의 상관관계분석과 일원배치 분산분석(ANOVA)을 실시했다.

〈표 6-6〉 파트너십과 시민단체 활동 평가, 정책과정 참여와의 상관관계분석

	주민간 파트너십	주민-공무원간 파트너십	주민-시민단체 파트너십	우리 나라 시민단체의 활동	지역내 시민단체의 활동	시민단체의 정책과정 참여
주민 간 파트너십	1.000					
주민-공무원 간 파트너십	.580(**)	1.000				
주민-시민단체 파트너십	.577(**)	.534(**)	1.000			
우리 나라 시민단체의 활동	.315(**)	.337(**)	.552(**)	1.000		
지역 내 시민단체의 활동	.312(**)	.350(**)	.569(**)	.650(**)	1.000	
시민단체의 정책과정 참여	.157(**)	.133(**)	.324(**)	.404(**)	.378(**)	1.000

** 상관계수는 0.01 수준(양쪽)에서 유의함.

첫째, 각각의 파트너십은 상당한 관계가 있는 것으로 분석되었다. 주민 간 파트너십과 주민-공무원 파트너십의 상관계수는 0.580, 주민 간 파트너십과 주민-시민단체 파트너십의 상관계수는 0.577, 주민-공무원 파트너십

과 주민-시민단체 파트너십의 상관계수는 0.552로 나타났다.

그리고, 일원배치 분산분석에서도 우리 나라 시민단체에 대한 평가를 높게 할수록 파트너십 역시 높은 것으로 분석되었다.

둘째, 각각의 파트너십과 시민단체 활동에 대한 평가는 관계가 있는 것으로 나타났다. 시민단체의 활동 평가와 파트너십에 대한 상관계수는 0.312부터 0.552로 나타났다. 특히 시민단체 활동에 대한 평가는 주민-시민단체 파트너십과 강한 상관 관계가 있는 것으로 분석되었다.

〈표 6-7〉 파트너십과 우리 나라 시민단체 활동 평가와의 일원배치 분산분석

			N	평균	표준편차	유의확률
주민 간 파트너십	우리 나라 시민단체의 활동	매우 잘 못하고 있다	48	3.5625	1.1566	.000
		대체로 잘 못하고 있다	190	3.8746	1.0166	
		보통이다	663	4.2924	1.0436	
		대체로 잘하고 있다	462	4.7428	1.0235	
		매우 잘하고 있다	30	5.2222	1.3479	
		합계	1,393	4.3796	1.0994	
주민-공무원 파트너십	우리 나라 시민단체의 활동	매우 잘 못하고 있다	48	3.2500	1.4142	.000
		대체로 잘 못하고 있다	192	3.7578	1.3890	
		보통이다	664	4.3404	1.2654	
		대체로 잘하고 있다	464	4.9073	1.1757	
		매우 잘하고 있다	31	5.2742	1.4191	
		합계	1,399	4.4317	1.3403	
주민-시민단체 파트너십	우리 나라 시민단체의 활동	매우 잘 못하고 있다	49	2.6531	1.1034	.000
		대체로 잘 못하고 있다	192	3.3247	1.0853	
		보통이다	664	4.1807	1.0145	
		대체로 잘하고 있다	461	4.9747	.9436	
		매우 잘하고 있다	30	5.9444	.9829	
		합계	1,396	4.3095	1.2031	

〈표 6-8〉 파트너십과 지역 내 시민단체 활동 평가와의 일원배치 분산분석

			N	평균	표준편차	유의확률
주민 간 파트너십	지역 내 시민단체의 활동	매우 잘 못하고 있다	48	3.8576	1.2491	.000
		대체로 잘 못하고 있다	217	3.8571	.9802	
		보통이다	700	4.2983	1.0536	
		대체로 잘하고 있다	401	4.8026	1.0160	
		매우 잘하고 있다	27	5.3333	1.2360	
		합계	1,393	4.3796	1.0994	
주민-공무원 파트너십	지역 내 시민단체의 활동	매우 잘 못하고 있다	48	3.4479	1.3576	.000
		대체로 잘 못하고 있다	218	3.7775	1.3585	
		보통이다	702	4.3355	1.2695	
		대체로 잘하고 있다	403	4.9864	1.1484	
		매우 잘하고 있다	28	5.6429	1.4001	
		합계	1,399	4.4317	1.3403	
주민-시민단체 파트너십	지역 내 시민단체의 활동	매우 잘 못하고 있다	48	2.5486	.9857	.000
		대체로 잘 못하고 있다	218	3.3991	1.0222	
		보통이다	703	4.2110	1.0388	
		대체로 잘하고 있다	399	5.0652	.8940	
		매우 잘하고 있다	28	6.1190	.7548	
		합계	1,396	4.3095	1.2031	

일원배치 분산분석에서도 지역 내 시민단체에 대한 평가를 높게 할수록 파트너십 역시 높은 것으로 분석되었다.

셋째, 시민단체의 정책 과정에 대한 참여에 대한 인식은 주민-시민단체 파트너십과 상관계수 0.324로 관계가 있는 것으로 분석되었다.

일원배치 분산분석에서도 우리 나라 시민단체에 대한 평가를 높게 할수록 파트너십 역시 높은 것으로 분석되었다.

〈표 6-9〉 파트너십과 시민단체의 정책과정 참여에 대한 인식

			N	평균	표준편차	유의확률
주민 간 파트너십	시민단체의 정책과정 참여	전혀 바람직하지 못하다	50	3.7367	1.2363	.000
		대체로 바람직하지 못하다	211	4.1422	1.0434	
		보통이다	465	4.3351	1.0995	
		대체로 바람직하다	507	4.5431	1.0541	
		매우 바람직하다	160	4.5052	1.1392	
		합계	1,393	4.3796	1.0994	
주민-공무원 파트너십	시민단체의 정책과정 참여	전혀 바람직하지 못하다	51	3.4314	1.5844	.000
		대체로 바람직하지 못하다	211	4.2464	1.3648	
		보통이다	465	4.4118	1.3051	
		대체로 바람직하다	512	4.6143	1.2768	
		매우 바람직하다	160	4.4688	1.3629	
		합계	1,399	4.4317	1.3403	
주민-시민단체 파트너십	시민단체의 정책과정 참여	전혀 바람직하지 못하다	50	2.8467	1.2051	.000
		대체로 바람직하지 못하다	211	3.7156	1.0273	
		보통이다	465	4.2860	1.1134	
		대체로 바람직하다	511	4.6080	1.1309	
		매우 바람직하다	159	4.6667	1.2618	
		합계	1,396	4.3095	1.2031	

제 4 절 로컬 거버넌스의 참여 방법과 운영 수준에 대한 인식

1. 시민단체의 정책참여

1) 참여 단계

시민단체가 자치단체의 정책 과정에 참여한다면 어떤 단계에서 참여하는 것이 바람직한가에 대한 분석은 다음 <표 6-10>과 같이 나타났다.

〈표 6-10〉 시민단체의 정책참여 단계

		청주시	충주시	제천시	괴산군	단양군	보은군	영동군	옥천군	음성군	증평군	진천군	청원군	합계
정책 참여 단계	정책제안 단계	84 (43.5)	39 (37.1)	59 (50.4)	28 (33.7)	36 (52.2)	43 (44.3)	38 (48.7)	32 (42.1)	36 (49.3)	37 (46.3)	23 (44.2)	48 (45.7)	515 (44.7)
	정책결정 단계	44 (22.8)	28 (26.7)	29 (24.8)	17 (20.5)	14 (20.3)	24 (24.7)	15 (19.2)	20 (26.3)	11 (15.1)	14 (17.5)	11 (21.2)	23 (21.9)	257 (22.3)
	정책집행 단계	23 (11.9)	14 (13.3)	11 (9.4)	11 (13.3)	5 (7.2)	14 (14.4)	8 (10.3)	8 (10.5)	4 (5.5)	4 (5.0)	9 (17.3)	16 (15.2)	129 (11.2)
	정책평가 단계	42 (21.8)	24 (22.9)	18 (15.4)	27 (32.5)	14 (20.3)	16 (16.5)	17 (21.8)	16 (21.1)	22 (30.1)	25 (31.3)	9 (17.3)	18 (17.1)	250 (21.7)
	합계	193	105	117	83	69	97	78	76	73	80	52	105	1151

시민단체의 정책결정 단계에서는 가장 많은 응답자들이 정책제안 단계에 참여하는 것이 바람직하다고 응답했으며, 그 다음으로는 정책결정 단계와 정책평가 단계가 바람직하다고 응답했다.

2) 시민단체의 정책참여 범위

시민단체가 자치단체의 정책 과정에 참여한다면 참여 범위가 어디까지가 바람직한가에 대한 분석은 다음 <표 6-11>과 같이 나타났다.

시민단체의 정책과정 참여에서 참여 범위에 대한 수준을 묻는 질문에서는 구속력 있는 수준이 가장 바람직하다고 분석되었다. 시・군별로 보면, 단순한 자문 수준이 가장 바람직하다고 응답한 시・군은 옥천군(38.2%), 증

〈표 6-11〉 시민단체의 정책참여 단계

		청주시	충주시	제천시	괴산군	단양군	보은군	영동군	옥천군	음성군	증평군	진천군	청원군	합계
정책참여 단계	단순한 자문	61 (31.8)	27 (25.7)	32 (27.4)	16 (19.3)	26 (38.2)	22 (22.9)	25 (32.1)	29 (38.2)	24 (32.9)	37 (45.7)	10 (19.6)	23 (21.9)	341 (29.7)
	구속력 있는 수준	74 (38.5)	46 (43.8)	55 (47.0)	36 (43.4)	27 (39.7)	50 (52.1)	31 (39.7)	28 (36.8)	28 (38.4)	22 (27.2)	26 (51.0)	48 (45.7)	481 (41.9)
	구속력과 책임있는 수준	57 (29.7)	32 (30.5)	30 (25.6)	31 (37.3)	15 (22.1)	24 (25.0)	22 (28.2)	19 (25.0)	21 (28.8)	22 (27.2)	15 (29.4)	34 (32.4)	326 (28.4)
	합계	192	105	117	83	68	96	78	76	73	81	51	105	1148

평군(45.7%)이었으며, 결정에 영향을 미치는 구속력 있는 수준이 바람직하다고 응답한 시 · 군은 청주시(38.5%), 충주시(43.8%), 제천시(47.0%), 괴산군(43.4%), 단양군(39.7%), 보은군(52.1%), 영동군(39.7%), 음성군(38.4%), 진천군(51.0%), 청원군(45.7%)이었다.

반면 구속력과 책임을 같이하는 수준의 참여가 바람직하다고 응답한 시 · 군은 없었다.

3) 정책과정의 참여 방법

시민단체가 자치단체의 정책과정에 참여한다면 어떤 참여 방법이 가장 바람직한가에 대한 분석은 다음 <표 6-12>와 같이 나타났다.

시민단체의 정책과정에서의 참여 방법을 묻는 질문에는 자치단체로부터 특정 정책에 대한 의견 요청이 있을 때마다 시민단체가 공식 의견을 제시하는 방법과 시민단체에서 활동하고 있는 전문가들로 하여금 정책 자문을 제공하게 하는 방법이 가장 높에 나타났다.

자치단체로부터 특정 정책에 대한 의견 요청이 있을 때마다 시민단체가 공식 의견을 제시하는 방법이 가장 바람직하다고 응답한 시 · 군은 제천시

〈표 6-12〉 시민단체의 정책과정 참여 방법

		청주시	충주시	제천시	괴산군	단양군	보은군	영동군	옥천군	음성군	증평군	진천군	청원군	합계
정책 과정 참여 방법	각종 위원회 위원추천	53 (27.6)	17 (16.8)	33 (28.2)	26 (31.3)	17 (24.6)	24 (25.0)	21 (26.9)	22 (28.9)	22 (30.6)	15 (18.5)	9 (17.6)	22 (21.0)	286 (25.0)
	시민단체의 공식의 견제시	64 (33.3)	36 (35.6)	41 (35.0)	28 (33.7)	34 (49.3)	32 (33.3)	32 (41.0)	22 (28.9)	14 (19.4)	37 (45.7)	16 (31.4)	34 (32.4)	400 (35.0)
	전문가를 통한 정책 자문제공	67 (34.9)	40 (39.6)	40 (34.2)	21 (25.3)	16 (23.2)	35 (36.5)	21 (26.9)	26 (34.2)	32 (44.4)	22 (27.2)	19 (37.3)	37 (35.2)	383 (33.5)
	활동가를 계약직으로 채용	7 (3.6)	7 (6.9)	3 (2.6)	7 (8.4)	1 (1.4)	3 (3.1)	4 (5.1)	4 (5.3)	3 (4.2)	7 (8.6)	6 (11.8)	12 (11.4)	64 (5.6)
	기타	1 (0.5)	1 (1.0)		1 (1.2)	1 (1.4)	2 (2.1)		2 (2.6)	1 (1.4)		1 (2.0)		10 (0.9)
	합계	192	101	117	83	69	96	78	76	72	81	51	105	1143

(35.0%), 괴산군(33.7%), 단양군(49.3%), 영동군(41.0%), 증평군(45.7%) 등이었다.

시민단체에서 활동하고 있는 전문가들로 하여금 정책 자문을 제공하게 하는 방법이 가장 바람직하다고 응답한 시·군은 청주시(34.9%), 충주시(39.6%), 보은군(36.5%), 옥천군(34.2%), 음성군(44.4%), 진천군(37.3%), 청원군(35.2%) 등이었다.

4) 정책실패에 대한 책임문제

"시민단체가 찬성 또는 반대함으로써 주도한 자치단체의 특정 정책이 실패하여 경제적·사회적으로 큰 손실이 발생했을 경우 이에 대한 책임 문제는 어떻게 하는 것이 타당하다고 생각하십니까?"라는 질문에 대한 분석은 다음 <표 6-13>과 같이 나타났다.

〈표 6-13〉 정책실패에 대한 책임 문제

		청주시	충주시	제천시	괴산군	단양군	보은군	영동군	옥천군	음성군	증평군	진천군	청원군	합계
정책 실패의 책임	법적·재정적 책임 있음	121 (63.4)	56 (53.8)	65 (55.6)	44 (53.0)	37 (53.6)	59 (60.8)	47 (60.3)	45 (60.8)	41 (57.7)	36 (44.4)	27 (52.9)	56 (53.3)	647 (56.6)
	책임져서는 안됨	70 (36.6)	48 (46.2)	52 (44.4)	39 (47.0)	32 (46.4)	38 (39.2)	31 (39.7)	29 (39.2)	30 (42.3)	45 (55.6)	24 (47.1)	49 (46.7)	497 (43.4)
	합계	191	104	117	83	69	97	78	74	71	81	51	105	1144

시민단체가 찬성 또는 반대한 정책이 실패했을 경우에 대한 책임 문제를 묻는 질문에서는 대부분의 시·군이 법적·재정적으로 책임을 져야 한다고 응답했다. 그러나 증평군만은 책임을 지게 해서는 안 된다는 의견이 55.6%로서 더 높게 나타났다.

2. 로컬 거버넌스의 운영

1) 로컬 거버넌스의 운영 주체

로컬 거버넌스의 운영에서 참여 주체들 간의 역할 조정, 참여 범위 제한

〈표 6-14〉 로컬 거버넌스의 운영 주체

		청주시	충주시	제천시	괴산군	단양군	보은군	영동군	옥천군	음성군	증평군	진천군	청원군	합계
로컬 거버넌스의 운영 주체	지방 자치단체	96 (49.7)	40 (38.5)	57 (48.7)	28 (33.7)	24 (35.3)	42 (43.3)	34 (43.6)	47 (61.8)	36 (49.3)	32 (39.5)	19 (36.5)	45 (43.3)	500 (44.4)
	지방의회	34 (17.6)	18 (17.3)	21 (17.9)	13 (15.7)	19 (27.9)	21 (21.6)	20 (25.6)	20 (26.3)	12 (16.4)	25 (30.9)	13 (25.0)	27 (26.0)	243 (21.6)
	시민단체	49 (25.4)	29 (27.9)	29 (24.8)	28 (33.7)	23 (33.8)	29 (29.9)	18 (23.1)	7 (9.2)	18 (24.7)	17 (21.0)	13 (25.0)	26 (25.0)	286 (25.4)
	지역언론	12 (6.2)	9 (8.7)	5 (4.3)	5 (6.0)	1 (1.5)	3 (3.1)	1 (1.3)	1 (1.3)	5 (6.8)	6 (7.4)	5 (9.6)	5 (4.8)	58 (5.2)
	기업인 단체	1 (0.5)	4 (3.8)	3 (2.6)	2 (2.4)					2 (2.7)	1 (1.2)		1 (1.0)	14 (1.2)
	종교단체	1 (0.5)	2 (1.9)	1 (0.9)	2 (2.4)		2 (2.1)	3 (3.8)				1 (1.9)		12 (1.1)
	기타		2 (1.9)	1 (0.9)	5 (6.0)	1 (1.5)		2 (2.6)	1 (1.3)			1 (1.9)		13 (1.2)
	합계	193	104	117	83	68	97	78	76	73	81	52	104	1,126

등 실질적인 네트워크 운영을 누가 주도하는 것이 바람직한가라는 질문에 대한 분석은 <표 6-14>와 같이 나타났다.

로컬 거버넌스의 운영에서 참여 주체들 간의 역할 조정, 참여 범위 제한 등 실질적인 네트워크 운영 주체에 대해서는 모든 시·군이 지방자치단체가 운영 주체로서 참여하는 것이 가장 바람직하다고 응답했다.

2) 로컬 거버넌스의 정책참여 분야

"자치단체의 정책 과정에 지역 내의 다양한 주체들이 참여하게 되는 경우 어떤 분야가 참여하기에 가장 바람직스럽다고 생각하십니까?"라는 질문에 대한 분석은 다음 <표 6-15>와 같이 나타났다.

로컬 거버넌스가 참여할 가장 바람직한 정책 분야로는 사회복지정책이 가장 높게 나타났다. 그 다음으로는 제한 없이 모든 정책이 높게 나타났다.

〈표 6-15〉 로컬 거버넌스의 정책참여 분야

		청주시	충주시	제천시	괴산군	단양군	보은군	영동군	옥천군	음성군	증평군	진천군	청원군	합계
바람직한 정책참여 분야	산업·경제 정책	24 (12.5)	10 (9.6)	17 (14.5)	15 (18.1)	3 (4.3)	17 (17.5)	3 (3.8)	7 (9.2)	7 (9.6)	13 (16.0)	9 (17.6)	12 (11.4)	137 (12.2)
	사회복지 정책	75 (39.1)	48 (46.2)	51 (43.6)	35 (42.2)	30 (43.5)	35 (36.1)	37 (47.4)	34 (44.7)	33 (45.2)	29 (35.8)	18 (35.3)	46 (43.8)	471 (41.8)
	환경정책	27 (14.1)	14 (13.5)	13 (11.1)	11 (13.3)	7 (10.1)	3 (3.1)	12 (15.4)	8 (10.5)	7 (9.6)	9 (11.1)	3 (5.9)	10 (9.5)	124 (11.0)
	문화·관광 정책	16 (8.3)	9 (8.7)	12 (10.3)	5 (6.0)	13 (18.8)	23 (23.7)	6 (7.7)	4 (5.3)	1 (1.4)	3 (3.7)	9 (17.6)	6 (5.7)	107 (9.5)
	공무원 인사 등 조직내 부문제	8 (4.2)	3 (2.9)	4 (3.4)	4 (4.8)	4 (5.8)	6 (6.2)	3 (3.8)	4 (5.3)	4 (5.5)	5 (6.2)	3 (5.9)	6 (5.7)	54 (4.8)
	제한 없이 모든 정책	42 (21.9)	20 (19.2)	20 (17.1)	13 (15.7)	12 (17.4)	11 (11.3)	16 (20.5)	16 (21.1)	19 (26.0)	20 (24.7)	8 (15.7)	24 (22.9)	221 (19.6)
	기타	0 (0.0)	0 (0.0)	0 (0.0)	0 (0.0)	0 (0.0)	2 (2.1)	1 (1.3)	3 (3.9)	2 (2.7)	2 (2.5)	1 (2.0)	1 (1.0)	12 (1.1)
	합계	192	104	117	83	69	97	78	76	73	81	51	105	1126

제 5 절 로컬 거버넌스를 위한 사회적 지지

1. 시민단체의 활동에 대한 주민의 평가

시민단체의 활동에 대한 주민의 평가를 분석해 본 결과는 다음 <표 6-16>과 같이 나타났다. 평가점수는 5점 만점을 기준으로 측정했다.

〈표 6-16〉 우리 나라 전체적인 시민단체의 활동에 대한 주민의 평가

	청주시	충주시	제천시	괴산군	단양군	보은군	영동군	옥천군	음성군	증평군	진천군	청원군	합계
우리 나라	3.23	2.92	3.19	2.96	3.54	3.12	3.28	3.07	3.00	3.38	3.11	3.18	3.17
우리 지역	3.12	2.86	3.14	2.96	3.61	3.06	3.22	2.91	2.96	3.27	3.13	3.11	3.10

우리 나라 전체적인 시민단체의 활동에 대한 평가는 평균 3.17로 나타나 중간보다 약간 높게 평가하는 것으로 나타났다. 이를 시·군별로 보면 단양군이 3.54점으로 가장 높게 평가하고 있으며, 청주시·제천시· 보은군·영동군· 옥천군·증평군·진천군 등은 약간 잘하는 것으로 평가하고 있다. 반면 충주시(2.92점)와 괴산군(2.96점)은 중간보다 약간 낮은 평가를 내리고 있으며, 음성군은 중간 점수인 3.00점으로 평가하고 있는 것으로 나타났다.

지역 내 시민단체의 활동에 대한 평가는 평균 3.10으로 중간보다 약간 높게 나타나고 있으나, 우리 나라 전체 시민단체의 활동에 대한 평가보다는 낮게 나타났다. 이를 시·군별로 보면 단양군이 3.61점으로 가장 높게 평가하고 있으며, 청주시·제천시·보은군·영동군·증평군·진천군·청원군 등은 약간 잘하는 것으로 평가하고 있다. 반면 충주시(2.86점), 괴산군(2.96점), 옥천군(2.91점), 음성군(2.96점)은 중간보다 약간 낮은 평가를 내리고 있는 것으로 나타났다.

2. 시민단체의 정책과정 참여에 대한 인식

1) 시민단체의 정책과정 참여에 대한 인식

시민단체가 자치단체의 정책과정에 참여하는 것에 대한 의식을 묻는 질문에 대한 분석 결과는 <표 6-17>과 같이 나타났다.

〈표 6-17〉 시민단체의 정책과정에 대한 참여에 대한 인식

		빈도	퍼센트	유효 퍼센트	누적 퍼센트
유효	매우 바람직하다	160	11.4	11.4	11.4
	대체로 바람직한 편이다	512	36.5	36.6	48.0
	보통이다	466	33.3	33.3	81.3
	대체로 바람직하지 못하다	211	15.1	15.1	96.4
	전혀 바람직하지 못하다	51	3.6	3.6	100.0
	합계	1,400	99.9	100.0	

시민단체가 자치단체의 정책과정에 참여하는 것에 대해서는 전체의 48%가 바람직하다고 응답한 반면, 18.7%만이 바람직하지 못하다고 응답했다. 즉, 충청북도의 주민들은 시민단체의 정책 과정 참여에 대해 바람직하다고 생각하는 것으로 분석되었다.

2) 시민단체의 정책과정 참여가 타당하지 않은 이유

시민단체의 정책과정 참여가 타당하지 않다고 응답한 응답자들을 대상으로 그 이유를 분석해 본 결과는 다음 <표 6-18>과 같이 나타났다.

시민단체의 정책참여가 타당하지 않은 이유로는 충청북도 도민 전체로는 시민단체는 특정 집단의 이익을 대변할 가능성이 많기 때문이 38.8%로 가장 높게 나타났으며, 그 다음으로는 시민단체가 주민을 대표하지 못하기 때문이 25.4%의 순으로 나타났다.

이를 시 · 군별로 보면 청주시, 충주시, 제천시, 단양군, 보은군, 영동군, 증평군, 진천군, 청원군의 경우에는 시민단체가 특정 집단의 이익을 대변할

〈표 6-18〉 시민단체의 정책참여가 타당하지 않은 이유

		청주시	충주시	제천시	괴산군	단양군	보은군	영동군	옥천군	음성군	증평군	진천군	청원군	합계
시민단체의 정책참여가 타당하지 않은 이유	정책문제는 집행부의 고유권한	2 (3.3)	1 (3.8)	1 (4.3)	1 (14.3)	3 (20.0)		1 (5.9)	2 (8.3)		1 (5.9)	3 (13.0)	1 (5.3)	16 (6.2)
	지방의회가 견제를 잘 하므로	3 (4.9)	1 (3.8)				2 (20.0)	1 (5.9)	1 (4.2)	1 (5.6)	2 (11.8)	1 (4.3)		12 (4.6)
	시민단체가 주민을 대표하지 못하므로	21 (34.4)	8 (30.8)	3 (13.0)	3 (42.9)	1 (6.7)	2 (20.0)	5 (29.4)	4 (16.7)	6 (33.3)	4 (23.5)	6 (26.1)	3 (15.8)	66 (25.4)
	시민단체는 도덕성의 문제가 많아서	10 (16.4)	3 (11.5)	2 (8.7)	2 (28.6)	2 (13.3)	2 (20.0)	2 (11.8)	10 (41.7)	5 (27.8)	2 (11.8)	2 (8.7)	3 (15.8)	45 (17.3)
	시민단체는 공무원보다 전문성이 없어서	2 (3.3)	1 (3.8)	3 (13.0)		2 (13.3)	1 (10.0)	1 (5.9)	2 (8.3)	1 (5.6)	2 (11.8)	1 (4.3)	2 (10.5)	18 (6.9)
	시민단체는 특정집단의 이익을 대변할 가능성이 많아서	23 (37.7)	12 (46.2)	14 (60.9)	1 (14.3)	7 (46.7)	3 (30.0)	7 (41.2)	4 (16.7)	5 (27.8)	6 (35.3)	9 (39.1)	10 (52.6)	101 (38.8)
	기타								1 (4.2)			1 (4.3)		2 (0.8)
	합계	61	26	23	7	15	10	17	24	18	17	23	19	260

가능성이 많기 때문으로 응답했으며, 괴산군과 음성군은 시민단체가 주민을 대표하지 못하기 때문으로 응답했다. 옥천군의 경우에는 시민단체가 도덕성의 문제가 많기 때문이라고 응답했다.

제6절 정책적 함의

성공적인 로컬 거버넌스 구축을 위한 파트너십 조건의 실증적 분석을 한 결과는 다음과 같이 나타났다.

〈표 6-19〉 파트너십의 실증적 분석

	주민 간 파트너십	주민과 공무원 간 파트너십	주민과 시민단체 간 파트너십	유효 수(목록별)
N	1,394	1,400	1,397	1,391
평균	4.3794	4.4314	4.3088	
표준편차	1.0991	1.3398	1.2030	

주민과 공무원 간 파트너십이 4.4314점으로 가장 높게 나타났으며, 주민 간 파트너십이 4.3794점, 주민과 시민단체 간 파트너십이 4.3088점의 순으로 나타났다.

바람직한 로컬 거버넌스의 구축을 위해서는 지역의 주민, 공무원, 시민단체 간의 파트너십이 매우 중요하다. 각 지역에서 파트너십의 정도에 따라 구축할 로컬 거버넌스의 종류, 구성, 운영 방법 등이 상이하게 수립되어야 할 것이다.

이 연구의 실증적 분석 결과를 살펴보면, 첫째, 파트너십과 정도에 따라 시민단체 활동에 대한 평가가 다르다는 것이다. 즉, 파트너십이 높을수록 시민단체의 활동에 대한 평가가 높게 분석되었다. 이를 통해 파트너십이 높을수록 시민단체의 활동에 대해 호의적임을 알 수 있다.

둘째, 주민-시민단체 파트너십과 시민단체의 정책과정 참여에 대한 인식이 다르다는 것이다. 즉, 주민-시민단체 파트너십이 높을수록 시민단체의 정책과정 참여를 바람직하게 생각하는 것으로 분석되었다.

셋째, 시민단체의 정책과정 참여에서는 정책제안 단계가 가장 바람직한 것으로 생각하고 있는 것으로 분석되었다.

넷째, 시민단체의 정책 참여 범위는 '구속력 있는 수준'까지 참여하는 것이 바람직하다고 생각하는 것으로 분석되었다.

다섯째, 정책과정의 참여 방법으로는 '자치단체의 요구가 있을 때 시민단체의 공식적 의견 제시'와 '시민단체 활동중인 전문가를 통한 정책 자문 제공'이 가장 바람직하다고 생각하는 것으로 분석되었다.

여섯째, 정책실패에 대한 책임 문제에서는 시민단체에게도 역시 법적·재정적 책임을 물어야 한다고 생각하는 것으로 분석되었다.

일곱째, 로컬 거버넌스의 운영 주체로는 지방자치단체가 운영 주체가 되는 것이 가장 바람직하다고 생각하는 것으로 분석되었다. 이는 각 지역의 파트너십에서 주민-공무원 파트너십이 가장 높게 나온 것과 비교해 볼 때, 파트너십이 높은 상대를 운영 주체로 생각하고 있음을 알 수 있다.

여덟째, 정책참여 분야로는 사회복지정책 분야가 가장 바람직한 것으로 생각하는 것으로 분석되었다.

아홉째, 시민단체의 정책 참여가 바람직하지 못한 이유로는 '시민단체가 특정 집단의 이익을 대변할 가능성이 많아서'와 '시민단체가 주민을 대표하지 못하므로'로 분석되었다. 즉, 주민-시민단체의 파트너십 부재가 정책 참여가 바람직하지 못한 이유라는 것을 알 수 있다.

이 연구에서는 충청북도 시·군 지역의 주민이 의식하는 주민, 공무원, 시민단체 간 파트너십을 실증 분석했다. 차후 연구에서는 공무원과 시민단체가 의식하는 파트너십을 조사하여, 조사 내용을 바탕으로 바람직한 로컬 거버넌스를 구축하기 위한 구축전략을 수립할 수 있는 연구가 계속되어야 할 것이다.

참고문헌

김미리.(2000). 「사회복지 정책과정에서 정부와 NGO간의 파트너십에 관한 연구」. 이화여대 박사학위 논문.

김태영.(2002). 정부-NGO간 파트너십의 정치경제학. 「정부학연구」, 제8권 제1호 : 135-150.

류재현.(2002). 지방정부의 거버넌스형 시장리더십 모색. 「한국지방자치학회보」, Vol. 14 No. 3 : 43-63.

박영주.(2000). 뉴 거버넌스와 사회계약. 「한국행정학보」, 제34권 제4호 : 19-39.

박희봉 · 김명환.(2000). 지역사회 사회자본과 거버넌스 능력. 「한국행정학보」, 제34권 제4호 : 175-196

오재일.(2001). 로컬 거버넌스와 정부간 관계. 「지방행정」, Vol. 50. No. 577. : 29-37.

주성수.(2003). 정부의 신뢰 위기와 NGO와의 파트너십 대안. 「한국행정연구」, 제12권 제2호 : 186-210.

주재현 · 김태진.(2001). 정부-기업간 파트너십과 환경정책. 「한국행정연구」, Vol. 10 No. 4 : 237-267.

최영출.(2002). 거버넌스 이론과 지역 발전 전략. 「국토」, 252호 : 6-19.

최영출 외.(2003). 「로컬 거버넌스」. 서울: 법문사

Berman, E.(19997). Dealing with cynical citizens. *Public Administration Review,* 57(2): 105-112.

Cloke, Paul, Paul Milbourne, & Rebekah Widdowfield.(2000). Partnership and Policy Neworks in Rural Local Governance. *Public Administration,* Vol. 78, No.1 : 111-134

Frederickson, H. George.(1997). *The Spirit of Public Administration.* San Francisco : Jossey-Bass Publishers.

Goss, Sue.(2001). *Making Local Governance Work.* Hampshire: Palgrave.

Hansell, Jr., William H.(1995). A Common Visoin for the Future: The Role of Local Government and Citizens in the Democratic Process. *National Civic Review.* Vol. 85, No. 3 : 5-13.

Kickert, W.(1997). Public Governance in the Netherlands: An Alternative to

Anglo-American 'Managerialism.' *Public Administration,* Vol. 75: 731-752.

Kooiman, J. (ed.)(1994). *Modern Governance: New Government-Society Interactions.* London: Sage.

Lasker, R. D., E. S. Weiss, & R. Miller.(2001). Partnership Synergy: A Practical framework for studying and strengthening the collaborative advantage. *The Milbank Quarterly,* Vol. 79, No. 2.

Peter, John.(2001). *Local Governance in Western Europe.* London: Sage.

Pierre, J.(2000). Introduction: understanding governance, in J. Pierre(ed.). *Debating Governance.* Oxford: Oxford University Press.

Potapchuk, William R., Jarle P. Croker, & William H. Schechter, Jr.(1997). Building Community with Social Capital: Chits and Clums or Chats with Change. *National Civic Review,* Vol. 86, No. 2: 129-139.

Putnam, Robert D.(1993a). *Making Democracy Work: Civic Traditions in Modern Italy.* Princeton University Press.

———(1993b). The Prosperous Community: Social Capital and Public Life. *The American Prospect,* No. 13 : 35-42.

Rhodes, R. (1997). *Understanding Governance: Policy Networks, Governance, Reflexivity and Accountability.* Buckingham: Open University Press.

제 7 장

로컬 거버넌스를 통한 지속 가능한 건강도시 사례연구

제1절 로컬 거버넌스와 건강도시 개발

1. 지속 가능한 건강도시 개발의 대두

도시계획의 역사적 측면에서 과거는 도시계획의 새로운 통찰력을 제시할 수 있으며, 현재에 수용할 수 있는 교훈을 우리에게 주고 있다. 역사적으로 도시계획에는 두 가지 중요한 흐름을 가지고 있다. 첫째 흐름은 권위의 표현, 상징, 이상주의, 유토피아니즘(utopianism)에 기초하고 있다. 두 번째 흐름은 자연재해, 인간 질병의 재앙, 그리고 도시 지역을 통해 사람과 물자의 흐름의 필요에 기반을 하고 있다.

21세기로 들어서면서 세계 인구의 절반이 도시 지역에 거주하게 되었다. 유럽의 경우, 인구의 3분의 2가 도시 지역에 거주하고 있으며, 우리 나라의 경우 최근 40여년 동안에 우리의 생활문화는 과거 400년간 변해 온 것보다도 더 혁명적이고 근본적으로 변했다. 1960년대는 우리 인구의 28%만이 도시에 살았으나 지금은 85%가 넘는 숫자가 도시에서 살고 있고, 27%만이 단독주택에서 거주하고 있다(강형기, 2001).

이러한 산업화는 지난 200년 동안 지구의 자원은 거의 바닥나고, 자연환경은 악화되어 회복 불능 상태에 이르게 되었다. 특히 세계 인구가 20세기에 접어들면서 불과 한 세기 만에 3배로 증가되었는데 20세기 초 20억 명에서 20세기 말에는 60억 명으로 급속히 증가하는 경향을 보이고 있다. 이러한 도시화의 과정은 예전의 도시가 가지고 있던 상징성과 권위, 그리고 인간의 삶의 유토피아가 아닌 대량 소비와 그로 인한 자연환경 파괴, 인간 질병의 취약지로 전락하고 말았다.

이러한 급격한 도시화에 따른 문제점은 1972년 로마클럽의 지구환경 보고서에서 '성장의 한계'로 지적되었고, 그 해 UN의 스톡홀름 'UN환경회의'에서 환경문제가 단순한 지역적 문제가 아니라 지구적 차원의 문제이자 인류의 당면한 문제라는 합의를 하기에 이르렀다.

이러한 당면한 문제의 합의와 함께 도시의 계속적 소비 증가와 환경 파괴의 악순환을 개선하고자 '지속 가능한 발전(Sustainable Development)'이라는 개념이 1987년 UN에 의해 구성된 '세계 환경·개발위원회(WCED, World Commission for Environment and Development)'의 보고서에 처음 등장하게 된 것이다. 이 위원회는 1983년 노르웨이 정부가 지구적 차원에서 빈곤과 개발, 그리고 환경문제를 종합적으로 검토하고 평가하기 위해 UN에 제안하여 설치된 것으로 3년간의 연구 성과물을 보고서 형식으로 제출한 보고서 『우리 공동의 미래(*Our Common Future*)』에서 '지속 가능한 발전'이라는 용어를 비로소 사용하게 되었다. 그리고 이 보고서에서 주목해야 할 부분은 바로 지구촌 차원의 균형 있는 발전과 정의로운 발전을 지속 가능 발전과 연계시켰다는 점이다.

이러한 지속 가능한 발전의 개념이 도시계획에 접목되어 물리적 사회환경과 인간 생활의 편의성과 쾌적성, 그리고 창조성을 기반으로 하는 건강한 도시라는 개념에 이르게 되었다. 건강도시(healthy city)라는 개념는 1984년 토론토에서 개최된 건강 보조를 주제로 한 회의에서 출발했는데 이 도시 개념은 집단에 대한 관리 수준과 근접했으며 따라서 건강이라는 주제에 영향을 가장 크게 미치게 되었다.

이러한 아이디어에 대한 지속적인 관심은 WHO의 선도 프로젝트(처음 계획은 1987년부터 1992년까지로 한정되어 있었음)에 의해 지원을 받았고 이 선도 프로젝트는 건강 증진과 긍정적인 건강관리 정책에서 모범적인 실천적 모형의 개발을 유럽의 도시가 하는 것이었다. 초기 선도 프로젝트에서는 11개의 도시들이 출발했으나 이후 WHO는 이러한 건강도시 프로젝트가 한순간의 운동이 아닌 지속적인 계획으로 발전되었다. 처음 5년 동안 35개 프로젝트 도시들이 유럽에서 참가했으며 국제적인 네트워크도 20개국에서 만들어졌고 다양한 도시 활동계획으로부터 구성된 관심과 구체적 주제를 기반으로 12개 도시 그룹이 형성되었다.

이상과 같이 건강도시라는 아이디어가 정리된 것은 1994년이었다. WHO의 정의에 따르면 "건강도시란 물리적 사회환경을 개선하고 창조하는 것이며 생활의 모든 기능을 수행하는 데 서로간에 협조하며 그들의 최대한의 잠재력을 발전시키기 위한 커뮤니티 자원을 확장할 수 있는 도시이다"라고 정의하고 있다(WHO, 1994).

건강도시라는 프로젝트는 현재까지 4단계에 이르는 과정을 밟고 있다. 1987년부터 1992년에 이르는 프로젝트의 첫 번째 국면에서는 커뮤니티와 조직의 부서들 간의 협조적인 사업을 형성하고 도시에서의 구조와 절차를 발전시키는 것을 강조했다. 도시 수준의 건강에 대한 모든 것을 향상시키기 위한 그룹의 성공적인 참여 범위를 어떻게 정할 것인가로 출발하여 많은 도시들이 프로젝트를 수용 발전시켰다. 따라서 많은 도시들은 초기의 도시 기획 과정에서 건강 프로젝트에 협조적이며 통합적인 접근을 시도하는 것을 구상했고 이를 발전시키게 된 것이다.

1992년부터 1998년에 이르는 프로젝트 두 번째 단계에서는 지속 가능한 발전과 평등과 같은 문제들을 지정하고 복잡한 대상을 가진 종합적인 도시 건강계획을 발전시키는 것과 모든 부분에서 정책적 대상집단에 계획을 적용, 일반화하는 데 초점을 맞추게 되었다. 이에 따라 60여개에 이르는 프로젝트 도시들이 계획을 설계했으며, 유럽의 550개가 넘는 도시들이 국제적인 네트워크를 형성했다.

1998년부터 2002년에 이르는 프로젝트 세 번째 단계에서는 그동안의 성과를 더욱 세밀하게 일반화하고 설계하는 단계로 발전했다. 당시 유럽에서만 1,000개가 넘는 도시들이 이 건강도시 프로젝트와 네트워크를 통해 국제적이고 지역적인 건강도시 계획을 수립하고 도시의 지속 가능한 발전에 투자하고 있다.

이러한 건강도시 프로젝트는 도시에서의 건강문제와 지속 가능한 도시 건설에 매우 유용하게 쓰이고 있다. 많은 도시들이 조직과 커뮤니티 사이와 조직 내에서의 협조적 사업 수행을 위한 새로운 모형들을 개발하고 있는 것이다.

현재 진행되고 있는 네 번째 단계의 경우 2003년부터 2007년까지의 계획은 두 가지의 요소를 기반으로 하고 있다. 유럽의 핵심적 발전 테마를 위한 WHO 지역 사무소와 함께 사업에 대한 파트너십 증진과 건강발전계획에 대한 투자를 중심으로 전개되고 있다.

건강계획의 발전에 관련된 투자는 파트너십과 형평성, 건강의 결정 요소 방침의 전환, 지속 가능한 발전, 그리고 참여 중심적이며 민주적인 정부관리를 강조하는 것이다. 도시 건강계획은 도시생활에서의 건강 관련 사업의 핵심에 존재하며, 전략적 파트너십의 유지 및 구축을 위한 방법을 도시들에게 제공하고 있다. 그리고 생활의 평등과 건강에 관한 과업에 집중하기 위한 모든 영역들의 자발적 참여를 조장하고 있는 것이다.

◈ 건강도시 계획 원리

- Equity(형평성) : 모든 도시들, 그리고 시민들이 그들의 잠재적 가능성을 깨닫기 위한 기회와 권리를 가지고 있다.
- Health promotion(건강 증진) : 도시건강 계획은 건강 증진에 대한 오타와 협약에서의 원칙에 입각한 건강 증진을 목표로 해야 한다.
- Intersectoral action(다영역 상호간의 활동) : 건강은 일상의 생활에 놓여 있으며 모든 영역의 결정과 활동에 의해 영향을 받는다.
- Community participation(커뮤니티 참여) : 공개되고 보고되며 활동적인 커뮤니티 참여는 정책 결정의 적용과 형성, 그리고 우선순위를 정하는 것이 주요한 부분이다.

- Supportive environment(지원적인 환경) : 도시건강 계획은 물리적이고 사회적인 환경에 상호 지원적인 창조성에 기반해야 한다. 이것은 생태환경이나 지속 가능성의 문제를 포함하는 것뿐 아니라 사회적 네트워크, 교통정책, 주택정책, 그리고 모든 환경정책과 관련한 측면을 포함한다.
- Accountability(책임성) : 건강은 개개인의 생활 조건과 환경의 측면에 상호작용을 통해 만들어진다. 모든 영역에서 정치가, 고위공무원, 관리자의 결정은 건강 조건에 영향을 미친다. 이렇게 건강에 영향을 미치는 결정에 대한 책임성은 사후 측정되고 평가되는 과정 속에서 명확하게, 그리고 이해할 수 있는 것이어야 한다.
- The right to peace(평안할 권리) : 평안함은 건강의 선결적 조건이며 평안을 포함하는 계획이 커뮤니티와 시민들에 대한 건강 상태에 최대점을 이루는 것이다.

2. 로컬 거버넌스와 건강도시

건강도시 계획을 WHO의 건강도시 프로젝트에서는 "지속 가능한 도시 발전을 이루기 위한 환경에서 어젠다 21(Agenda 21)의 실천을 위한 중요한 활동"이라고 정의하고 있다(WHO, 1995). 즉 건강도시 계획은 건강보호 계획이 아니라 건강과 지속 가능한 커뮤니티뿐만 아니라 비전을 성취하기 위한 현실의 방법으로서 종합적인 발전계획에 대한 절차를 이야기하는 것이다. 따라서 건강도시 계획을 실천하고 성공적으로 만들기 위해서는 영역간 협조 체계와 커뮤니티의 참여, 그리고 발전이 절실하게 요구되는 중요한 절차인 것이다. 이러한 건강도시 계획에는 많은 이해 당사자, 즉 정치인, 다양한 조직, 자원봉사자 집단과 커뮤니티를 가지게 된다. 다양한 이해 당사자들을 종합적으로 연결하고 성공적인 건강도시를 건설하기 위해서 건강도시 계획은 새로운 비전과 모든 이해 당사자를 포괄하는 새로운 사회적 모형이 만들어져야 한다는 것이다. 또한 19세기에 나타나지 않았던 문제들이 21세기 새로운 문제로 대두되는 것에 대해서도 대비해야 하는 것이다.

[그림 7-1] 건강도시 계획 구성 체계

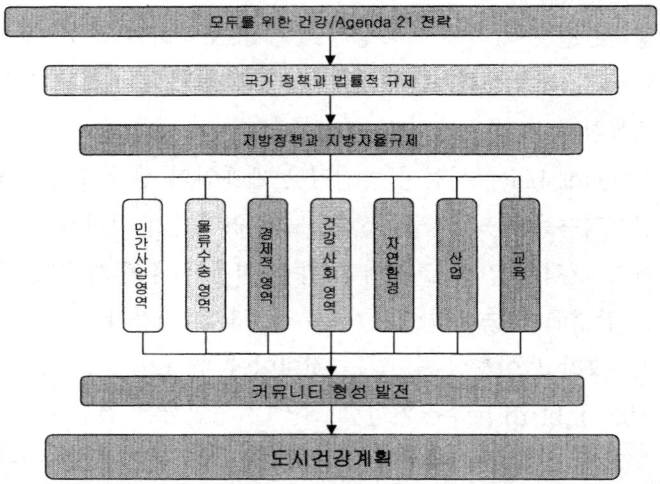

핸코크(T. Hancock)는 19세기 정부 즉 다양한 부서들이 다양한 원리들에 의해 분리되어 정책을 추진하는 것에 대해 설명하고 21세기에 당면한 가장 중요한 문제는 이러한 부서 영역의 범위가 19세기와 다르게 네트워크화하여 연결되어 있다는 것을 지적했다(Hancock, 1996).

따라서 이러한 새로운 문제들에 대응하기 위해서는 민주적이고 협력적인 새로운 구조가 필요하다는 것이다. 이러한 과정 속에서 WHO의 건강도시 계획은 부서 영역 간, 다른 체제 간, 커뮤니티 간의 관계에 새로운 구성 체계를 제시하고 있는 것이다. 새로운 구성 체계를 도식화하면 [그림 7-1]과 같다.

이러한 다영역 간의 협조와 협력은 거버넌스의 관점에서의 민간부문과 공공부문의 활용 사이에 있는 불분명한 경계(Stoker, 1996)를 이론화하는 권력, 의사 결정 및 기관끼리의 상호작용에 관한 중요한 문제와 그 맥락을 같이한다. 또한 다양한 행위자 및 기관들이 자원과 기술들을 사용하여 어떻게 복잡한 정책 결정의 망 속으로 기여하게 하는가와 그렇게 하는 과정에서 정부의 의미가 어떻게 변화되고 있는가 하는 점들을 강조하는 것이다.[1)]

이러한 도시계획에서의 거버넌스는 한 마디로 정의하긴 힘들지만, 과거처럼 관료들이 일방적·수직적으로 의사결정을 행하는 것이 아니라 제도화된 정책 커뮤니티(policy-community) 내의 이해관계자들(stakeholders)-국가기관, 지방자치단체, 시민단체, 일반시민, 직능단체 등-을 정책 과정에 참여시켜서 문제를 해결하고 책임을 지게 하는 공공 의사결정의 한 형태(John, 2001: 9)라고 할 수 있다. 이러한 개념은 공공 의사결정이 더 이상 계층적으로 조직화된 관료제에 달려 있는 것이 아니라 다양한 지역 수준(국가적, 광역적, 지역적 수준 등)의 정책 네트워크 내에 있는 여러 행위 주체들 사이의 상호 관계 속에서 일어난다는 점을 강조하고 있는 부분이다.

제2절 도시계획의 세계적 경향과 새로운 도시계획 패러다임

1. 새로운 도시계획의 패러다임

1) 새로운 접근법의 구성 요소

미래의 도시는 좀더 의식적인 계획을 통해 지속 가능성을 설명하고 규정해야 한다. 지속 가능성은 시장(market)의 효과 또는 자발적이고 참여적인 메커니즘에 의해 좌우된다. 도시계획의 실제는 21세기의 사회적 요구와 경제적 상황, 건강, 환경의 통합 그리고 새로운 인식을 반영하면서 변화된다. 예를 들어, 새로운 도시 기본계획은 커뮤니티의 가치와 새로운 커뮤니티의 기본 구상의 설정으로 만들어지는 것이다. 많은 도시계획가들은 환경적·사회적·경제적 요인, 즉 복잡한 복지 요인들을 실감하고 있다. 초기 도시계획가들에 의해 옹호되고 있는 전체론적 접근법은 모든 사람들과 그와 관련된 환경 사이의 연관 관계에 초점을 두고 있다. 자연발생적 접근법은 구

1) 거버넌스의 등장은 1980년대 영국에서 정부의 축소를 약속했던 신우파(New Right)이데올로기와 깊은 연관이 있다고 주장하기도 한다.

체화된 사고에는 반하지 않지만 도시의 건강은 의료의 전문화에 의해 수행될 수 있다는 주장을 하고 있다. 이러한 두 가지 접근법은 상호 보완적일 뿐 아니라 상호 필요불가결한 부분으로 인식되고 있다.

도시는 다양한 커뮤니티로 구성되며 건강은 필수적인 측면으로 예전에 비해 현재 매우 주요한 부분을 차지하고 있다(United Nations Centre for Human Settlements, 1994). 도시에서 범죄가 증가하고, 일탈적 행태의 발생, 그리고 통제하기 어려운 교통문제는 시민들의 건강에 직접적으로 영향을 주는 스트레스를 만들어 내고 있다. 따라서 도시는 모든 시민들이 도시에서 생활하는 데 자발적인 참여를 통해 생활 편의시설과 커뮤니티를 건강하게 유지하기 위한 자연적인 환경을 창조해야만 한다. 따라서 현대의 도시계획가들은 이러한 요구를 만족시켜야만 하는 실제적 역할을 담당해야 하는 것이다.

이러한 새로운 접근법은 다음의 구성 요소에 의해 더욱 효과적인 도시계획을 만들어 낼 수 있다.

- 커뮤니티 참여 : 커뮤니티 참여는 계획의 상호작용을 통해 명확한 목표를 만들어 낼 수 있다. 즉 주인의식을 함양하고 공공의 의식을 향상시키며 도시 경영을 위한 구조를 더욱 튼튼하게 할 수 있다. 마지막으로 커뮤니티 의식을 향상시킬 수 있다(WHO, 1999).
- 도시에서의 모든 이해 당사자와의 연계 : 도시계획 과정에 영향을 받는 모든 사람들의 관심은 도시계획의 초기 단계와 집행 단계, 그리고 운영 유지 단계에서부터 고려되어야 한다.
- 조정 : 국가의 계획과 정책 사이에 조정, 그리고 지역에 대한 정보와 관심사에 대한 조정이 이루어져야 한다.
- 연계성 : 다양한 계획 절차 사이의 명확한 연계성 확보를 위한 도시의 상호작용과 경제 계획, 특히 적은 규모 사업의 필요성과 지역 커뮤니티의 고용과 관련된 요소들이 고려되어야 한다.
- 지속 발전 가능성 : Agenda 21에서 주요하게 다루어졌던 지속발전 가능성은 도시계획에 지속 발전 가능한 도시 발전과 관련된 장기적 관점에 대한 접근법을 제공하고 있다.

- 실현 예산 : 도시계획은 유지 비용을 포함해서 재정 집행에 대한 완전한 계획이 준비되어야 한다.
- 가외성(부가성) : 최상의 바람직한 목적 성취와 비교하여 적절한 수준의 계획 결정을 통해 계획 과정의 효과성과 참여의 극대화를 이루어 내야 한다.

유럽위원회(European Commission)는 도시계획의 주요한 역할을 지속적으로 인지하고 있다. 정부의 견해를 발표하는 도시환경녹서(green paper on the urban environment)와 EU의 5번째 환경활동 프로그램(European Commission, 1997)에서는 도시계획은 다양성 증진과 도시 팽창의 억제, 도시 황폐화의 개선, 도시 중심가의 부흥, 도시 디자인의 향상을 통한 도시환경 개선에 하나의 도구로 사용될 수 있다고 지적하고 있다.

2) 통합적 시각을 통한 도시계획

도시가 당면한 문제는 필연적으로 다양한 부분들이 연관되어 있으며 지속 가능한 발전과 관련하여 다양한 수준의 실행계획들을 향상시키기 위한 통합적 접근법을 요구하게 되었다. 더욱이 이러한 접근법을 효과적으로 집행하기 위해 생산과 소비에서의 생활 습관의 변화와 같은 발상의 전환을 요구하고 있는 것이다. 이러한 변화에 대한 도전에 주요한 전제 조건은 지속 가능성에 대한 정책적 합의가 있어야 한다. 국제연합인간거주회의(HABITAT)에 대한 스웨덴의 노력은 흥미있는 예가 될 수 있다. 즉 매스미디어의 역할과 교육과 훈련, 행태와 태도의 변화에 기반한 지속 가능성 실현에 그 초점을 두고 있는 것이다(Royal Swedish Academy of Sciences, 1996). 이러한 통합적 시각에 의한 도시계획은 다양한 수단에 의해 변화의 방향을 제공하고 있는데, 몇몇의 예를 들면 다음과 같다.

- 정책의 통합 : 정책은 지속 가능성을 성취하기 위한 직접적인 방법으로 분야별 접근 방법을 탈피하여 높은 수준의 통합이 요구된다.
- 도시계획 : 도시계획은 시민들의 주거환경에 대해 직접적으로 영향을 미치는 것으로 지나친 영향을 줄이거나 환경을 개선하는 데 중요한 도구적 수단이 된다.

- 도시 하천의 치수관리 : 도시 하천의 치수관리는 용수, 에너지, 쓰레기 문제를 포함하고 있다. 이러한 치수관리는 생태학적 에코시스템을 통해 관리될 수 있으며, 어메니티(amenity)와 효율성을 개선하기 위한 새로운 기술에 의해 지지될 수 있다. 또한 자원의 지속 가능한 사용에 관심을 두고 진행되어야 하는 부분이다.
- 환경계획과 도시계획의 통합 : 환경·도시계획은 통합적으로 계획되고 운영될 수 있다. 환경영향평가를 통한 위한 토지이용계획 또는 환경계획의 통합 발전을 통해 주요한 구성 부분인 환경과 도시의 종합적인 계획을 세울 수 있는 것이다. 몇몇 나라에서는 도시계획 과정 동안 환경평가가 중요한 부분으로 취급되고 있다.
- 교통계획과 도시계획의 통합 : 교통계획과 도시계획 역시 통합적으로 운영되어야 한다. 삶의 질과 교통 이용 패턴의 영향과 발전 정도와 형태를 포함하는 도시의 구조가 통합적인 관점에서 취급되어야 하는 것이다. 현재 많은 도시들이 이러한 계획 과정을 이미 채택하고 있다.
- 도시계획에서의 공공장소의 제공 : 공공장소는 일상적인 공원을 포함하여 수로, 농지, 개인 정원 그리고 도시의 광장을 포괄하는 것이다. 이러한 공공장소는 여러 가지 생태적 기능을 제공함은 물론 도시민의 삶의 질을 제고하고 생물 다양성의 증진과 폭우에 의한 자연재해 예방효과를 증진시킨다. 도시에서의 공공장소의 규모와 질은 또한 도시민의 삶의 질에 중요한 영향 요인으로 그 중요성이 강조된다.
- 토지 이용 : 토지이용계획은 적절하게 조정되어야 한다. 엄격한 토지이용구역의 적용은 도시에서 개인의 토지이용 제한에 의해 비판받고 있지만 이러한 토지이용구역의 적용은 지속 가능한 도시교통 체계의 달성을 위한 전략을 통합하고 교통 혼잡을 감소시키는 데 매우 중요한 요소이다. 도시에서 토지이용계획은 도시의 편의시설의 부분들과 주거지역, 상업지역 등의 균형 유지를 위해 적용되어야 하는 것이다.
- 도시계획과 건강보건계획의 통합 : 도시계획 안에 건강과 관련한 부분들이 통합되어야 하는 부분은 도시계획가와 보건전문가 양자에게 새로운 도전이라고 할 수 있다. 양자의 결합과 지속 가능성은 매우 복잡

한 문제이기 때문이다. 이들 간의 연관성은 생태적 지속 가능성의 문제뿐 아니라 사회적 · 경제적 지속 가능성과도 결부되어 있다. 몇몇 모형들은 환경의 질과 경제 활력은 더 나은 복지와 건강에 대한 시민들과 사회의 공통된 의식과 의지의 결합을 통해 균형을 이루질 수 있다고 제안하고 있다. 빈곤과 불평등 문제는 건강과 복지의 퇴보에 주요한 문제로 관심을 가져야만 한다.

일반적인 계획에 Local Agenda 21과 도시계획의 결합－일반 계획에 도시계획과 Local Agenda 21을 결합－하는 것은 아직은 모험적인 일일 수 있다. 그러나 커뮤니티 참여가 강하게 연관되어 있는 형태를 보이고 있고 도시계획가들 역시 계획에 대한 전략적 접근법을 수용하고 도시계획에서 지속 가능성의 문제를 통합시키는 과정에서 그 해법을 찾을 수 있다. 몇몇 나라에서는 현재의 계획구조에 Agenda 21을 채택하고 지속 가능한 발전에 대한 실행계획을 통해 자체적인 요구를 수용하고 있다.

3) 새로운 방향으로의 도시계획

도시계획은 다양한 관심사를 통합하고 조정하는 과정의 집합이며 이론의 다양성을 포함하고 있다. 상호 관계적 접근법은 지속 가능성을 보장할 수 없기 때문에 도시계획의 통합이 증가하고 있고 이것은 지속 가능성의 증가를 목적으로 하고 있다. 다양한 전략들의 집행에 대한 도시의 잠재성은 정책과 계획이 지속 가능성을 추구하느냐에 달려 있으며, 도시의 지리적 환경, 인구의 상태, 경제적 구조, 문화적 측면, 그리고 행정의 내용에 의존한다. 도시계획 체계는 다양한 부분의 연계성이 증가하는 사회경제적 목적과 건강과 환경의 증진을 통하여 지속 가능성에 대한 도시 전반적인 정책집행이 주요한 요소인 것이다. 도시 사이의 차이점에도 불구하고 도시계획에 대한 일반적인 요구는 지속 가능성을 위한 과정이 요구되며, 다음과 같이 정의할 수 있다.

- 단기와 장기 목표를 포함하고 있는 전략적 계획 또는 미래에 대한 비전
- 계획 준비에 앞서 도시의 상황에 대한 적절한 이해와 성공의 확신
- 사회 · 경제적 그리고 환경적 영향의 측정(지속 가능성 평가)

- 의사결정 과정에 지표의 사용
- 건전한 커뮤니티 육성
- 생애 주기에 맞는 지속 가능성의 확신

이러한 많은 원리는 유럽의 몇몇 도시계획 체계에서 찾아볼 수 있다. 이러한 도시계획 과정의 운영은 지리적 범위의 범주를 넘어 운영될 수 있다. 또한 다양한 방법에 의해 커뮤니티와의 관련성을 포함하고 민주적 운영을 통해 개방성을 높일 수 있으며 측정 가능한 미래의 사회·경제적·환경적 영향을 찾아낼 수 있으며 시민들 사이의 다양한 그룹에 대해 적용할 수 있다. 그뿐만 아니라, 혁신을 통해서 효과성을 증진할 수 있으며 일반적으로 한계로 남아 있는 계획 체계에 대한 지속 가능한 발전이라는 새로운 어젠다에 영향을 줄 수 있다. 이러한 중요한 부분의 변화는 영역 상호간의 태도와 정책과 정책 도구를 계획하는 데 상관성을 맺고 있다.

2. 세계적 경향과 사회적 트렌드

세계 경제의 흐름은 도시화에 의해 엄청난 영향을 받고 있다. 경제·사회·환경·문화의 힘은 최근 15~20년 사이의 세계 인구의 공간적 분포 공간에서의 변화와 도시화 경향의 측면에 의해 이해되어야만 한다. 이러한 경향과 변화를 이해하기 위해 1996년 UN 인간정주회의에서 이러한 경향에 대한 정의를 하고 있는데, 다음과 같다(UN Centre for Human Settlements, 1996).

1) 사회적 경향

유럽의 거의 모든 나라들은 질병의 치료 또는 예방과 인간 삶을 위협하는 상황의 제거, 그리고 빈곤의 제거와 삶의 기대 증가에 의해 설명될 수 있는 사회적 과정이 진행하고 있다. 그뿐만 아니라 도시 빈곤의 증가는 1980~90년대를 통해 가장 주목할 만한 것이었다. 사회적 형평성·사회 정의·사회통합·사회의 안정성을 포함하고 있는 지속가능한 발전의 사회적 요소는 잘 조직화된 도시 사회의 기능에 집중해야 하는데, 도시에서의 주거 생활의 질은 저속득과 고소득 집단과 개인 소유 주택과 공공주택, 그리고 사적인 임대주택 사이의 실체는 서로 다른 것이다.

2) 경제적 흐름

도시의 시스템은 모든 나라의 경제적 발전의 핵심적인 부분으로 존재하며, 이와 같은 현상은 지속적으로 이어질 것이다. 국제화의 과정은 이와 같은 상황을 대규모 도시 영역의 경제적 사회적 구조를 변화시킬 것이며 공간적인 구조를 재형성하도록 할 것이다. 분명한 것은 도시정부의 가장 복잡하고 어려운 문제는 도시 거주민의 사회 경제적 욕구를 동시에서 보장해야 한다는 것이다.

3) 도시 거버넌스

유능하고 책임감 있는 도시 거버넌스의 주요한 요인은 사회적·경제적 발전을 위한 도시의 잠재적 노력이며, 이러한 잠재적 노력은 정부와 주민, 그리고 커뮤니티의 참여와 관심이라고 할 수 있다.

4) 도시 형태와 도시계획

도시 내에서의 상수도 공급, 위생시설, 쓰레기 수거, 교통, 정보통신 체계 등 새로운 도시 기반구조와 서비스는 불규칙적으로 도시에 퍼져 있거나 또는 토지의 균형적 사용과 공간, 그리고 고밀도의 인구 거주에 의해 제한되고 있다. 따라서 도시계획의 새로운 접근은 환경 친화적 토지 이용을 포함해 인간 거주 형태의 평등성과 생산성, 그리고 건강 달성을 위한 핵심적인 요소로 책임감을 바탕으로 하는 시민들의 책임감이 핵심적인 부분이 되어야 한다.

3. 유럽의 경향

1980년대 초부터 유럽이라는 지역에 대한 의식이 일반적인 경향으로 발전되었다. 도시화는 계속적으로 증가하고 있었으며, 특별히 중앙과 동부 유럽과 새롭게 USSR에서 독립한 국가들에서 주요하게 나타났다. 도시인구와 도시에서 직장을 갖게 된 인구는 모든 산업화된 국가에서 작은 도시보다 규모가 큰 도시(50만 이상)에서 더욱 빠르게 증가하게 되었다. 이와 더불어 많은 도시에서 사회적 배타주의와 구체적인 인종 차별적 상황이 증가하게 되었다(Wilkinson & Marmot, 1998).

도시환경과 교통문제는 도시의 가장 주요한 문제로 대두되었으며, 이러한 문제는 건강에 대한 위협과 연결되었고 삶의 질에 대한 인식은 점점 저하되었던 것이다. 이러한 문제가 계속되면서 분산이 시작되었는데 사람들은 도시 중심으로부터 시 외곽으로 이주하게 되었고 비즈니스와 관련된 부분들이 도시 중심으로부터 이탈하게 되었다. 따라서 도시 중심부는 공동화가 진행되었고 사회적 약자 계층이나 사회적 진보에 뒤처진 사람들의 보금자리가 되었던 것이다. 중앙 유럽과 동부 유럽의 국가들에서 도시는 1990년대 초기의 정치적 대변동을 초래한 시장 경제적 발전 패턴을 수용하게 되었으며, 구체적인 시장 지향적 변화는 시민들의 건강 또는 사회적 평등, 양질의 환경에 대한 안전 장치를 마련하는 기회를 만들게 되었던 것이다.

유럽환경기구(Stanners & Bourdeau, 1995)에 의해 작성된 유럽의 환경에 대한 평가에 의하면, 유럽 도시들의 환경은 일반적으로 계속적인 악화 과정을 밟고 있다고 밝히고 있다. 유럽 전체 지역의 1%를 차지하고 있는 도시 영역에 유럽 인구의 3분의 2가 거주하고 있는 상황에서 이러한 평가는 도시 대기환경에 대한 인식을 불러일으켰지만 아직도 거대 도시의 대기환경은 매우 불만족스러운 상황에 있다. 그뿐만 아니라 도시지역의 수도 공급이 제대로 할당되거나 효과적으로 관리되지 못하고 있는 실정이다. 도시들에 의한 자원의 부족한 소비는 계속적으로 증가하고 있는데, 예를 들어 1백만 주민이 하루 동안 소비하는 평균 화석연료의 양은 11,500톤이며, 320,000톤의 물과 2,000톤의 음식, 그리고 2,500톤의 CO_2를 생산해 내고 있다.

4. 새로운 도시계획의 중요성

도시와 도시계획구역에서 많은 전문가들은 지방 수준에서 지속 가능한 개발을 위한 주요한 방편을 도시계획에서 고려한다. 1992년의 리우 데 자네이루에서 개최된 UN 환경과 개발에 대한 국제회의에서 건강 증진과 환경 피해를 줄이는 혁신적인 접근법에 대한 논의가 이루어진 후 그에 대한 관심은 계속 증가했다. 유럽 지역에서 현재의 실천적인 구조의 틀은 Agenda 21과 Health 21(UN, 1993)과 깊은 연관을 가지고 있다. 많은 실천 전략과 프로그램은 지방 수준에서의 많은 장애와 도전에 대한 대응으로서의 국가적이고 국제적인 구조에 의해 확립되었다. WHO의 건강도시 프로젝트와 유럽의 지속 가능한 도시와 타운 캠페인은 그 일부분으로 도시의 문제, 즉 도시 스트레스를 줄이는 가능한 방법으로서의 도시계획을 촉발시켰으며, 미래의 도시를 지방 수준에서 더욱 살기 좋은 건강한 지역으로 만들기 위한 방법으로 추구되었다.

국제적인 건강 및 생태 도시 대회－'우리 도시, 우리의 미래'라는 주제로 개최됨－가 1995년 3월 마드리드에서 개최되었는데 이 국제회의에서는 지속 가능한 발전과 건강에 대한 실천전략과 정책에 대한 필요성이 강조되었다 (Price & Tsoruos, 1996). 국제대회의 많은 참가자들은 국제적이고 국가적이며 지역적인 수준에서의 구체적인 계획의 광범위한 틀을 강조했으며, 지속 가능한 도시 발전을 위한 기술 개발에서의 도시계획의 중요성을 강조했다. 많은 수의 정책 자료와 선언, 그리고 경험이 지방의 지속 가능한 발전을 위한 도시계획 과정의 중요성을 언급하고 있었던 것이다.

제3절 건강도시와 지속 가능한 도시계획 과정

1. 건강도시와 지속 가능한 발전

지속 가능한 발전은 우리의 일반적인 미래에 의해서 유추될 수 있다. 세계환경발전위원회의 브룬틀란트(Bruntland) 보고서에서 경제 발전과 환경적 지속성 사이의 관계에 대해 지적하고 있는데, 이 위원회는 지속 가능한 발전을 "미래의 세대가 그들의 필요에 직면하게 될 필요(자원)를 손상시키지 않는 범위에서 현재의 수요에 대처하는 발전"이라고 정의하고 있다.

이 위원회는 빈곤한 사람들과 거대한 자원의 불균형적 소비에 관심을 가지고 있었다. 따라서 빈곤층의 욕구에 대처하기 위한 경제적 발전이 필요하다고 믿었다. 그러나 이러한 발전은 지구상 생태계의 손실을 줄이는 목적과는 어느 정도 거리가 있었다.

현재 우리의 일반적 미래는 사회의 지속성 또는 건강과 관련되어 있지 않으며 오직 경제와 환경에 대해 관심을 가지고 있다. 지속 가능한 발전은 지속 가능한 사회의 개념을 포함하여 발전되어 왔다. 이후의 정의는 지속 가능한 발전의 광범한 개념을 포함하고 있다. 예를 들어, 리스(W. Rees)는 지속 가능한 발전을 다음과 같이 정의했다(Rees & Lawrence, 1996).

"커뮤니티와 사회에 의존하는 사회적·생태적 체제를 훼손시키지 않는 긍정적인 사회경제적 변화. 이것의 성공적인 적용을 위해서는 정책, 기획

[그림 7-2] 지속 가능한 발전의 기본 모형

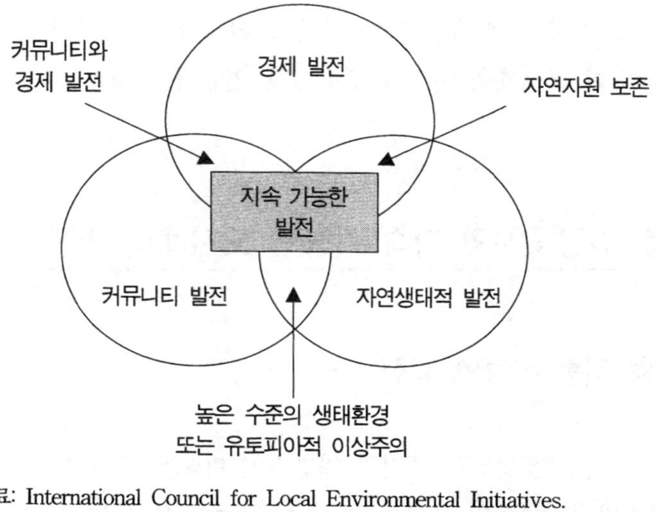

자료: International Council for Local Environmental Initiatives.

그리고 사회 학습 과정의 통합이 필요하다. 이것의 정책적 가능성은 그들의 정부와, 사회적 구조, 그리고 개인적인 활동을 통해서 영향을 받은 사람들의 최대한의 지원과 참여에 의존한다."

1991년 캐나다 공중보건협회(The Canadian Public Health Association)는 "인간 발전과 인간의 잠재성에 대한 성취는 현재와 미래의 세대에서 사회적으로, 그리고 환경적으로 지속 가능한 경제적 활동을 요구한다."라고 더욱 간결하게 정의하고 있다.

사회의 지속 가능성에 대한 개념을 포함함으로써, 이러한 정의는 공평한 경제적 발전과 환경적인 지지에 의해 도움을 받는 인간 발전 과업에 대한 본래의 목적에서 경제적 발전의 환경적 영향을 고려하는 것으로 옮겨진다(Canadian Public Health Association. 1991).

2. 지속 가능한 도시계획 과정

제시될 가이드라인은 지방자치단체에서 사용될 수 있는 기본적인 도구와 방법으로 계획의 기본적인 과정을 제공할 수 있다. 이론적으로 단계적인 절차는 주요한 문제에 대한 명확성을 부여할 수 있다. 제시된 모든 단계는 지역의 상황에 가장 적절한 방법을 찾는 데 도움을 줄 수 있을 것이다. 제시된 계획 과정은 총괄적으로 여섯 범주로 나눌 수 있으며, 세분하면 21단계로 이루어져 있다.

정책적 합의는 21단계 과정에서 매우 중요하고 필수적인 요건이며 핵심적인 조직구조는 계획 과정을 통해 지도와 감독을 필요로 한다. 각각의 단계는 별개 사람들의 투입이 요구되며 각각의 도시는 행정적 계획 체제와 정책 내용을 반영하고 가장 적합한 유형을 선택하는 것이 필요하다. 도시에서 주요한 행위자는 도시의 특성에 맞는 과정을 선택하는 데 노력해야 하는 것이다. 몇몇의 도시들은 이미 적절한 도시계획 구조를 가지고 있으며 실현 가능한 계획을 가지고 있다. 예로 제시된 각각의 단계는 과정 시작전에 기본적인 지도 윤리를 형성하는 요소들의 정리가 선행되어야 한다. 이러한 기본적 지도 윤리는 다음 <표 7-1>과 같다.

〈표 7-1〉 기본적인 지도 윤리

	지도윤리	
도시계획 시작 전제	• 다영역 간 협조 • 커뮤니티 참여 • 통합적 접근법 • 책임성 • 안전과 질서에 대한 권리	• 평등 • 건강 증진 • 긍정적 환경 • 파트너십과 제휴 연합

Stage 1. 시작 단계 : 파트너십 형성

파트너십을 형성하는 것은 커뮤니티 그룹과 지속 가능한 발전, 직무와 관심 영역 다양성의 균형, 그리고 사용자와 서비스 제공자의 계획에 대한 조직적 구조 설정에 매우 중요한 요소이다. 또한 파트너십은 계획 과정의 부분으로서 고려되어야 하는 것이다. 이러한 단계에서 도시계획가의 목적은 서비스 전달에서의 파트너를 규정하고 서비스 사용자가 어떻게 도시계획 과정에 참여할 수 있도록 할 것인지를 정의하는 것이 목적이 된다. 파트너십 형성 과정과 전략적 협조는 적법하게 고려되어야 할 관심 분야의 다양한 커뮤니티 구조에 의해 조장될 수 있다(Canadian Institute of Planners, 1990).

Stage 2. 도시 바로 알기: 문제의 분석

문제의 분석은 일반적으로 지역에서 존재하며 환경과 건강의 상태를 설명할 수 있어야 하며, 사회적 상태, 즉 교육 · 복지 · 빈곤 · 고용 · 범죄 · 마약 · 이주(주택) 문제를 대략적으로 판단할 수 있어야 한다. 그뿐만 아니라 기존의 전략적 계획, 도시기본계획과 보건계획을 평가하고, 문제를 규정하고 사회적 요구와 기회들에 대해 정의할 수 있어야 한다. 이러한 요소들은 대상 영역의 규정을 할 수 있도록 유도할 수 있으며 도시의 종합적인 설명을 구조화하는 데 도움을 줄 수 있다(International Society of City and Regional Planners, 1993).

Stage 3. 기본 구상 설정 : 미래 비전의 형성

기본 구성 설정은 강점과 약점, 기회와 위협의 분석을 통해 설정되어야 한다.[2] 이 단계에서는 미래에 대한 연구회의, 학문적 경쟁, 아이디어 포럼, 직무그룹의 제안 등과 같은 활동이 일어난다. 시민들은 그들의 도시와 커뮤니티의 미래에 대한 아이디어 또는 생각을 제안하도록 요구되며 이러한 정보를 제공받는다. 시의회는 시기본계획의 재조명과 체계에 대한 유도를 제공하기 위한 도시의 장기적 기본 구상을 채택하게 된다. 도시에 대한 기본 구상의 공식화 과정은 미래를 발전시키기 위한 주요 목적과 원리를 제공하는 것이다(International Society of City and Regional Planners, 1993).

Stage 4. 실천계획 : 구조화

네 번째 단계는 지속 가능한 발전을 위한 계획에서 가장 중요한 요소가 된다. 전 단계의 모든 과정(Stage 1~3)은 효과적인 실천계획을 만들기 위한 준비 과정이 되는 것이다. 이러한 실천계획은 문제를 다루고 조직 수준에 대한 요구, 그리고 장기적 관점을 가진 전략을 제공한다. 실천계획은 단기적이고 장기적인 과정에 대한 구체적 대상을 포함하며 실천계획이 달성되었는지를 평가하기 위한 메커니즘을 설명한다. 시민과 지역의 단체와 조직들은 전략적 실천계획에서 집행을 위한 합의를 위해 참여할 수 있는 기회가 주어진다. 실천계획 과정은 절차에 의해 규정되어야 하며, 이전 단계에서의 커뮤니티 비전과 분석, 목표의 설정, 대상의 규정, 전략과 프로그램 집행 선택, 실천계획의 집행에서 파트너십의 증진을 고려해야 한다(Canadian International Development Research Centre, 1996).

Stage 5. 실천 : 집행과 모니터링

이 단계에서는 집행과 모니터링에 모든 노력을 집중한다. 아무리 계획이 잘된 실천계획일지라도 모든 문제를 해결하고 모든 요구에 대응하며 도시를 지속 가능하게 발전시키거나 도시를 건강하게 만들게 한다고 보장할 수

---

2) 일반적으로 SWOT분석이라고 할 수 있다.

없다. 시민들과 서비스 이용자는 계획과 실천계획에 대해 종종 회의적일 수 있다. 집행계획에 대한 지방정부의 실패는 종종 지방정부의 의지가 부족하여 귀착된다. 계획의 최종 산출은 계획 자체보다는 실천에 의해 형성되는 구조의 시정이나 개혁에 의해 이루어진다. 계획의 결과는 예산의 우선순위, 의사 결정과 투자를 포함하여 지방의 행정적 실천에 의해 통합되는 것이다. 이에 더해, 계획을 이해하는 사람들이 계획을 집행하기 위한 능력과 책임을 구체화할 수 있는 조직적 구조를 사용함으로써 조직 변화와 계획을 실천하게 된다. 이 단계에서 효과적인 계획의 설정과 부서 상호간의 협조와 조정, 분권, 업무와 직무의 분할에 대한 효과적인 구조를 만들어 낼 수 있는 것이다. 마지막으로 모니터링은 규칙과 절차의 재구조화와 내부 감시와 감사를 통해서 현실화되는 것이라고 할 수 있다(Canadian International Development Research Centre, 1996).

Stage 6. 피드백 : 평가와 환류

이 단계는 계획 집행의 상세화를 통해 사람들이 계획에 대해 평가하고 이해할 수 있도록 하는 단계로 매우 중요한 부분이라 하겠다. 계획이 도시를 지속 가능하도록 만들었는지 커뮤니티를 건강하게 만들었는지에 대해 사람들은 보통 결과보다 높게 평가하는 경향이 있기 때문에 정확한 평가가

[그림 7-3] 건강도시 계획 단계

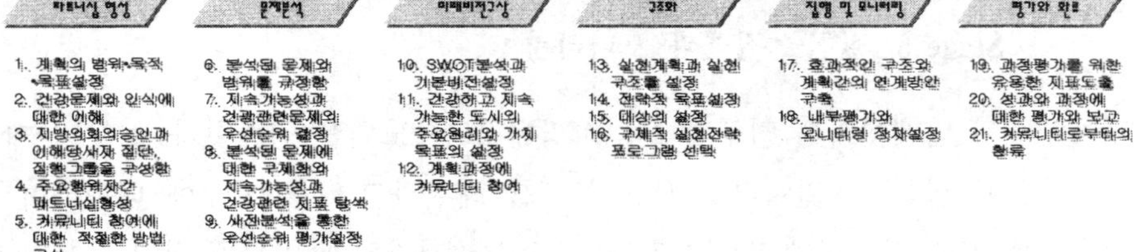

필요하다. 지속 가능성을 확보하기 위한 과정은 요망한 효과를 집행계획이 만들어냈는지 전략적으로 수용 가능한 평가를 할 수 있는지에 대한 체계적인 평가를 요구한다. 성과 보고서와 과정에 대한 보고서는 따라서 이 단계에서 가장 중요한 요소라고 하겠다. 따라서 계획과 부합되는 지표는 실천계획의 집행 성과를 측정하기 위한 효과적인 도구가 될 수 있다. 또한 커뮤니티와 시민에 정보를 제공하는 것은 커뮤니티에 계획의 성과를 환류시키는 데 중요한 부분이 될 수 있으며 커뮤니티 행태를 통제하는 데 효과적인 방법이 될 수 있다.

제 4 절 로컬 거버넌스를 통한 건강도시 계획 사례연구

여기에서는 건강도시 계획 과정에 대한 예를 살펴보도록 하겠다. 과정과 절차는 유럽 지역의 건강도시 발전에 기반하여 설명할 것이다. 따라서 각 도시들의 요구들에 적합하도록 적용된 방법을 설명하고자 한다. 각각의 예들은 유사한 과정을 가지고 있지만 도시들의 요구에 미묘한 차이와 순서, 절차를 가지고 있다.

건강한 도시 프로젝트에서의 건강도시 계획은 초기의 과정, 즉 프로젝트 운영과 비전과 같은 모두를 위한 건강 원리가 도시의 공약으로부터 일반적으로 시작되고 기반이 된다는 것이다. 협력 증진을 위한 구조와 적절한 관리는 이미 이해되고 적절하게 나뉘어 있었다. 따라서 여기에서는 건강도시 계획의 실천에서 나타나는 유럽의 건강도시 프로젝트의 경험을 간단히 설명할 것이다. 각 도시의 예들은 도시의 정책과 잠재적인 결과를 쉽게 이해하는 데 도움이 될 것이다.

1. 글래스고: 서비스 지향적인 계획안에서의 출발

스코틀랜드(인구 약 75만 명)의 글래스고(Glasgow) 시는 도시의 기관에서 이미 사용하고 있는 계획을 기반으로 하는 모형을 가지고 건강도시 계획의 발전을 도모했다. 건강을 위한 계획에서 커뮤니티 시각을 발전시킴으로써 견고한 기반을 다지고 협력적 과업을 통한 더 나은 지원을 획득하기 위한 방안으로 요약할 수 있다.

[그림 7-4]는 계획의 발전 과정을 보여 주는데 이러한 발전 과정은 시의 가장 강력한 의사결정위원회로부터 시작하여 피드백되는 과정을 보여 준다.

[그림 7-4] 글래스고 시의 서비스 지향적 건강도시 계획 발전의 절차

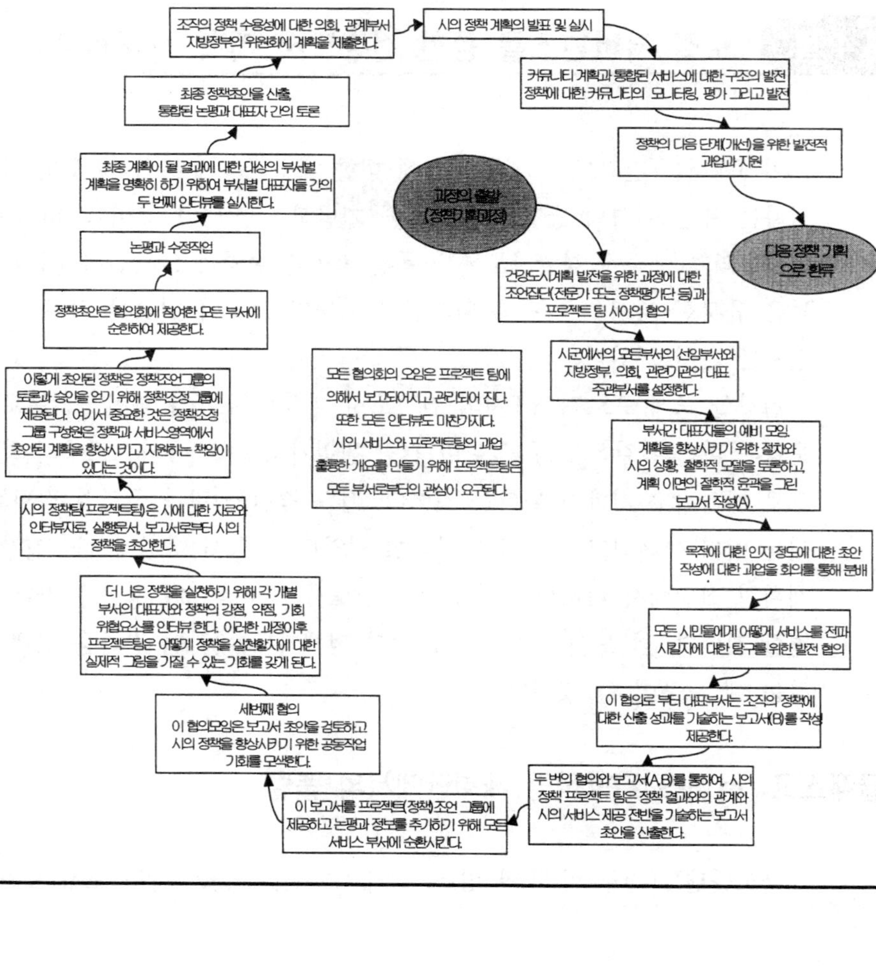

시에서 가장 중요한 의사결정으로부터 협조를 획득하는 것을 시작으로 과정은 출발한다. 높은 수준의 협조, 즉 서비스 부서 책임자들의 접근을 용이하게 하고 적극적인 참여 필요성에 대한 인식을 말해 주는 대목이다.

기획팀은 기관 과업의 전체적인 발전을 위해 연속적인 협의회를 만들고 있다. 글래스고 시는 이미 광범위한 건강의 범위와 사회학자들을 모집해 놓은 상태였으나 도시계획 전반에 투입하지 못하고 있었다. 따라서 건강도시계획에서는 이것을 과정에 투입했다. 따라서 기관들 스스로 그들의 과업을 객관적으로 연구하여 주요한 건강 상황이 어떻게 연관되는지 알게 되었다. 시의 초안 문서들은 기관들 그리고 개인의 인터뷰를 바탕으로 몇 년에 걸쳐 생산되었고 현재도 진행되고 있다.

보건기관과 지방자치단체, 그리고 건강도시 프로젝트 조언 집단의 광범위한 검토 후에 건강 관련 기관들은 초안을 작성했다. 이러한 초안은 다시 모든 서비스 기관들에 의해 비평과 업데이트를 위해 순환된다. 또한 기관들 간의 계획을 발전시키기 위한 이러한 과정은 출발부터 실행되기까지 많은 시간이 소비된다. 그러나 이것은 강력한 협조적 구조와 높은 수준의 협조적 프로젝트가 일생 동안 발전되고 성취되는 과업이기 때문에 매우 중요한 부분이다.

정책 실행은 과정의 끝이 아니라 광범위한 커뮤니티 참여와 계획을 발전시키는 과정의 시작인 것이다. 계획이 수용되고 실천된 후에 모니터링, 재검토, 그리고 개선 전략은 전략적 모니터 대상과 장래의 협조적 과업 수행에 첨가되는 피드백 과정을 거치게 된다.

2. 리버풀 : 협조적 계획의 발전

리버풀(Liverpool) 시는 시의 건강과 환경문제를 한번에 해결하기 위해 일회적 실천이 아닌 필요로 하는 모든 과업을 구성하는 건강계획을 발전시키는 것이라는 사실을 강하게 느끼고 있었다. 리버풀 시는 정보의 수집 분석, 그리고 자문과 같은 조망으로서의 건강계획 대신에, 주요한 발전을 위한 자원을 동원하고 서로 다른 영역들과 지속성을 기반으로 하는 공동 작업을 통한 학습을 가능케 하는 도시, 그리고 커뮤니티 사이의 새로운 커뮤니케이션 채널을 개방하여 건강한 도시를 만드는 것을 초점으로 했다.

리버풀 시에서는 조직과 커뮤니티에 봉사하는 자문으로 기획 과정에서의 빈틈없는 협조를 유지하고 있다. 건강계획은 시에서의 건강과 생활의 질을 향상시키기 위한 5개년 전략을 세우고 있다. 이 계획은 장기적 대상과 단기적 대상을 구분하고 영국의 건강관리 전략에서 기술되고 있는 건강의 수준을 성취고 리버풀에서의 허약한 건강 상태의 원인에 의거하여 행동을 취하고 모든 사람이 같은 목적을 향해 움직일 수 있는 목표를 세우고 있다.

리버풀은 1988년 WHO의 건강도시 프로젝트(Healthy Cities Project)에

[그림 7-5] 리버풀의 건강계획 과정

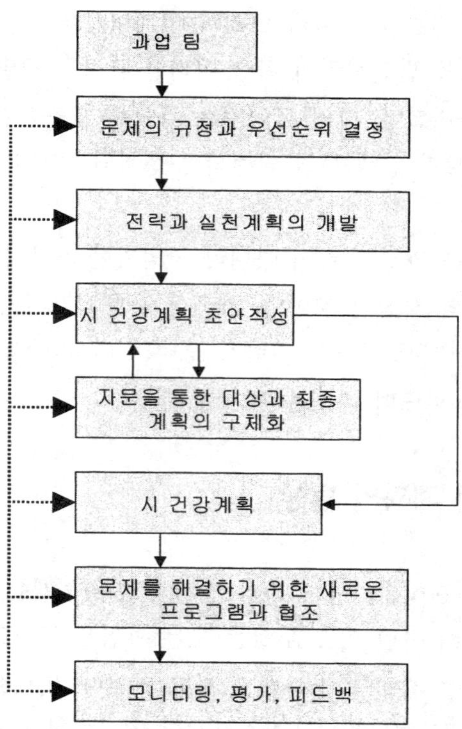

처음으로 참여하는 도시였으며 초기 단계 동안에, 리버풀 건강도시 프로젝트는 모든 건강의 원리와 전략, 철학적 합의를 위한 모든 기관들 사이의 동의를 확고히 하며 조직화하는 데 힘을 기울였다. 두 번째 단계에서는 프로젝트 리버풀 건강계획 자체의 발전과 연관짓게 되었다.

1993년 새로운 준비와 구조는 도시의 공공 건강관리를 첨가했으며, 그래서 주요 기관의 기획 과정에 건강관리가 주류로 포함되었다.

건강한 도시 프로젝트는 도시에서 건강을 위협하는 우선순위를 과업 그룹에 의해 지정하게 했다. 이러한 과업 그룹은 공공 건강 팀을 구성하고 자문위원회를 구성하는 책임을 가지고 있으며, 과업 그룹의 역할은 시 건강계획을 통해 향후 발전에 대한 실천 계획과 전략을 개발하는 것이다. 과업 그룹의 주요 핵심 영역은 국가의 국민보건 향상을 포함하고 있으며, 빈곤에 의한 취약한 보건 상황을 파악하기 위해 주택 공급 정책과도 연관을 가

[그림 7-6] 리버풀의 지속 가능한 발전 계획상의 업무 분장 예시

Action	Who is responsible	Timetable
Integrated City Centre CCTV system to be upgraded, extended and effectively operated	Housing and Supported Living	2003
Undertake a feasibility study and run pilot study of electronic street information/help points within the City Centre	Regeneration	2003
Improve street lighting at target areas within the City Centre	Regeneration	2004
Establish a physical presence ,shop or office within the city centre as a forum for the city centre strategy and neutral ground for all agencies with a view to encouraging community involvement and ownership	Regeneration	2003
Encourage community participation in local neighbourhoods through the introduction and development of the Liverpool 'Safer Neighbourhood Agreement' and 'Good Neighbour Principles'	Housing and Supported Living	Ongoing
Undertake a feasibility study & budget review to improve security to deal with anti social behaviour in parks and open spaces	Regeneration	2003
Develop 5 park watch schemes for Sefton, Newsham, Stanley, Walton Hall & Calderstones Parks	Regeneration	2003
Introduction of specially designed bottle banks at strategic positions across the city centre available over weekend evenings- subject to funding	Regeneration	2003
Every premise in the city centre which holds a Public Entertainment Licence to have CCTV in the premises	Central	2002
Replace substantial part of the City's street lighting infrastructure using low energy light equipment to aid economic regeneration, accident prevention and community safety through a modern type partnership funding arrangement.	Regeneration	2004
Remove obscene and racist graffiti on Council property within 48 hours and all other graffiti within 14 days	Regeneration	2003
Provide a 24 hour repairs service in response to emergency carriageway and footway defects	Regeneration	2003
Develop a process of enforcement to reduce the amount of dumped and fly tipped material around the city	Regeneration	2002
Operate a sharps collection service 9am-5pm Monday to Friday and ensure safe disposal of sharps	Regeneration	2003
Following the adoption of a fly-posting policy and identification of licensed sites, control and reduce fly-posting within the City Centre	Regeneration	Ongoing
Extend the Gold Zone initiative to improve environmental standards and cleanliness across the city centre and along the four main gateways into the city.	Regeneration	2002
Establish and develop a Housing Provider Forum specifically to address community safety issues and develop a co-ordinated cross tenure approach to crime and Anti Social Behaviour.	Housing and Supported Living	2003
Develop a series of measures to address anti-social behaviour within housing estates	Housing and Supported Living	2003
Use of appropriate protocols and procedures to ensure effective and appropriate use of Anti Social Behaviour Orders	Housing and Supported Living	Ongoing
Provide opportunity for people to report environmental health incidents anonymously, via answerphone outside of office hours, minicom, email and translation/interpretation service	Regeneration	2002
Work with consultants to develop a parking strategy to include car park security and safety.	Regeneration	2003
Introduce alleygating schemes in target areas (identified burglary hot-spots as defined by police stats) to include Anfield, Kensington, and student properties	Housing and Supported Living	2003
		Continued..................
Continued..................		

자료: Liverpool. Building sustainable ways of working. 2001.

지고 있다. 주택 공급은 빈곤을 측정하기 위한 좋은 지표로 고려될 수 있기 때문이다.

프로젝트를 주관하는 과업 그룹의 구성원은 보건 관련 기관, 리버풀 의회, 자원봉사자 집단, 상공위원회, 시 건강 증진 부서, 커뮤니티 건강위원회, 대학으로부터 대표성을 인정받고 있으며, 약 150명에 이르는 구성원이 시의 건강계획의 개발과 발전에 연관되어 있다.

시 건강계획의 초안은 1995년 1월 전문가 회의에서 착수되었으며, 이 계획은 모든 집단, 그룹에 대해 참여를 보장하고자 많은 정책홍보 자료를 산출하고 개발하고 있다. 또한 목적 그룹의 논의를 위해 비디오로도 제작되었다. 평가와 의견은 앙케이트, 설문, 편지 등에 의해 수집되고 반영되었다.

이러한 의견과 자문의 분석 결과는 도시건강 계획이 시민들로부터 광범위하게 지지받고 있음을 보여 준다. 도시 주민들에 의해 표명되는 가장 중요한 열 가지 의견 중에 환경문제가 첫 번째 자리를 차지하는데, 이것은 도시건강 계획에 환경의 문제가 포함되어 있다는 것을 말한다. 일반적이며 구체적인 예로 녹색도시, 깨끗한 도시에 대한 욕구는 공기오염과 관련되어 있음이 좋은 예라고 하겠다.

자문회의를 통한 합의는 시의 건강계획을 수정하는 데 유용하게 쓰이며, 이러한 과정을 통해 1996년 4월 7일 세계 건강일에 맞추어 최종적인 시 건강계획을 발표한 뒤 곧 착수했으며, 1996년 건강도시 프로젝트에서 모범사례로 선정되어 여러 도시의 주목을 받았다.

3. 벨파스트 : 건강에 대한 영역간 계획

벨파스트에서는 서로 다른 많은 부서에서 건강보건 계획에 참여하고 있었다. 이러한 많은 부서들은 각자 개인과 기관의 광범위한 영역을 가지고 각각의 산출 결과에 책임을 지고 있었다. 이것은 각각의 부서는 시의 건강에 대한 정책 산출에서 개별적이고 집합적인 활동에 대한 역할을 가지고 있다는 것이다. 정부는 사회정책과 경제정책을 통해 강력한 역할을 가지고 있으며, 고용주 또한 환경에 대한 역할, 공급을 위한 생산, 피고용자의 근로 조건과 대우에 대한 역할을 가지고 있는 것과 마찬가지이다.

시 건강계획은 따라서 건강 보조를 맡는 영역, 주택 공급, 교육, 사회환경, 환경문제와 관련되는 시의 모든 영역에 적절하게 책임을 주는 것이었다. 시 건강계획의 목표와 목적은 이러한 철학을 발전시키는 것이 되었다.

목표(aim)

시 건강계획의 목적은 모든 영역 간의 종합적인 시민 건강에 대한 비전을 창조하고 그의 성취를 위해 통합된 정책과 전략을 발전시키는 것이다.

목적(objectives)

시 건강계획의 목적은 다음과 같다.

- 시민들의 삶에서 건강에 대한 조건을 기술하는 질적 계량적 자료를 포함하는 시민의 건강에 대한 지표를 발전시키는 것
- 건강과 관련된 도전을 가시화하는 것. 예를 들어 도시에서 건강과 관련된 모든 활동과 활동의 조정, 통합적인 접근을 위한 시설, 현재의 건강계획 관련 활동
- 건강 관련 공공 서비스의 제공과 건강계획에 대한 의사결정 과정에 영향을 미치거나 참여를 보장하기 위한 도시 커뮤니티의 조장
- 건강에서 불평등을 감소시키고 투자를 통한 조정, 그리고 의사결정을 위해 합리성에 기반한 정보 제공
- 결과를 측정하고 활동에 대한 전략 과정을 지시하는 평가틀과 모니터링의 개선

과정의 측정, 결과와 시간 기준은 기획 단계 각각의 단계에 대한 이해를 제공하게 된다. 구체적이고 통합적인 계획에 대한 결과는 시 건강계획의 개요가 된다. 이러한 결과는 시 건강계획에서 중요하게 요구되는데 통합적인 결과는 다음과 같은 사항으로 산출된다.

- 시의 모든 기관에서 건강에 대한 공통의 방향
- 과정과 절차로부터의 협조적이고 시너지 효과를 창출하는 결과의 개별 프로그램 조장

구제적인 결과는 시 건강계획에서 다음과 같은 사항에 적절하게 대응한다.

- 법정 조직의 미래 기획 환류에서 통합적 정책 증거가 됨.
- 커뮤니티의 요구에 직면할 때 적절한 서비스를 전달하는 영역들 간의 조정과 협력 향상
- 건강 관련 투자를 하는 법정조직 정책에서 변화의 증거
- 적절한 서비스와 건강에 대한 사회적 네트워크, 건강과 빈곤, 건강과 환경 같은 영역에서의 삶의 질을 향상시키는 지표와 시간 기준의 활동 전략
- 지역에서의 서비스와 정책의 발전과 미래 기획에서 커뮤니티의 관련성
- 법정 조직에서 커뮤니티 참여의 강화
- 실천계획을 발전시키고 수요를 평가하는 것과 관련된 소수 커뮤니티의 관련성 향상
- 커뮤니티들의 자원과 기술 범위의 요구, 그리고 커뮤니티의 수요의 광범위한 요구의 이해 증진
- 법정조직, 자원봉사자 집단, 커뮤니티, 커뮤니티에서의 사적 영역, 도시, 국가, 그리고 유럽 수준의 지속 가능한 장기적 활동에서의 새로운 파트너십 구축
- 지방 고유의 건강계획의 개발
- 정책 변화와 활동에 대한 전략의 변화 양자에서 커뮤니티 요구의 증거
- 협상을 위한 지원구조의 발전
- 서비스 전달에서 커뮤니티 만족의 증가
- 커뮤니티의 장기적 실행 가능성에 대하여 지원하는 정부기관 간의 협조의 증거
- 프로그램과 정책 기획과 관련되지 않는 외부 집단의 사회적인 증거
- 커뮤니티 간의 파트너십에 지속 가능한 정책과 프로그램을 구축하고 발전시키는 조직의 증거

[그림 7-7] 벨파스트 도시 건강계획 수립 과정

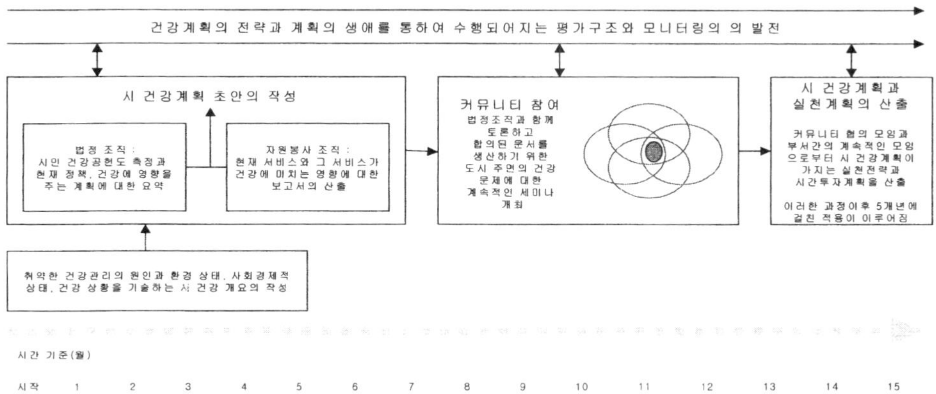

• 커뮤니티 능력 발전의 증거

모든 도시들의 건강계획은 건강 도시 프로젝트 내에서 유사하게 발전된다. 즉 이러한 과업을 수행하는 관련자와 지원을 가지고 있으며 합의를 획득하는 기본적인 과정이 프로젝트의 일부분이라는 것이다.

참고문헌

강형기.(1996). 「지방자치 가슴으로 해야 합니다」. 서울: 비봉출판사.

―――.(2001). 「향부론」. 서울: 비봉출판사.

유영초.(2004). 「세계의 환경도시를 가다」. 서울: 사계절.

전영옥 외.(2003). 「지역경제 새싹이 돋는다」. 서울: 삼성경제연구소.

조진상.(2001). 「유럽의 환경친화적 도시개발」. 서울: 월산출판사.

최성록.(2001). 지구헌장과 ICLEI, 그리고 지방정부: 그 연관성과 비전. 「지방의 국제화 포럼」 1: 50-53.

Belfast city health plan strategy document. Belfast, Belfast Healthy City Project, 1996.

Charter of European Cities and Towns towards Sustainability(the Aalborg Charter). Burssels. European Sustainable Cities & Towns Campaingn. 1994.

City planning for health and sustainable development. Copenhagen, WHO Regional Office for Europe, 1997(document EUR/ICP/POLC 06 03 05B, European Sustainable Development and Health Series, No.2).

City regions and well-being. Glasgow, International Society of City and Regional Planners, 1993.

Community participation in local health and sustainable development: a working document on approaches and techniques(*http://www.who.dk/healthy-cities/ hcppub.htm#book*4). Copenhagen, WHO Regional Office for Europe, 1999(document EUR/ICP/POLC 06 03 05D, European Sustainable Development and Health Series, No. 4)

Earth Summit-Agenda 21. New York, United Nations, 1993.

European Commission Expert Group on the Urban Environment. *European sustainable cities*. Brussels, European Commission. 1994. pp 27-31.

Hancock, T. *Planning and creating healthy and sustainable cities: the challenge for the 21st century*. In: Price, C. & Tsouros, A., ed. Our cities, our future: policies and action plans for health and sustainable development. Copenhagen, WHO Healthy Cities Project Office, 1996, pp. 65-88(document no. EUR/ICP/HCIT9401/MT04(A)).

Health for all targets-the health policy for Europe. Copenhagen, WHO Regional Office for Europe, 1991(European Health for All Series, No. 4).

Health implicationa of the ecological crises. Ottawa. Canadian Public Health Associtionn. 1991.

Liverpool city health plan. Liverpool healthy city 2000. Liverpool, City of Liverpool, 1995.

Liverpool sustainable ways of working. Liver City Council's Plan for Sustainable Development. 2001.

International Council for Local Environmental Initiatives/Canadian International Development Research Centre/United Nations Environment Programme. *The Local Agenda 21 planning guide: an introduction to sustainable development planning*. Toronto, International Council for Local Environmental Initiatives, 1996.

Newman, P. & Itzin, C. (ed.). *Gender, culture and organisational change: putting theory into practice*. London, Routledge, 1995, pp. 1-7.

Our planet, our health. Report of the WHO Commission on Health and Environment. Geneva, World Health Organization, 1992.

Pearce, D. Suistainable development: the political and institutional challenge. In: Kirkby, J. et al. (ed.). *Sustainable development: the Earthscan reader*. London, Earthscan Publications, 1995, pp. 287-90.

Phase IV(2003-2007) of the WHO Healthy Cities Network in Europe; Goals and Requirements, WHO Healthy Cities Network, World Health Organization, 2003.

Rees, W. & Lawrence, R. Urban environment, health and the economy: cues for conceptual clarification and more effective policy implementation. In: Price, C. & Tsouros, A., ed. *Our cities, Our future: policies and action plans for health and sustainable development*. Copenhagen, WHO Healthy Cities Project Office, 1996, pp. 1-4(document no. EUR/ICP/HCIT9401/MT04(A)).

Reflections on sustainable planning. Montreal, Canadian Institute of Planners, 1990.

Sustainable development and health: Concepts, principles and framework for action for European cities and towns, European Sustainable Development and Health Series : Book 1, Healthy Cities Network, 1997.

The local Agenda 21 planning guide : an introduction to sustainable development planning. Toronto, International Council for Local Environmental Initiatives Local Agenda 21 Initiative. 1996.

The Sustainable city. Stockholm, Royal Swedish Aademy of Science, 1996.

http://www.who.int

제 8 장

지역경쟁력 강화를 위한 로컬 거버넌스 모형

제 1 절 모형 형성의 요소

지역경쟁력 강화를 위한 로컬 거버넌스 모형을 구성하기 위해서는 모형에 포함될 세부적인 요소들에 대한 검토가 필요하다. 이하에서는 네트워크 구조화 분야의 연구 결과(Kickert, et al., 1999; OECD, 2001; Leach & Pecry-Smith, 2001; Lasker, et al., 2001)를 기초로 하여 지역경쟁력 강화를 위한 거버넌스 모형을 어떻게 설계할 것인가를 논의하기로 한다.

1. 네트워크 관리 주체

누가 네트워크 관리의 주체가 되며 이를 주도할 것인가 하는 문제는 거버넌스 전략 수립시 맨 먼저 고려해야 할 사항이다. 이론적으로 볼 때, 정부조직들은 다양한 방법으로 정책 네트워크의 존재에 대해 반응한다. 첫째는 네트워크 과정에 관여하지 않으려고 하는 경향이며, 둘째는 다른 당사자들과 같은 하나의 당사자(party) 자격으로 참여하는 것, 셋째는 네트워크에 존재하는 여러 당사자들에게 해결책을 제시하는 등의 형태로 '특별 당사자' 자격으로 참여하는 것, 넷째는 네트워크 관리자의 역할을 수행하면서 거버넌스의 주도적인 역할을 담당하는 것 등이다. 이 네 가지 중에서 네 번째인 네트워크 관리자로서의 거버넌스의 주도적인 역할을 수행하는 것이 가장 바람직하다고 할 수 있다. 그 이유는 다양한 이해관계자들이 관여하고 있는 네트워크에서 혼란을 완화할 수 있고, 대표되지 않은 이익이나 예상하지 못한 이익들을 보호하기 위해서는 다른 당사자들보다도 행정기관이 더 적절한 후보자가 될 수 있다. 다만 여기서 주의해야 할 점은 행정기관이 자기들의 기관 이익을 보호하기 위해 이와 반대되는 파트너들을 배제한다든지, 우호적인 파트너에게 지나친 영향력을 행사할 수 있는 점을 경계해야 할 것이다.

2. 이해관계자의 범위

클로크 등(Cloke, et al., 2000: 125)은 파트너십을 형성하는 데 누가 참여하며 누가 배제되는가 하는 문제가 중요하다고 제시한다. 이 문제는 우리나라의 로컬 거버넌스에서도 중요한 문제이다. 즉, NGO가 지방정부의 정책 결정 및 집행 과정에 많이 관여하고 있는데 어떠한 NGO를 공식적으로 참여 네트워크에 포함시키고 배제하는가에 관한 기준이 필요하다. 그렇지 않으면 지역의 대표성이나 정체성에서 문제가 될 수 있는 NGO의 참여 가능성 등 논란이 제기될 수 있다. 고스(Goss, 2001: 97-103)는 지방 수준에서 네트워크에 포함시킬 수 있는 파트너들과 관련하여 거버넌스 전략에 대한 몇 가지 지침들을 제시하고 있다. 공공 서비스 제공이나 공공기관의 운영에서 이해관계자는 개별적인 사정에 따라 다를 것이나 일반적으로 서비스 이용자 및 소비자, 미래 또는 잠재적 이용자, 배제된 이용자 또는 비이용자, 일반 시민, 지역사회, 지방의원, 의회 결정자, 공무원, 여타 공공기관, 비영리 자선단체, 전문기관, 전체로서의 사회 등이다(Donnelly, 1999: 50).

여기서 주의할 것은 더 많은 관계자들이 상호작용 과정에 참여하게 되면 합의에 도달하기가 그만큼 어려워진다는 점이다(Kickert, et al., 1999: 53).

그러나 게임이론에서는 행위자들의 수가 게임 상황 속에서는 협력 과정을 방해한다거나 촉진하는 데 결정적인 요인이 아니라는 것을 보여 준다. 그럼에도 불구하고 집단적인 활동 상황을 관리할 수 있는 수준으로 만들어야 할 필요성 때문에 역할 행위자들의 수를 감소시키려고 노력하는 것은 이해할 수 있다. 이 경우, 어느 정도까지 수를 줄일 것인가 하는 문제는 좀더 신중을 요한다. 왜냐하면 현실적으로 잠재적인 의존 관계를 제외한 현재적인 의존 관계 때문에 특정한 행위자들을 배제하는 것은 장기적으로 목표를 달성하는 데 문제를 야기할 수 있기 때문이다.

3. 네트워크의 형태 구성

거버넌스에서 네트워크 형태는 기본적으로 각 행위자들이 균형을 유지하면서 밀고 당기고 하는 과정 속에서 형성된다(Kooiman, 1994: 195). 거버넌스 연구의 권위자인 로드스(Rhodes, 1997)는 정책 네트워크 내의 행위주체들(actors)이 자원의존(resource dependency)에 의해 서로 연결되어 있으며, 연결된 정도를 기준으로 하여 고도로 통합된 정책 네트워크에서 느슨하게 통합된 이슈 네트워크까지 다양하다고 주장한다. 그러나 현실적으로 이러한 형태는 고정적인 것이 아니고 융통성 있을 것이며, 위에서 제시한 환경적 조건을 검토하여 다양한 변형 형태가 있을 수 있다.

4. 책임 소재

많은 이해관계자들이 정책에 참여하게 되면 필연적으로 책임 문제가 수반된다. 네트워크 모델에서도 이러한 책임 문제에 대해 명확한 설정이 있어야 된다는 점을 강조한다. 책임의 종류는 세 가지로 나뉘는데(OECD, 1999) 파트너들 사이의 책임, 각 파트너와 행정기관 사이의 책임 및 각 파트너가 일반 국민에게 지는 책임 등이다.

5. 참여 방식

각 파트너들의 참여 방식에서는 다양한 방법들이 있을 수 있다. 이를 크게 세 가지로 유형화할 수 있는데, 하나는 행정기관에 의한 일방적인 정보제공 방식이다. 이는 행정기관이 파트너들의 이용을 위한 정보를 산출하고 그들에게 전달하는 것을 말한다. 이는 파트너들의 요구가 있을 때 정보를 제공하는 '수동적인 접근' 방식이고, 정부가 그들에게 정보를 유포하기 위한 '적극적 조치' 방식이 있을 수 있다. 두 번째는 자문 방식인데 이는 쌍방향의 관계지만 파트너들이 정부에 대해 피드백을 제공하는 방식이다. 이는 정부가 어떤 정책안을 제시하고 일반 시민들 및 파트너로 하여금 의견을 제시하도록 하는 방식이다. 세 번째는 적극적 참여 방식인데 이는 파트너들이 적극적으로 정책 결정 과정에 참여하는 방식이다. 가령, 위원회의 위원으로 참여한다거나, 아니면 공직의 외부 채용 방식에 의해 계약직으로 참여할 수도 있을 것이다.

6. 정책 분야

로컬 거버넌스를 구성할 경우 지방정부의 어떠한 정책에 대해 이해관계자들이 참여할 수 있을 것인가는 매우 중요한 문제이다. 즉 아무런 제한도 없이 지방정부의 모든 정책 분야에 참여할 수 있는 것인지, 아니면 주민들에게 직접적으로 관계되는 서비스 분야에만 참여할 수 있는지에 대한 것이다. 이러한 제한이 없다면 지방정부의 공무원 인사문제 등 조직 내부 문제까지 관여하게 되어 타당성이 없을 뿐만 아니라 현행 법률적으로도 많은 문제점이 제기될 수 있다. 따라서 네트워크 체제를 통한 거버넌스의 대상 정책문제가 논의되어야 한다. 리치와 퍼시스미스(Leach & Percy-Smith, 2001: 8-9)는 거버넌스가 가장 많이 활용될 수 있는 분야로서 보건 서비스, 교육 및 훈련 서비스, 사회복지 서비스, 환경 서비스, 고속도로 및 대중교통, 공공주택, 도시계획 및 토지이용 규제, 공원 및 레저 서비스 및 공공보호 서비스 등을 들고 있다.

7. 참여 단계

정책 추진 과정이 의제설정 단계, 결정 단계, 집행 단계, 평가 단계라고 가정할 때 전 단계에서 참여가 가능한가, 아니면 집행 또는 정책이 종료된 후 정책평가 단계에서 참여가 가능한가의 문제이다. 이 문제 역시 각 거버넌스 유형별로 설정이 가능할 것이다.

8. 사회자본의 축적

푸트남(Putnam, 2000)은 사회자본(social capital)을 "참여자들로 하여금 공유된 목표를 달성하기 위해 좀더 효과적으로 함께 행동하도록 하게 하는 사회생활의 특징들－네트워크, 규범 및 신뢰－"로 정의한 바 있다. 이러한 사회자본이 축적되지 않으면 로컬 거버넌스는 기능할 수 없기 때문에 어떻게 높은 사회자본을 유지하고 축적시켜 나갈 것인지도 중요한 문제이다.

제2절 이 연구에서의 로컬 거버넌스 모형 형성

이 연구에서는 이상에서 논의한 로컬 거버넌스의 구성 요소 및 요건들을 검토한 뒤 실천적 성격의 로컬 거버넌스 모형을 다음 [그림 8-1]과 같이 설정했다.

이하에서는 [그림 8-1]에 대해 설명해 보기로 한다.

첫째, 네트워크 관리 주체면에서는 여러 가지 대안이 있을 수 있겠으나 지방정부가 되는 것이 가장 타당하다고 생각된다. 즉, 광역자치단체나 기초자치단체가 거버넌스의 구성면에서 주도적인 역할을 하는 것이 가장 적실성이 있을 것이다. 이를 위해서는 지방정부 내에 전담 부서를 설치하는 것

[그림 8-1] 로컬 거버넌스 모형

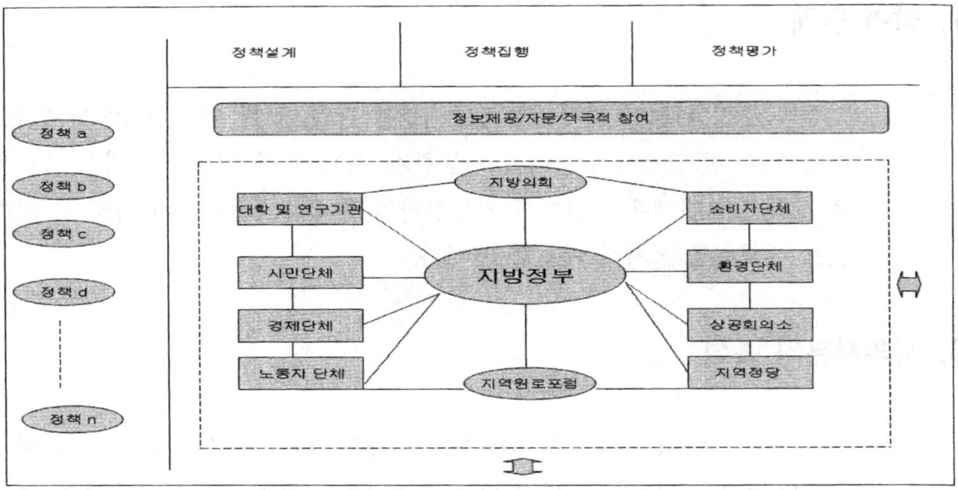

이 필요할 것이다. 과거와 같이 단순히 시민 여론을 수집하는 정보 수집 수준의 역할이 아니라 각 정책 분야별로 영향 관계에 있는 지역 내 주요 이해관계자 그룹의 확인, 관리, 참여 방법, 파트너십 형성의 실천 등을 위한 전담 부서를 각 자치단체별로 설치하는 것이 필요할 것이다. 이러한 네트워크는 위의 그림에서 보듯이 다른 지역의 네트워크와 교호작용을 할 수 있을 것이다.

이 같은 주장은 실제 주민들에 대한 설문조사에서도 비슷한 결과를 얻은 바 있다. 로컬 거버넌스의 운영에서 참여 주체들 간의 역할 조정, 참여 범위 제한 등 실질적인 네트워크 운영을 누가 주도하는 것이 바람직한가라는 질문에 대한 분석은 다음 <표 8-1>과 같이 나타났다.

로컬 거버넌스의 운영에서 참여 주체들 간의 역할 조정, 참여 범위 제한 등 실질적인 네트워크 운영 주체에 대해서는 모든 시·군이 지방자치단체가 운영 주체로서 참여하는 것이 가장 바람직하다고 응답했다.

둘째, 이해관계자의 범위 문제이다. 이는 각 정책별로 이해관계자가 달라

〈표 8-1〉 로컬 거버넌스의 운영 주체

		청주시	충주시	제천시	괴산군	단양군	보은군	영동군	옥천군	음성군	증평군	진천군	청원군	합계
로컬 거버넌스의 운영 주체	지방자치 단체	96 (49.7)	40 (38.5)	57 (48.7)	28 (33.7)	24 (35.3)	42 (43.3)	34 (43.6)	47 (61.8)	36 (49.3)	32 (39.5)	19 (36.5)	45 (43.3)	500 (44.4)
	지방의회	34 (17.6)	18 (17.3)	21 (17.9)	13 (15.7)	19 (27.9)	21 (21.6)	20 (25.6)	20 (26.3)	12 (16.4)	25 (30.9)	13 (25.0)	27 (26.0)	243 (21.6)
	시민단체	49 (25.4)	29 (27.9)	29 (24.8)	28 (33.7)	23 (33.8)	29 (29.9)	18 (23.1)	7 (9.2)	18 (24.7)	17 (21.0)	13 (25.0)	26 (25.0)	286 (25.4)
	지역언론	12 (6.2)	9 (8.7)	5 (4.3)	5 (6.0)	1 (1.5)	3 (3.1)	1 (1.3)	1 (1.3)	5 (6.8)	6 (7.4)	5 (9.6)	5 (4.8)	58 (5.2)
	기업인 단체	1 (0.5)	4 (3.8)	3 (2.6)	2 (2.4)					2 (2.7)	1 (1.2)		1 (1.0)	14 (1.2)
	종교단체	1 (0.5)	2 (1.9)	1 (0.9)	2 (2.4)		2 (2.1)	3 (3.8)				1 (1.9)		12 (1.1)
	기타		2 (1.9)	1 (0.9)	5 (6.0)	1 (1.5)		2 (2.6)	1 (1.3)			1 (1.9)		13 (1.2)
	합계	193	104	117	83	68	97	78	76	73	81	52	104	1,126

지기 때문에 일률적으로 정할 수는 없다. 그러나 공통적으로 볼 때, 이해관계자(stakeholders) 범위에는 지방의회, 지역 내 대학 및 연구기관, 시민단체, 경제단체, 노동자단체, 소비자단체, 환경단체, 상공회의소, 지역 정당 등이 포함될 수 있겠다. 이는 공통적인 범주이며 구체적으로는 각 정책 영역별로 달라질 수 있을 것이다. 특히, 지역 원로 포럼도 이해관계자 범위에 포함시켰는 바 이는 지역 내에서 존경받는 지역 원로 그룹을 의미하는 것이다. 지역 내의 첨예한 문제들－가령, 쓰레기 소각장 설치, 혁신도시의 선정 등－이 지역이기주의 등의 요인에 의해 지역 간 분쟁으로 연결되어 논쟁이 될 때 제도적 기관에만 의존할 것이 아니라 지역 내 원로 모임에서 중립적이고 지역 발전적 측면에서 의견을 제시할 수 있도록 여건을 만들어 주는 것이 필요하다고 생각된다. 이러한 지역 원로 모임은 단순히 형식으로서만 존재할 것이 아니라 지역사회에서 제도화해 나가는 것이 필요하며, 이를 위해서는 정기적으로 간담회 형태나 또는 포럼 형태로 운영되게 함으로써 지역사회 내의 갈등 조정 역할에 지역의 원로들이 좀더 적극적으로

[그림 8-2] 네트워크 형태

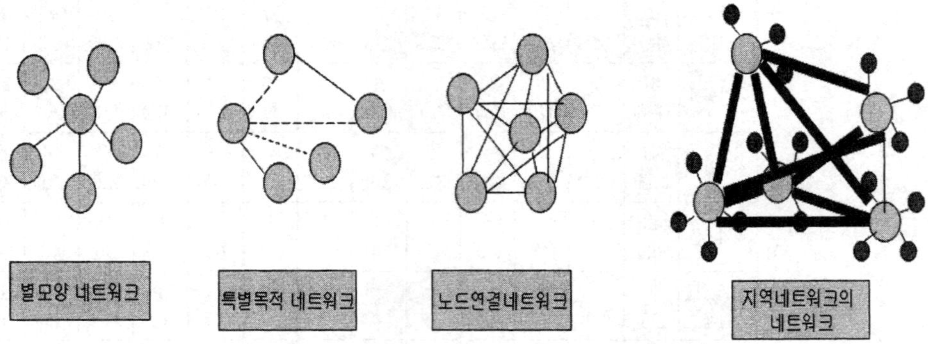

자료: Albors, et al., 2005.

참여할 수 있는 기회를 제공해야 할 것이다.

셋째, 네트워크 형태 구성면에서는 앨버스 등(Albors, et al., 2005)의 분류에 의할 경우 네 번째인 지역 네트워크의 형태로 가는 것이 가장 바람직할 것이다. 앨버스 등은 지역혁신 체제 내의 유관 기관들이 구성하는 네트워크 형태를 크게 네 개로 구분하고 있다. 이 형태들은 오른쪽으로 갈수록 발달된 형태인데, 이해관계자 간의 가장 밀접한 관계가 되기 위해서는 그림에서의 네 번째 형태가 되는 것이 바람직하다는 것이다. 즉, 이 네트워크 형태는 [그림 8-2]에서 보는 바와 같이 각 행위자들이 그 행위자들의 그룹 속에 포함되는 세부 행위자들을 연계시킬 때도 같은 방식으로 적용된다는 의미이다.

넷째, 책임 소재 문제이다. 먼저, 설문조사 결과를 보면 대부분의 경우 법적·재정적으로 책임을 져야 한다고 보고 있다. 즉, "시민단체가 찬성 또는 반대함으로써 주도한 자치단체의 특정 정책이 실패하여 경제적·사회적으로 큰 손실이 발생했을 경우 이에 대한 책임 문제는 어떻게 하는 것이 타당하다고 생각하십니까?"라는 질문에 대한 분석은 다음 <표 8-2>와 같이 나타났다. 시민단체가 찬성 또는 반대한 정책이 실패했을 경우에 대한 책임 문제를 묻는 질문에서는 대부분의 시·군이 법적·재정적으로 책임을 져야

〈표 8-2〉 정책실패에 대한 책임 문제

		청주시	충주시	제천시	괴산군	단양군	보은군	영동군	옥천군	음성군	증평군	진천군	청원군	합계
정책 실패의 책임	법적·재정적 책임 있음	121 (63.4)	56 (53.8)	65 (55.6)	44 (53.0)	37 (53.6)	59 (60.8)	47 (60.3)	45 (60.8)	41 (57.7)	36 (44.4)	27 (52.9)	56 (53.3)	647 (56.6)
	책임져서는 안됨	70 (36.6)	48 (46.2)	52 (44.4)	39 (47.0)	32 (46.4)	38 (39.2)	31 (39.7)	29 (39.2)	30 (42.3)	45 (55.6)	24 (47.1)	49 (46.7)	497 (43.4)
	합계	191	104	117	83	69	97	78	74	71	81	51	105	1,144

한다고 응답했다. 그러나 증평군만은 책임을 지게 해서는 안 된다는 의견이 55.6%로서 더 높게 나타났다.

로컬 거버넌스에 의해 정책을 결정하고 집행하다가 문제가 생겼을 때 누가 어떻게 책임을 질 것인가의 문제이다. 과거 전통적인 관료제 방식에 의해 지방정부만 관여하여 정책을 결정, 집행할 때와 많은 이해관계자들이 파트너십을 형성하여 결정, 집행했을 때는 책임 소재가 달라야 할 것이다. 이를 위해서 외국의 경우(OECD, 2005)에는 다양한 제도적 장치를 마련해 두고 있다. 이 문제는 지방정부에서 조례를 제정하여 가칭 '로컬 거버넌스 운영에 관한 조례'를 제정하여 세부적으로 규정화할 필요가 있을 것이다.

다섯째, 참여 방식 문제이다. 먼저 주민 설문조사 결과를 보면 단순한 자문이 아니라 구속력 있는 수준이 되어야 한다고 보고 있다. 즉, 시민단체가 자치단체의 정책 과정에 참여한다면 참여 범위가 어디까지가 바람직한가에 대한 분석은 <표 8-3>과 같이 나타났다.

〈표 8-3〉 시민단체의 정책참여 단계

		청주시	충주시	제천시	괴산군	단양군	보은군	영동군	옥천군	음성군	증평군	진천군	청원군	합계
정책참여 단계	단순한 자문	61 (31.8)	27 (25.7)	32 (27.4)	16 (19.3)	26 (38.2)	22 (22.9)	25 (32.1)	29 (38.2)	24 (32.9)	37 (45.7)	10 (19.6)	23 (21.9)	341 (29.7)
	구속력 있는 수준	74 (38.5)	46 (43.8)	55 (47.0)	36 (43.4)	27 (39.7)	50 (52.1)	31 (39.7)	28 (36.8)	28 (38.4)	22 (27.2)	26 (51.0)	48 (45.7)	481 (41.9)
	구속력과 책임있는 수준	57 (29.7)	32 (30.5)	30 (25.6)	31 (37.3)	15 (22.1)	24 (25.0)	22 (28.2)	19 (25.0)	21 (28.8)	22 (27.2)	15 (29.4)	34 (32.4)	326 (28.4)
	합계	192	105	117	83	68	96	78	76	73	81	51	105	1,148

[그림 8-3] 정보 제공 방식의 유형

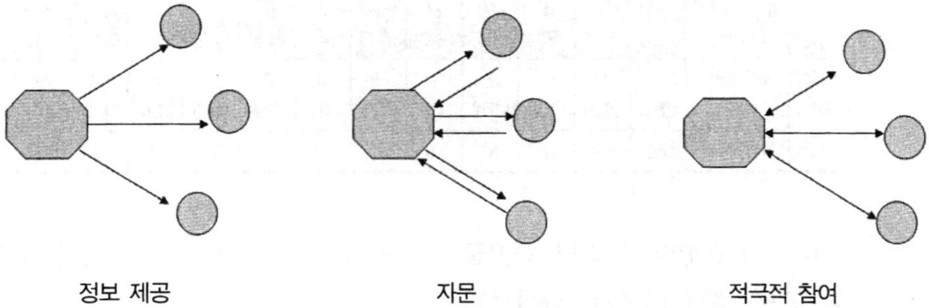

자료: OECD(2001: 23).

시민단체의 정책 과정 참여에서 참여 범위에 대한 수준을 묻는 질문에서는 구속력 있는 수준이 가장 바람직하다고 분석되었다. 시·군별로 보면, 단순한 자문 수준이 가장 바람직하다고 응답한 시·군은 옥천군(38.2%), 증평군(45.7%)이었으며, 결정에 영향을 미치는 구속력 있는 수준이 바람직하다고 응답한 시·군은 청주시(38.5%), 충주시(43.8%), 제천시(47.0%), 괴산군(43.4%), 단양군(39.7%), 보은군(52.1%), 영동군(39.7%), 음성군(38.4%), 진천군(51.0%), 청원군(45.7%)이었다. 반면 구속력과 책임을 같이하는 수준의 참여가 바람직하다고 응답한 시·군은 없었다.

이는 다른 측면에서 보면 정보 제공 방식과 관련된다. 정보 제공 방식은 일방적으로 정보를 제공해 주는 방식이며, 자문 방식은 쌍방형이나 정보를 주고난 다음 피드백을 받는 방식이며, 이 역시 일방적 성격이 강하다. 그러나 적극적 참여 방식은 파트너십을 형성하여 상호 의사 전달을 하면서 정보를 주고받고 협의를 해 나가는 방식이라는 점에서 차이가 난다. 기본적으로 파트너십을 형성하는 경우에는 적극적 참여 방식이 되어야 함은 물론이다. 이를 위해서는 어떻게 이를 유지시켜 나갈 수 있을지에 대한 상세한 노력이 필요하다.

정보를 제공하는 방식에는 직접적 방식과 간접적 방식으로 나눌 수 있다

(OECD, 2001: 46-48). 직접적 방식에는 직접 우편 방식(네덜란드), 정보센터를 설치해서 전달하는 방식(그리스), 전화 서비스(캐나다), 이벤트를 개최하여 전달하는 방식(폴란드) 등이 있다. 간접적인 방식으로는 언론 매체를 이용하는 방식(호주), 광고 방식(아일랜드), 시민사회 조직을 이용하는 방식(미국) 등 다양하다. 정보 제공 방식과 관련하여 또 한 가지 분류는 국가에 따라서 주민들에게 피드백을 특별히 요구하는 형태가 있고 그렇지 않은 형태가 있다는 것이다. 가령, 특정한 이슈에 대해서는 정부가 특별히 피드백을 요청하여 이들에게 자문을 구하고 이들을 정책 과정에 특별히 참여시키고자 하는 경우도 있다. 이 경우 공청회(뉴질랜드)나 포커스 그룹을 설정하여(영국) 하는 경우도 있고 워크숍이나 세미나를 개최하여(아일랜드) 참여시키는 경우도 있다. 특히 아일랜드의 경우에는 매주 단위로 해당 기관장에게 자문 의견을 개진하도록 제도를 정비해 두고 있기도 하다. 덴마크의 경우에는 합의 컨퍼런스(consensus conference)를 두고 비전문가인 일 정수의 패널로 하여금 복잡한 이슈에 대해서 전문가들과 함께 며칠 동안 토론하고 그의 결론에 대해서 보고서로 제출하도록 하는 방식도 있다.

여섯째 정책 분야이다. 로컬 거버넌스로 지방정부의 모든 정책 분야에 걸쳐서 관여할 수 있는가 하는 문제이다. 즉, "정책 영역에 대한 제한은 없는가 문제이다. 먼저 설문조사 결과를 보면, 자치단체의 정책 과정에 지역 내의 다양한 주체들이 참여하게 되는 경우 어떤 분야가 참여하기에 가장 바람직스럽다고 생각하십니까?"라는 질문에 대한 분석은 다음 <표 8-4>와 같이 나타났다.

로컬 거버넌스가 참여할 가장 바람직한 정책 분야로는 '사회복지정책'이 가장 높게 나타났다. 그 다음으로는 '제한 없이 모든 정책'이 높게 나타났다. 이 문제에 대해서는 기본적으로 주민에게 영향을 미치는 정책은 모두 해당되는 것을 원칙으로 하겠지만, 적어도 지방정부 내부의 문제 및 기관의 고유 권한에 대해서는 예외를 인정해야 할 것이다. 대표적인 문제로는 직원들에 대한 인사 문제일 것이다. 이러한 기관의 내부적인 문제에 대해서는 로컬 거버넌스의 영역 밖으로 보아야 할 것이다.

일곱째, 참여 단계의 문제이다. 당연히 정책의 모든 과정에 대해 관여할

〈표 8-4〉 로컬 거버넌스의 정책 참여 분야

		청주시	충주시	제천시	괴산군	단양군	보은군	영동군	옥천군	음성군	증평군	진천군	청원군	합계
바람직한 정책참여 분야	산업·경제 정책	24 (12.5)	10 (9.6)	17 (14.5)	15 (18.1)	3 (4.3)	17 (17.5)	3 (3.8)	7 (9.2)	7 (9.6)	13 (16.0)	9 (17.6)	12 (11.4)	137 (12.2)
	사회복지 정책	75 (39.1)	48 (46.2)	51 (43.6)	35 (42.2)	30 (43.5)	35 (36.1)	37 (47.4)	34 (44.7)	33 (45.2)	29 (35.8)	18 (35.3)	46 (43.8)	471 (41.8)
	환경정책	27 (14.1)	14 (13.5)	13 (11.1)	11 (13.3)	7 (10.1)	3 (3.1)	12 (15.4)	8 (10.5)	7 (9.6)	9 (11.1)	3 (5.9)	10 (9.5)	124 (11.0)
	문화·관광 정책	16 (8.3)	9 (8.7)	12 (10.3)	5 (6.0)	13 (18.8)	23 (23.7)	6 (7.7)	4 (5.3)	1 (1.4)	3 (3.7)	9 (17.6)	6 (5.7)	107 (9.5)
	공무원 인사 등 조직내부문제	8 (4.2)	3 (2.9)	4 (3.4)	4 (4.8)	4 (5.8)	6 (6.2)	3 (3.8)	4 (5.3)	4 (5.5)	5 (6.2)	3 (5.9)	6 (5.7)	54 (4.8)
	제한 없이 모든 정책	42 (21.9)	20 (19.2)	20 (17.1)	13 (15.7)	12 (17.4)	11 (11.3)	16 (20.5)	16 (21.1)	19 (26.0)	20 (24.7)	8 (15.7)	24 (22.9)	221 (19.6)
	기타	0 (0.0)	0 (0.0)	0 (0.0)	0 (0.0)	0 (0.0)	2 (2.1)	1 (1.3)	3 (3.9)	2 (2.7)	2 (2.5)	1 (2.0)	1 (1.0)	12 (1.1)
	합계	192	104	117	83	69	97	78	76	73	81	51	105	1,126

수 있어야 할 것이다. 오히려, 정책의 초기 단계 또는 의제 설정 단계에서부터 로컬 거버넌스 방식에 의해 수행함으로써 정책집행의 성공을 높이고 책임 소재를 명확히 가릴 수 있는 방안이 될 것이다. 정책의 설계나 결정 단계를 생략하고 집행이나 평가 단계에만 관여시킬 경우 책임 소재 문제를 논의할 때 불분명하고 논란의 여지가 많을 것이다. 따라서 정책의 가장 초기 단계, 즉 의제 설정 단계에서부터 참여시키는 것이 바람직할 것이다.

주민들에 대한 설문조사 결과에서도 정책의 제안 단계, 즉 의제 설정 단계에서 참여하는 것이 가장 중요하다는 인식하고 있는 것으로 나타났다. 즉, 시민단체가 자치단체의 정책 과정에 참여한다면 어떤 단계에서 참여하는 것이 바람직한가에 대한 분석은 <표 8-5>와 같이 나타났다.

시민단체의 정책 참여 단계에서는 가장 많은 응답자들이 정책 제안 단계에 참여하는 것이 바람직하다고 응답했으며, 그 다음으로는 정책 결정 단계와 정책평가 단계가 바람직하다고 응답했다.

〈표 8-5〉 시민단체의 정책참여 단계

		청주시	충주시	제천시	괴산군	단양군	보은군	영동군	옥천군	음성군	증평군	진천군	청원군	합계
정책 참여 단계	정책제안 단계	84 (43.5)	39 (37.1)	59 (50.4)	28 (33.7)	36 (52.2)	43 (44.3)	38 (48.7)	32 (42.1)	36 (49.3)	37 (46.3)	23 (44.2)	48 (45.7)	515 (44.7)
	정책결정 단계	44 (22.8)	28 (26.7)	29 (24.8)	17 (20.5)	14 (20.3)	24 (24.7)	15 (19.2)	20 (26.3)	11 (15.1)	14 (17.5)	11 (21.2)	23 (21.9)	257 (22.3)
	정책집행 단계	23 (11.9)	14 (13.3)	11 (9.4)	11 (13.3)	5 (7.2)	14 (14.4)	8 (10.3)	8 (10.5)	4 (5.5)	4 (5.0)	9 (17.3)	16 (15.2)	129 (11.2)
	정책평가 단계	42 (21.8)	24 (22.9)	18 (15.4)	27 (32.5)	14 (20.3)	16 (16.5)	17 (21.8)	16 (21.1)	22 (30.1)	25 (31.3)	9 (17.3)	18 (17.1)	250 (21.7)
	합계	193	105	117	83	69	97	78	76	73	80	52	105	1,151

여덟째, 사회자본의 축적이다. 사회자본의 축적이 없이는 로컬 거버넌스가 성공을 거두기가 어렵다. 사회자본을 측정할 수 있는 지표는 다양할 수 있다. 이 연구에서는 주민 간의 상호 신뢰 정도, 존중 정도, 이해심, 양보심, 공동체 의식, 갈등 해결 정도라는 지표를 구성하여 측정해 보았는 바 그 수준은 <표 8-6>과 같다. 각 지표별 최고치는 7점 만점으로 했다. 주민 간 파트너십에서 주민 간 신뢰도는 전체적으로 4.68점이 나와 중간 이상의 신뢰도를 보이고 있으나 그리 높지 않은 편으로 나타났다. 시 · 군별로는 단양군이 5.22점으로 가장 높게 나타났으며, 충주시가 4.45점으로 가장 낮게 나타났다. 주민 간 존중도에서는 전체적으로 4.63점이 나와 중간 이상의 존중도를 보이고 있으나 그리 높지 않은 편으로 나타났다. 시 · 군별로는 단양군이 5.15점으로 가장 높게 나타났으며, 옥천군이 4.20점으로 가장 낮게 나타났다.

주민 간 이해심에서는 전체적으로 4.49점이 나와 중간 이상의 신뢰도를 보이고 있으나 그리 높지 않은 편으로 나타났다. 시 · 군별로는 영동군이 4.93점으로 가장 높게 나타났으며, 음성군이 4.12점으로 가장 낮게 나타났다. 주민 간 양보심에서는 전체적으로 4.14점이 나와 중간 이상의 신뢰도를 보이고 있으나 다른 부문에 비해 낮은 편으로 나타났다. 시 · 군별로는 단양군이 4.72점으로 가장 높게 나타났으며, 음성군이 3.77점으로 가장 낮게 나타났다. 주민 간 공동체 의식에서는 전체적으로 4.31점이 나와 중간 이상

〈표 8-6〉 주민 간 파트너십

	청주시	충주시	제천시	괴산군	단양군	보은군	영동군	옥천군	음성군	증평군	진천군	청원군	합계
신뢰도	4.68	4.45	4.53	4.72	5.22	4.55	5.09	4.48	4.49	5.00	4.66	4.60	4.68
존중도	4.67	4.34	4.54	4.70	5.15	4.46	5.12	4.20	4.38	4.75	4.44	4.90	4.63
이해심	4.57	4.24	4.46	4.49	4.89	4.17	4.93	4.21	4.12	4.72	4.65	4.59	4.49
양보심	4.20	3.88	4.13	4.03	4.72	3.88	4.60	4.02	3.77	4.49	3.99	4.08	4.14
공동체 의식	4.31	4.06	4.24	4.47	4.95	4.01	4.74	4.08	3.92	4.75	4.20	4.20	4.31
갈등 해결	4.05	3.76	3.99	4.12	4.61	3.77	4.40	4.00	3.64	4.41	3.93	4.03	4.04
전체 평균	4.41	4.12	4.31	4.42	4.91	4.14	4.81	4.17	4.05	4.69	4.31	4.40	4.38

의 공동체 의식을 보이고 있다. 시·군별로는 증평군이 4.75점으로 가장 높게 나타났으며, 음성군이 3.92점으로 가장 낮게 나타났다. 주민 간 갈등 해결에는 전체적으로 4.04점이 나와 중간 이상의 갈등 해결을 보이고 있으나 다른 부문에 비해 낮은 편으로 나타났다. 시·군별로는 단양군이 4.61점으로 가장 높게 나타났으며, 음성군이 3.64점으로 가장 낮게 나타났다.

제 3 절 결 론

이상에서는 지역경쟁력을 강화시키기 위한 로컬 거버넌스 모형을 서설적으로 제시해 보았다. 지역경쟁력의 개념은 정책 현실에서는 많이 사용되고 있으나 학문적으로 명확히 정의되고 있지는 않다. 정의되고 있는 경우에도 지금까지는 주로 경제적 관점에서 제시되어 왔으나 최근에는 사회자본 수준 등을 포함하는 좀더 광의의 개념으로 사용되고 있고, 이러한 광의적 개념이 더욱 타당하다고 생각된다. 이 연구는 바로 이 같은 관점에서 지역경쟁력을 강화할 수 있는 로컬 거버넌스 모형을 서설적으로 제시해 보고자 했다. 로컬 거버넌스는 기본적으로 네트워크 형태로 구성되는 각 행위자들의 파트너십에 의한 의사 결정과 책임을 기본으로 하기 때문에 복수의 기관이 관여하게 된다. 동시에 그 네트워크로 구성되는 행위 주체자들이 서로 이해관계를 달리하여 네트워크 내에서 기능할 때 이들 관계 설정 및 역할 관계, 갈등 조정을 어떻게 할 것인가가 성공의 중요한 관건이 된다. 이러한 기술적이고 세부적인 부분에 대한 연구는 향후의 과제로 돌린다.

참고문헌

김번웅.(1997). 한국 행정개혁의 새로운 비전: 개방과 경쟁의 패러다임. 김번웅 외. 「한국행정개혁론」. 서울: 법문사.

김정렬 · 김시윤.(2003). 거버넌스와 행정국가. 「대한정치학회보」, 10(3): 23-44.

김태룡.(1999). 한국과 미국의 행정개혁에 대한 비교: 체제론적 관점에서 기획예산위원회와 NPR의 개혁활동을 중심으로. 「한국행정학보」, 33(1).

문병기.(1999). 지방정부 간 경쟁과 협조의 조화: 미국 재정분권화정책의 교훈. 「한국지방자치학회보」, 11(4): 125-143.

문인수 · 이종열.(2002). 거버넌스 패러다임으로서 파트너십 전략의 활용 방안, 「한국정책과학학회보」. 6(3): 53-76.

박경원.(2003). 지역 발전을 위한 거버넌스 구축: 협력적 계획모형을 중심으로. 「월간국토」. 265호. 국토연구원.

배유일.(2003). 지방 거버넌스와 제도주의적 시각: 이론, 유형 및 비교연구. 「정부학연구」, 9(2): 297-335.

이은구 외.(2003). 「로컬 거버넌스」. 서울: 법문사.

이종원.(1999). 레짐이론의 발전과 과제. 「정부학연구」, 5(2): 137-156.

차미숙 · 박형서 · 정윤희 외.(2003). 「지역 발전을 위한 거버넌스 체계 구축 및 운용 방안 연구」. 국토연구원.

Albors, J., E. Sweeney, & A. Hidalgo.(2005). Translational technology transfer networks for SMEs. *Production Planning & Control*. Vol. 16, No. 4. pp. 413-423.

Alter, C. & J. Hage.(1993). *Organizations Working Together*. Newbury Park: Sage.

Balfour, D. L.(1997). Reforming the Public Service: The Search for a New Tradition, *Public Administration Review*. 57(5).

Bole, S. P. & A. S. McFarland.(1993), The Concept of Regime: Urban Politics, International Relations, and Policy Studies, Paper presented at the *1993 Annual Meeting of the ASPA*, Washington D.C.(Sept. 2-5).

Castells, M.(1996). *The Rise of the Network Society: Economy, Society and Culture*. Cambridge: Blackwell Publishers.

Cook, Brian J.(1998), Politics, Political Leadership and Public Management, *Public Administration Review.* 58(3).

DiGaetano, Alan & J. S. Klemanski.(1993). Urban Regime Capacity: A Comparison of Birmingham, England and Detroit. Michigan: *Journal of Urban Affairs.* 15(4): 367-384.

Frederickson, H. G.(2000), The Respositional of American Public Administration, Paper presented at the Special Seminar in the Ewha Womans University.

Goss, Sue. (2001). *Making Local Governance Work.* N.Y.: Palgrave.

Harding, Alan.(1991). The Rise of Urban Growth Machine, U. K. Style?. *Government and Policy.* 9(3): 295-317.

Jones. C., W. S. Hesterly, & S. P. Borgatti.(1997). A General Theory of Network Governance: Exchange Conditions and Social Mechanism. *Academy of Management Review.* 22(2): 911-945.

John, Peter.(2001). *Local Governance in Western Europe.* SAGE Publications: London.

Kettl, D. F.(1994), Deregulating at the Boundaries of Government: Would It Help, In DiIulio, John. Jr.(ed.). *Deregulating the Public Service: Can Government Be Improved?*, Washington D. C.: The Brookings Institution.

Kickert, W. J. M., E. H. Klijn, & J. F. M. Koppenjan.(1997). *Managing Complex Networks: Strategies for the Public Sector.* London: Sage.

Kooiman, Jan.(1993). Social-Political Governance: Introduction, in Jan Kooiman, (ed.). *Modern Governance: New Government-Society Interactions*, London: Sage Publications: 1-6.

―――(ed.).(1994). *Modern Governance, New Covernment-Society Interactions.* London: Sage. Publications.

Leach, Robert & Janie Percy-Smith.(2001). *Local Governance in Britain*, Palgrave.

Logan, J. R & H. Molotch.(1987). *Urban Fortunes: The Political Economy of Place.* Berkeley, CA: University of California Press.

OECD. (2005). *Citizens as Partners: Information, Consultation and Participation in Policy Making.* OECD: Paris.

One Northeast. (2005). *Social Capital and Economic Development in the North E East of England.* Newcastle upon Tyne: One Northeast

Osborne, David & Ted Gaebler.(1992). *Reinventing Government: How the Entrepreneurial Spirit in Transforming the Public Sector*. New York: Addison-Wesley. 삼성경제연구소(역)(1994). 「정부혁신의 길」. 서울: 삼성경제연구소.

Pierre, Jon.(1999). Models of Urban Governance: The Institutional Dimension of Urban Politics. *Urban Affairs Review*. 34(3): 372-396.

Powel, W. W.(1990). Neither Market or Hierarchy: Network Forms of Organization. In G. Thomson, J. Frances, R. Levacic, & J. Mitchell(ed.)(1991). *Markets, Hierarchies and Networks*: The Coordination of Social Life. London: Sage Publications.

Rhodes, R. A. W.(1996). The New Governance Governing without Government. *Political Studies*. 44(4): 652-667

———.(1997). *Understanding Governance: Policy Networks, Governance and Accountability*. Buckingham: Open University Press.

———.(2000). Governance and Public Administration in Jon Pierre(ed.). *Dabating Governance*. Oxford: Oxford University Press.

Stone, Clarence N.(1989). *Regime Politics: Governing Atlanta, 1946-1988*. Lawrence: University of Kansas Press.

Swanstrom, Todd.(1985). *The Crisis of Growth Politics: Cleveland, Kucinich, and the Challenge of Urban Populism*, Philadelphia. PA: Temple University Press.

Whelan, Robert K.(1987). New Orleans: Mayoral Politics and Economic Development Politics in the Postwar Years, 1945-1986. in C. N. Stone & H. T. Sanders(eds.). *The Politics of Urban Development*. Lawrence: Universiy Press of Kansas: 216-229.

부록 1

사회자본 수준 측정지표에 관한 설문지

안녕하십니까?
바쁘신 가운데 어려운 부탁을 드려 대단히 죄송합니다.
그러나 잠시만 시간을 내시어 설문에 응답해 주시면 고맙겠습니다.
이 설문지는 지역 내의 사회자본 수준의 측정을 위한 지표 설정과 이의 중요도, 우선순위를 선정하기 위한 순수한 학술조사입니다.
아울러 이 설문지는 익명으로 처리되며 내용은 관련 법에 의거 비밀이 보장되고 연구 자료 목적 이외에는 사용하지 않을 것입니다.
다소 시간이 걸리시더라도 성의껏 답변해 주시면 고맙겠습니다.
감사합니다! 좋은 하루 되십시오!

2004년 6월

다음은 자료의 통계적 분석에 필요한 몇 가지 기본 사항입니다.
해당되는 사항에 √해 주시기 바랍니다.

1. 귀하의 연령은?

① 20대 ② 30대 ③ 40대
④ 50대 ⑤ 60대 이상

2. 귀하의 근무처는?

① 지방정부 ② 대학 또는 연구소 ③ 시민단체

3. 귀하의 관련 업무 근무 기간은?

① 1년 이하 ② 2~5년 ③ 6~10년
④ 10~20년 ⑤ 20년 이상

다음의 질문은 지역 내의 사회자본 수준의 측정을 위한 지표와 지표 간 중요도를 파악하기 위한 것입니다. 지역 내의 사회자본 수준을 실천적으로 측정하기 위해서는 구체적인 조작화가 뒤따라야 하며 이들의 점수화를 위한 가중치가 중요도 평가를 위해서 설정되어야 합니다.
이러한 목적에서 이 연구는 지역 내의 사회자본 수준 측정을 위한 지표 간 상대적 중요도를 파악하기 위해, 계층분석방법(AHP : Analytic Hierarchy Process) 기법을 사용하고자 하며 공무원, 전문가 및 시민단체 종사자로서 행정기관에 직·간접적으로 관련 있는 분들의 의견을 수렴하고자 하는 조사입니다.
문항에서 제시될 비교 항목 간의 상대적 중요도를 다음의 척도에 따라 점수로 부여해 주십시오.

〈상대적 중요도에 대한 척도〉

척 도	정 의	설 명
1	동등하게 중요	두 개의 요소가 상위 목표에 비추어 동등하게 중요
3	약간 중요	한 요소가 다른 요소보다 약간 더 중요
5	강하게 중요	한 요소가 다른 요소보다 강하게 중요
7	명백하게 중요	한 요소가 다른 요소보다 강하고도 명백하게 중요
9	극단적으로 중요	한 요소가 다른 요소와 비교가 안 될 만큼 절대적으로 중요
2, 4, 6, 8	위 값들의 중간값	1, 3, 5, 7, 9척도의 중간값으로 이용

〈설문과 응답의 예〉

문항	평가 부문	중 요 ← 동 등 → 중 요	평가 부문
1	신뢰 부문	9 8 7 6 5 4 3 2 1 2 3 4 5 6 7 8 9	네트워크 부문

귀하가 사회자본 수준 측정과 관련하여 신뢰 부문의 지표들이 네트워크 부문의 지표들보다 '강하게 더 중요하다'고 생각할 때, '신뢰' 부문 쪽의 5번에 동그라미(○)를 표시.

설문에 들어가기에 앞서 현재 사회자본 측정지표의 측정을 위한 이론적인 측면에서 중요하다고 생각되는 지표들을 표로 정리하면 다음의 표와 같습니다. 미리 참고하시고 응답해 주시기 바랍니다.

〈사회자본 측정지표〉

구분	1단계	2단계
사회자본 측정지표	신뢰 부문	이웃에 대한 신뢰
		지방공무원에 대한 신뢰
		중앙공무원에 대한 신뢰
		NGO에 대한 신뢰
		종교기관에 대한 신뢰
		무고·진정·투서 건수(인구 1천 명당)
		119허위 신고 건수(인구 1천 명당)
	네트워크 부문	회비를 내는 지역사회 내 봉사단체의 수
		정기적으로 만나는 지역사회 내 친목단체의 수
		이웃의 범위
		도움이 필요시 지원받을 수 있는 정도
		가입하고 있는 단체에 대한 기대 수준 정도
	집단적 협력 부문	지역개발공동모금회 기금모금 수준(인구 1천 명당)
		기부금 규모(인구 1천 명당)
		적집자사회비 납부 실적(인구 1천 명당)
		헌혈자 수(인구 1천 명당)
		지역문제에 관련한 시위 참여 경험
	사회적 포용력 부문	외국인 노동자에 대한 태도
		주변 불우이웃에 대한 태도
		비선호시설의 인근 지역 입지에 대한 태도
	제도적 규범	범죄발생률(인구 1천 명당)
		주차 위반 적발 건수(인구 1천 명당)
		음주 단속 건수(인구 1천 명당)
		지역 주민의 일반적 법규 준수 정도에 대한 인식

주의 !!!
응답의 일관성을 유지해 주시기 바랍니다.
응답의 일관성이란 만일 A가 B보다 중요하고, B가 C보다 중요하다고 응답하셨을 경우, 당연히 A는 C보다 중요하다고 응답되어야 함을 의미합니다.

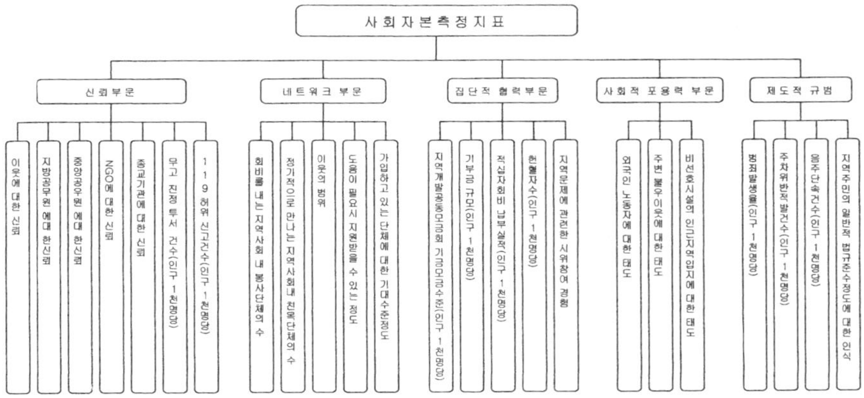

문항	평가 부문	중 요 ← 동 등 → 중 요	평가 부문
Ⅰ	신뢰 부문	9 8 7 6 5 4 3 2 1 2 3 4 5 6 7 8 9	네트워크 부문
Ⅱ	신뢰 부문	9 8 7 6 5 4 3 2 1 2 3 4 5 6 7 8 9	집단적 협력 부문
Ⅲ	신뢰 부문	9 8 7 6 5 4 3 2 1 2 3 4 5 6 7 8 9	사회적 포용력 부문
Ⅳ	신뢰 부문	9 8 7 6 5 4 3 2 1 2 3 4 5 6 7 8 9	제도적 규범
Ⅴ	네트워크 부문	9 8 7 6 5 4 3 2 1 2 3 4 5 6 7 8 9	집단적 협력 부문
Ⅵ	네트워크 부문	9 8 7 6 5 4 3 2 1 2 3 4 5 6 7 8 9	사회적 포용력 부문
Ⅶ	네트워크 부문	9 8 7 6 5 4 3 2 1 2 3 4 5 6 7 8 9	제도적 규범
Ⅷ	집단적 협력 부문	9 8 7 6 5 4 3 2 1 2 3 4 5 6 7 8 9	사회적 포용력 부문
Ⅸ	집단적 협력 부문	9 8 7 6 5 4 3 2 1 2 3 4 5 6 7 8 9	제도적 규범
Ⅹ	사회적 포용력 부문	9 8 7 6 5 4 3 2 1 2 3 4 5 6 7 8 9	제도적 규범

문항	평가지표	중 요 ← 동 등 → 중 요	평가지표
①	이웃에 대한 신뢰	9 8 7 6 5 4 3 2 1 2 3 4 5 6 7 8 9	지방공무원에 대한 신뢰
②	이웃에 대한 신뢰	9 8 7 6 5 4 3 2 1 2 3 4 5 6 7 8 9	중앙공무원에 대한 신뢰
③	이웃에 대한 신뢰	9 8 7 6 5 4 3 2 1 2 3 4 5 6 7 8 9	NGO에 대한 신뢰
④	이웃에 대한 신뢰	9 8 7 6 5 4 3 2 1 2 3 4 5 6 7 8 9	종교기관에 대한 신뢰
⑤	이웃에 대한 신뢰	9 8 7 6 5 4 3 2 1 2 3 4 5 6 7 8 9	무고·진정·투서 건수
⑥	이웃에 대한 신뢰	9 8 7 6 5 4 3 2 1 2 3 4 5 6 7 8 9	119허위 신고 건수
⑦	지방공무원에 대한 신뢰	9 8 7 6 5 4 3 2 1 2 3 4 5 6 7 8 9	중앙공무원에 대한 신뢰
⑧	지방공무원에 대한 신뢰	9 8 7 6 5 4 3 2 1 2 3 4 5 6 7 8 9	NGO에 대한 신뢰
⑨	지방공무원에 대한 신뢰	9 8 7 6 5 4 3 2 1 2 3 4 5 6 7 8 9	종교기관에 대한 신뢰
⑩	지방공무원에 대한 신뢰	9 8 7 6 5 4 3 2 1 2 3 4 5 6 7 8 9	무고·진정·투서 건수
⑪	지방공무원에 대한 신뢰	9 8 7 6 5 4 3 2 1 2 3 4 5 6 7 8 9	119허위 신고 건수
⑫	중앙공무원에 대한 신뢰	9 8 7 6 5 4 3 2 1 2 3 4 5 6 7 8 9	NGO에 대한 신뢰
⑬	중앙공무원에 대한 신뢰	9 8 7 6 5 4 3 2 1 2 3 4 5 6 7 8 9	종교기관에 대한 신뢰
⑭	중앙공무원에 대한 신뢰	9 8 7 6 5 4 3 2 1 2 3 4 5 6 7 8 9	무고·진정·투서 건수
⑮	중앙공무원에 대한 신뢰	9 8 7 6 5 4 3 2 1 2 3 4 5 6 7 8 9	119허위 신고 건수
⑯	NGO에 대한 신뢰	9 8 7 6 5 4 3 2 1 2 3 4 5 6 7 8 9	종교기관에 대한 신뢰
⑰	NGO에 대한 신뢰	9 8 7 6 5 4 3 2 1 2 3 4 5 6 7 8 9	무고·진정·투서 건수
⑱	NGO에 대한 신뢰	9 8 7 6 5 4 3 2 1 2 3 4 5 6 7 8 9	119허위 신고 건수
⑲	종교기관에 대한 신뢰	9 8 7 6 5 4 3 2 1 2 3 4 5 6 7 8 9	무고·진정·투서 건수
⑳	종교기관에 대한 신뢰	9 8 7 6 5 4 3 2 1 2 3 4 5 6 7 8 9	119허위 신고 건수
㉑	무고·진정·투서 건수	9 8 7 6 5 4 3 2 1 2 3 4 5 6 7 8 9	119허위 신고 건수

문항	평가지표	중 요 ← 동 등 → 중 요	평가지표
①	회비를 내는 지역사회 내 봉사단체의 수	9 8 7 6 5 4 3 2 1 2 3 4 5 6 7 8 9	정기적으로 만나는 지역사회 내 친목단체의 수
②	회비를 내는 지역사회 내 봉사단체의 수	9 8 7 6 5 4 3 2 1 2 3 4 5 6 7 8 9	이웃의 범위
③	회비를 내는 지역사회 내 봉사단체의 수	9 8 7 6 5 4 3 2 1 2 3 4 5 6 7 8 9	도움이 필요시 지원받을 수 있는 정도
④	회비를 내는 지역사회 내 봉사단체의 수	9 8 7 6 5 4 3 2 1 2 3 4 5 6 7 8 9	가입하고 있는 단체에 대한 기대 수준 정도
⑤	정기적으로 만나는 지역사회 내 친목단체의 수	9 8 7 6 5 4 3 2 1 2 3 4 5 6 7 8 9	이웃의 범위
⑥	정기적으로 만나는 지역사회 내 친목단체의 수	9 8 7 6 5 4 3 2 1 2 3 4 5 6 7 8 9	도움이 필요시 지원받을 수 있는 정도
⑦	정기적으로 만나는 지역사회 내 친목단체의 수	9 8 7 6 5 4 3 2 1 2 3 4 5 6 7 8 9	가입하고 있는 단체에 대한 기대 수준 정도
⑧	이웃의 범위	9 8 7 6 5 4 3 2 1 2 3 4 5 6 7 8 9	도움이 필요시 지원받을 수 있는 정도
⑨	이웃의 범위	9 8 7 6 5 4 3 2 1 2 3 4 5 6 7 8 9	가입하고 있는 단체에 대한 기대 주준 정도
⑩	도움이 필요시 지원받을 수 있는 정도	9 8 7 6 5 4 3 2 1 2 3 4 5 6 7 8 9	가입하고 있는 단체에 대한 기대 수준 정도

문항	평가지표	중 요 ← 동 등 → 중 요	평가지표
①	지역개발공동 모금회 기금모금 수준	9 8 7 6 5 4 3 2 1 2 3 4 5 6 7 8 9	기부금 규모 (인구 1천 명당)
②	지역개발공동 모금회 기금모금 수준	9 8 7 6 5 4 3 2 1 2 3 4 5 6 7 8 9	적십자회비 납부 실적 (인구 1천 명당)
③	지역개발공동 모금회 기금모금 수준	9 8 7 6 5 4 3 2 1 2 3 4 5 6 7 8 9	헌혈자 수 (인구 1천 명당)
④	지역개발공동 모금회 기금모금 수준	9 8 7 6 5 4 3 2 1 2 3 4 5 6 7 8 9	지역문제에 관한 시위 참여 경험
⑤	기부금 규모 (인구 1천 명당)	9 8 7 6 5 4 3 2 1 2 3 4 5 6 7 8 9	적십자회비 납부 실적 (인구 1천 명당)
⑥	기부금 규모 (인구 1천 명당)	9 8 7 6 5 4 3 2 1 2 3 4 5 6 7 8 9	헌혈자 수 (인구 1천 명당)
⑦	기부금 규모 (인구 1천 명당)	9 8 7 6 5 4 3 2 1 2 3 4 5 6 7 8 9	지역문제에 관한 시위 참여 경험
⑧	적십자회비 납부실적(인구 1천 명당)	9 8 7 6 5 4 3 2 1 2 3 4 5 6 7 8 9	헌혈자 수 (인구 1천 명당)
⑨	적십자회비 납부실적(인구 1천 명당)	9 8 7 6 5 4 3 2 1 2 3 4 5 6 7 8 9	지역문제에 관한 시위 참여 경험
⑩	헌혈자 수 (인구 1천 명당)	9 8 7 6 5 4 3 2 1 2 3 4 5 6 7 8 9	지역문제에 관한 시위 참여 경험

문항	평가지표	중 요 ← 동 등 → 중 요	평가지표
①	외국인 노동자에 대한 태도	9 8 7 6 5 4 3 2 1 2 3 4 5 6 7 8 9	주변 불우이웃에 대한 태도
②	외국인 노동자에 대한 태도	9 8 7 6 5 4 3 2 1 2 3 4 5 6 7 8 9	비선호시설의 인근지역 입지에 대한 태도
③	주변 불우이웃에 대한 태도	9 8 7 6 5 4 3 2 1 2 3 4 5 6 7 8 9	비선호시설의 인근지역 입지에 대한 태도

문항	평가지표	중 요 ← 동 등 → 중 요	평가지표
①	범죄발생률 (인구 1천 명당)	9 8 7 6 5 4 3 2 1 2 3 4 5 6 7 8 9	주차 위반 적발 건수 (인구 1천 명당)
②	범죄발생률 (인구 1천 명당)	9 8 7 6 5 4 3 2 1 2 3 4 5 6 7 8 9	음주 단속 건수 (인구 1천 명당)
③	범죄발생률 (인구 1천 명당)	9 8 7 6 5 4 3 2 1 2 3 4 5 6 7 8 9	지역 주민의 일반적 법규 준수 정도에 대한 인식
④	주차 위반 적발 건수 (인구 1천 명당)	9 8 7 6 5 4 3 2 1 2 3 4 5 6 7 8 9	음주 단속 건수 (인구 1천 명당)
⑤	주차 위반 적발 건수 (인구 1천 명당)	9 8 7 6 5 4 3 2 1 2 3 4 5 6 7 8 9	지역 주민의 일반적 법규 준수 정도에 대한 인식
⑥	음주 단속 건수 (인구 1천 명당)	9 8 7 6 5 4 3 2 1 2 3 4 5 6 7 8 9	지역 주민의 일반적 법규 준수 정도에 대한 인식

부록 2

로컬 거버넌스에 대한 주민의식 조사 설문지

안녕하십니까?

저희 충북대학교 사회과학연구소에서는 '지역경쟁력 강화를 위한 로컬 거버넌스 모형 구축'이라는 연구과제를 학술진흥재단으로부터 지원받아 수행하고 있습니다. 이 연구는 지역의 경쟁력을 강화하기 위한 지역 차원의 전략을 수립하고자 하는 것이며, 특히 지역 내의 특성을 반영한 로컬 거버넌스 모형을 수립하고자 하는 연구입니다.

선생님의 응답은 순수한 통계적 목적을 위해서만 활용됩니다. 바쁘시겠지만 지역 발전을 위해 기여하신다는 생각을 하면서 응답해 주시기 바라겠습니다. 선생님의 응답은 저희가 수행하는 연구의 성과를 높일 뿐만 아니라 지역의 경쟁력 강화를 위해 바람직한 거버넌스 모형을 설정하는데 크게 도움이 될 것입니다.

다시 한 번 선생님의 협조에 감사드립니다.

충북대학교 사회과학연구소 학술진흥재단 연구과제 수행팀 일동

연락처: 충북 청주시 충북대학교 사회과학연구소(261-2221)

* 아래의 질문에 대해 해당되는 항목에 ∨해 주시기 바랍니다.

1. 다음 질문에 대해 해당되는 항목에 ∨해 주시기 바랍니다.

(1) 일반적으로 볼 때 우리 시(군) 주민들은 신뢰할 수 있다.

매우 그렇다 전혀 그렇지 않다

1	2	3	4	5	6	7

(2) 우리시(군) 주민들은 도덕적이며 상대방을 속이려고 하지 않는다.

매우 그렇다 전혀 그렇지 않다

1	2	3	4	5	6	7

(3) 우리 시(군) 주민들은 남에 대한 이해심이 많다.

매우 그렇다 전혀 그렇지 않다

1	2	3	4	5	6	7

(4) 우리 시(군) 주민들은 자기가 속하지 않은 지역이나 집단에 대해서도 양보심이 강하다.

매우 그렇다 전혀 그렇지 않다

1	2	3	4	5	6	7

(5) 우리 시(군) 주민들은 남을 배려하는 공동체 의식이 강하다.

매우 그렇다 전혀 그렇지 않다

1	2	3	4	5	6	7

(6) 우리 시(군) 주민들은 집단 간 갈등이 생겨도 쉽게 해결한다.

매우 그렇다   전혀 그렇지 않다

1	2	3	4	5	6	7

2. 다음은 주민들의 공무원에 대한 태도를 측정하고자 합니다. 아래 질문에 대해 해당되는 항목에 ∨해 주시기 바랍니다.

(1) 일반적으로 볼 때 우리 시(군) 공무원들은 신뢰할 수 있다.

매우 그렇다   전혀 그렇지 않다

1	2	3	4	5	6	7

(2) 우리 시(군) 공무원들은 도덕적이며 주민들을 속이려고 하지 않는다.

매우 그렇다   전혀 그렇지 않다

1	2	3	4	5	6	7

3. 다음은 주민들의 시(군) 지역 내 시민단체들에 대한 태도를 측정하고자 합니다. 해당되는 항목에 ∨해 주시기 바랍니다.

(1) 우리 시(군)의 시민단체는 신뢰할 수 있다.

매우 그렇다   전혀 그렇지 않다

1	2	3	4	5	6	7

(2) 우리 시(군)의 시민단체는 자치단체와 주민 사이에 갈등이 있을 때 갈등 조정을 하는 데 공정하다.

매우 그렇다   전혀 그렇지 않다

1	2	3	4	5	6	7

(3) 우리 시(군)의 시민단체는 주민과 자치단체 간 갈등이 있을 때 조정력을 발휘하여 갈등 조정을 잘 해낸다.

매우 그렇다						전혀 그렇지 않다
1	2	3	4	5	6	7

4. 우리 나라 전체적으로 볼 때 시민단체의 활동에 대해서 어떻게 생각하십니까?

① 매우 잘 하고 있다. ② 대체로 잘 하고 있다.
③ 보통이다. ④ 대체로 잘 못하고 있다.
⑤ 매우 잘 못하고 있다.

5. 선생님이 살고 있는 시(군)지역 내의 시민단체의 활동에 대해서 어떻게 생각하십니까?

① 매우 잘 하고 있다. ② 대체로 잘 하고 있다.
③ 보통이다. ④ 대체로 잘 못하고 있다.
⑤ 매우 잘 못하고 있다.

6. 시민단체가 자치단체의 정책 과정에 참여하는 것에 대해 어떻게 생각하십니까?

① 매우 바람직하다. ② 대체로 바람직한 편이다.
③ 보통이다. ④ 대체로 바람직하지 못하다.
⑤ 전혀 바람직하지 못하다.

※ (6번 문항 중 1번, 2번, 3번에 응답한 분만 답하세요.)(4, 5번에 응답한 분은 13번으로 가세요.)

7. 시민단체가 자치단체의 정책 과정에 참여한다면 어떤 단계에서 참여하는 것이 바람직하다고 생각하십니까?

① 정책 제안 단계 ② 정책 결정 단계
③ 정책 집행 단계 ④ 정책 평가 단계

8. 시민단체가 자치단체의 정책 과정에 참여한다면 참여 범위는 어느 정도로 하는 것이 타당하다고 생각하십니까?

① 단순한 자문 수준
② 결정에 영향을 미치는 구속력 있는 수준
③ 구속력과 책임을 같이 갖는 수준

9. 시민단체가 자치단체의 정책 과정에 참여한다면 어떠한 참여 방법이 가장 타당하다고 생각하십니까?

① 시민단체가 추천한 사람들을 자치단체의 각종 위원회에서 위원으로 활동하게 하는 방법
② 자치단체로부터 특정 정책에 대한 의견 요청이 있을 때마다 시민단체가 공식 의견을 제시하는 방법
③ 시민단체에서 활동하고 있는 전문가들로 하여금 정책 자문을 제공하게 하는 방법
④ 공직의 외부채용 방식으로 시민단체 활동가를 자치단체에 계약직으로 채용하는 방법
⑤ 기타( )

10. 시민단체가 찬성 또는 반대함으로써 주도한 자치단체의 특정 정책이 실패하여 경제적 · 사회적으로 큰 손실이 발생했을 경우 이에 대한 책

임 문제는 어떻게 하는 것이 타당하다고 생각하십니까?

① 시민단체도 법적·재정적 책임을 지게 해야 한다.

② 시민단체는 최종 결정권자가 아니기 때문에 책임을 지게 해서는 안 된다.

11. 자치단체의 정책 과정에 다양한 주체들을 참여하게 하는 경우 참여 주체들 간의 역할 조정, 참여 범위 제한 등 실질적인 운영(네트워크 운영)을 누가 주도하는 것이 가장 타당하다고 생각하십니까?

① 시(군)지방자치단체　　② 시(군)지방의회

③ 시민단체　　④ 지역언론

⑤ 기업인 단체　　⑥ 종교단체

⑦ 기타 (　　　　　　　　)

12. 자치단체의 정책 과정에 지역 내의 다양한 주체들이 참여하게 되는 경우 어떤 분야가 참여하기에 가장 바람직스럽다고 생각하십니까?

① 산업, 경제정책　　② 사회복지정책

③ 환경정책　　④ 문화·관광정책

⑤ 공무원 인사 등 조직 내부 문제

⑥ 제한 없이 모든 정책　　⑦ 기타 (　　　　　)

13. (위의 6번 문항 중 4, 5번에 응답한 분만 답하세요.) 시민단체가 자치단체의 정책 과정에 참여하는 것이 타당하지 않다면 그 이유는 무엇이라고 생각하십니까?

① 자치단체의 정책문제는 집행부의 고유한 권한이므로

② 지방의회가 잘 견제하고 있으므로

③ 시민단체는 주민들을 대표한다고 보기 어려우므로

④ 시민단체는 도덕성의 문제가 많으므로

⑤ 시민단체는 자치단체 공무원보다 전문성이 없으므로

⑥ 시민단체는 특정 집단의 이익을 대변할 가능성이 많으므로

⑦ 기타(　　　　　　　　　　　　　　　　　　　　)

14. 선생님의 시(군) 지역에서 가장 활동을 잘 한다고 생각되는 시민단체가 있으면 적어 주십시오

(　　　　　　　　　　　　　　　　　　　　　　　　　　　　)

15. 다음은 개인적 배경에 관한 질문입니다. 해당되는 항목에 ∨해 주시기 바랍니다.

(1) 귀하의 성별은?　① 남자　　② 여자

(2) 귀하의 연령은? (만　　세)

(3) 귀하의 직업은?

① 농업　② 상업　③ 회사원　④ 학생

⑤ 주부　⑥ 전문직　⑦ 기타 (　　)

(4) 귀하의 종교는?

① 기독교　② 불교　③ 천주교

④ 무교　⑤ 기타(　　　　　　　　)

(5) 귀하의 학력은?

① 중졸 이하　② 고졸　③ 대졸　④ 대학원 졸 이상

(6) 귀하의 월 소득은?

① 100만 원 이하　② 100~200만 원

③ 200~300만 원　④ 300~400만 원

⑤ 400~600만 원　⑥ 600만 원 이상

(7) 귀하의 거주지는? (　　　　　　　　　　)시(군)

설문에 응해 주셔서 감사합니다.

찾아보기

ㄱ

ㄴ

ㄷ

ㄹ

ㅁ

ㅂ

ㅅ

ㅊ

ㅋ

ㅌ

ㅍ

ㅎ

저자 소개

최영출(崔永出)

영국 뉴캐슬대학교(University of Newcastle) 대학원 졸업(정책학 박사)
국가균형발전위원회 및 정부혁신지방분권위원회 전문위원
중앙경실련 정부개혁위원장
한국행정학회 편집이사, 한국정책분석평가학회 편집위원장, 부회장
현 충북대학교 행정학과 교수
ycchoi@chungbuk.ac.kr

김병식(金炳植)

경희대학교 대학원 졸업(행정학 박사)
(재) 미래연구소 연구실장
대덕종합사회복지관 관장
꽃동네 현도사회복지대학교 교수
현 베트남 국립호치민대학교 동방학과 교수
kbs2156@hanmail.net

안성호(安成濩)

한양대학교 대학원 졸업(정치학 박사)
미주리주립대학 교환교수
국공립대학신문방송주간교수협의회 회장
한국정치학회 이사
현 충북대학교 정치외교학과 교수
hosungho@hanmail.net

엄태석(嚴泰錫)

한국학중앙연구원 졸업(정치학 박사)
국회 건설교통위원장 비서관
미국 아메리칸(American)대학교 초빙교수
한국정치학회 이사, 편집위원
현 서원대학교 정치행정학과 교수
tesok@seowon.ac.kr, tesok@daum.net

김보흠(金普欽)

충북대학교 대학원 졸업(행정학 박사)
충북 진천군 정책자문위원
한국행정학회 온라인사전특별위원회 위원
한국부패학회 편집이사
현 충북대학교 사회과학연구소 연구원
boheum@chungbuk.ac.kr

이정주(李姃柱)

대구대학교 대학원 졸업(행정학 박사)
한국지역발전연구재단 수석연구원
충북대학교 사회과학연구소 연구원
현 대구대학교 겸임교수
ljj21@hanmail.net

배정환

충북대학교 대학원 박사과정 수료
한국정책분석평가학회 편집간사
충북대학교 강사
현 충북대학교 사회과학연구소 연구원
baejh@chungbuk.ac.kr

지역경쟁력 강화와 로컬 거버넌스

펴낸날 / 제1판 제1쇄 2006년 7월 15일
지은이 / 최영출 외
펴낸이 / 임춘환
펴낸곳 / 도서출판 대영문화사
주소 / 서울 용산구 청파동 1가 178-2 ㉾ 140-869
등록 / 1975년 12월 26일 제3-16호
전화 / (02)716-3883, (02)714-3062
팩시밀리 / (02)703-3839
우체국 온라인 / 011353-02-009106

ISBN 89-7644-218-0

〔값 10,000원〕